好好说话

最讨人喜欢的说话方式

这个时代要怎样好好说话

Speak nicely

How to talk in this era

桑楚◎编著

美绘插画版

Success motivation
成功励志

现代社会高度竞争且复杂的人际关系、快节奏的学习和工作环境，要求我们掌握更具智慧、更有锐气、更强调科学性与可操作性的『好好说话』之道。

Spea

四川人民出版社

如果我们的言语中能多点幽默，那么我们所说的话将会非常有趣，会吸引更多的人。

当你来到一个陌生的环境，与素不相识的人初次见面，必定会给对方留下某种印象。

好好说话

最讨人喜欢的说话方式

桑楚◎编著

四川人民出版社

图书在版编目（CIP）数据

好好说话：最讨人喜欢的说话方式 / 桑楚编著 . --
成都：四川人民出版社，2018.12（2024.2 重印）
ISBN 978-7-220-10853-2

Ⅰ . ①好… Ⅱ . ①桑… Ⅲ . ①语言艺术–通俗读物
Ⅳ . ① H019-49

中国版本图书馆 CIP 数据核字 (2018) 第 148204 号

HAOHAO SHUOHUA：ZUI TAOREN XIHUAN DE SHUOHUA FANGSHI

好好说话：最讨人喜欢的说话方式

桑楚　编著

出 版 人	黄立新
策划组稿	张明辉
责任编辑	薛玉茹
营销策划	张明辉
插画绘制	金版文化
责任校对	袁晓红
责任印制	祝　健
出版发行	四川人民出版社（成都三色路238号）
网　　址	http：//www.scpph.com
E-mail	scrmcbs@sina.com
新浪微博	@四川人民出版社
微信公众号	四川人民出版社
发行部业务电话	（028）86361653　86361656
防盗版举报电话	（028）86361653
印　　刷	唐山楠萍印务有限公司
成品尺寸	135mm × 180mm
印　　张	14
字　　数	300千
版　　次	2018年12月第1版
印　　次	2024年2月第3次印刷
书　　号	ISBN 978-7-220-10853-2-01
定　　价	78.00元

前言

PREFACE

当今世界，懂得如何说话已经成为一个人综合能力的重要标志，成为个人在社会上生存的重要能力之一。生活中，通过出色的语言表达，可以使陌生的人产生好感，结成友谊；可以使相互熟识的人之间情更浓，爱更深；可以使意见分歧的人互相理解，消除矛盾；可以使彼此怨恨的人化干戈为玉帛，友好相处。

说话是人们最简单、最直接的表达方式，它的重要性不言而喻。在复杂的现实生活中，更深刻地领悟语言的真谛，学会如何说话，显然是势在必行的。说话不仅是一种技巧，更是一门艺术。它看似很简单，但是要说出水平，容易被人理解、接受则需要下一定的功夫。

一个会说话的人，在遇见陌生人时，知道如何说话能跟对方达成一种“一见如故”的默契；和同事共事时，知道如何说话能得到大家的欢迎；拜访客户时，知道如何说话能赢得客户的心，从而决定购买自己的产品；跟恋人或朋友说话时，知道怎样给对方带来乐趣，加深彼此间的感情……

学会讨人喜欢的说话方式，才能把话说到对方的心坎里，获得对方的好感，成为人见人爱的说话高手。一语可以成仇：一句话说错了，会破坏人际关系；一句话说错了，会功败垂成。一语可以得福：一句话说对了，可以得到方便；一句话说对了，也许会向成功迈近。

学会用讨人喜欢的方式说话，是一件既容易又很不容易的事。说容易，是因为我们每个人都会说话，都知道说话要做到讨人喜欢；说不容易，是因为把握别人的心理很难，而且绝大多数时候说话是即时的，容不得你仔细考虑。难怪台湾著名的成功学家林道安说："一个人不会说话，那是因为他不知道对方需要听什么样的话。假如你能像一个侦察兵一样看透对方的心理活动，你就知道说话的力量有多么巨大了！" 说话不得体，不讨人喜欢，会惹来麻烦，达不到预期的效果。一个不善言谈和说话不讨人喜欢的人，很容易给他人留下能力低下和思想匮乏的印象。这样的人不管处在哪一个社会层面都不会轻松地获得成功，也不会得到足够的器重和赏识，甚至只能沦为无足轻重的边缘人。说话方式讨人喜欢是获得上司赏识、下属拥戴、同事喜欢、朋友肯定、恋人依恋的必要条件，是一个人做人办事、行走社会的通行证。为了帮助大家快速掌握高超的说话本领，把话说得讨人喜欢，成为一个受大家欢迎的说话高手，我们精心编写了这本终身受益版《好好说话：最讨人喜欢的说话方式》。

本书全面系统地介绍了各种讨人喜欢的说话方式，其中涉及初次见面、社会交际、为人处世、职业生涯、商业谈判等多个层面，帮助你掌握与不同的人说话的技巧、不同场景下的说话艺术，提高说话能力，把话说得漂亮、得体、讨人喜欢，赢得友谊、爱情和事业，踏上辉煌的成功之路。

目录

CONTENTS

第一篇 说话，原则很重要

第二篇 把握分寸，嘴上带尺脚下有路

第三篇 完美的声音和肢体语言为交流加分

第四篇 别让不良表达习惯降低人气

第七篇　场面上，要说场面话

第八篇　扬长避短，让别人认可你的自荐语

第九篇 懂得赞美的人最受欢迎

第十篇 运用语言魅力，展示自己的优势

第十一篇 笑融僵局，幽默的语言惹人爱

第十二篇 拒绝的语言要委婉

第十三篇 有理也要让三分，人人希望有台阶下

第十四篇 绝杀形象的禁忌话绝不说

第十五篇　会婉转，少尴尬

第十六篇　千人千面，对不同的人说不同的话

第十七篇 瞬间拉近距离的问话技巧

第十八篇 说好应酬话，皆大欢喜

第十九篇 求助的话说得好，别人爱帮忙

第二十篇 对症下药，人人喜欢的说服术

第二十一篇 讨人喜欢的演讲方式

第二十二篇 懂点说话技巧，少一些生活磕绊

第二十三篇 旁敲侧击，巧用暗语

第二十四篇 在面试中脱颖而出的说话技巧

第二十五篇 职场交流有技巧

第二十六篇 爱意无限，让恋爱不再复杂的甜言蜜语

第二十七篇 美化言辞，念好家家难念的经

第一篇

说话，原则很重要

说话要有**准确性**

一个说话准确的人，总可以准确、流利地表达出自己的意图，也能够把道理说得很清楚、动听，使别人很乐意接受。

在日常交谈的话语中，有不少词语在不同的条件下使用，往往有不同的含义，有的甚至完全相反，这就是“同语异义”的现象。它会给你带来不少麻烦，但也会带来许多便利。巧说“同语异义”比直言更能对听者产生强烈的吸引力，但如果运用不好则会带来很多麻烦。

《三国演义》中描写的曹操误杀吕伯奢一家的故事就很有借鉴意义。

曹操刺杀董卓未成，便与陈宫一道投奔曹父的义兄吕伯奢家求宿，吕伯奢热情接待了他们。

曹操坐了一阵，忽然听到后院有磨刀的声音，于是，与陈宫蹑手蹑脚进了后院，只听得有人说：“捆绑起来再杀！”

曹操对陈宫说：“不先下手，咱们就要死了！”

说着，便与陈宫拔剑冲了过去，见一人便杀一人。他们搜寻厨房，这才看见那里有一只捆绑起来等待宰杀的猪。

这个故事虽反映曹操疑心过重，但“捆绑起来再杀”这句不明确的言辞，对促成曹操杀人也起了很大作用。这说明“同语异义”的言辞一定要谨慎使用。

第二次世界大战期间也发生过因“同语异义”而误会的事。当时，由于德军经常空袭伦敦，所以英国空军总是保持高度警惕。在一个浓雾漫天的日子，伦敦上空突然发现了一架来历不明的飞机，英国战斗机立即升空迎击，到两机接近时，才发现这是一架中立国的民航机。

英国战斗机向地面指挥部报告了这一情况，请求指示。地面指挥部回答：“别管它。”于是，英国战斗机发出一串火炮，把这架民航机打落了。后来，英国为此支付了一笔巨额赔偿才了事。英国战斗机和地面指挥部都负有不可推卸的责任。

首先是地面指挥部，不该用“别管它”这样语义不明的言辞来回答战斗机的请示。这既可以理解为“别干涉它，任它飞行”，也可以理解为“甭管它是什么飞机，打下来再说”。

战斗机的责任是在听到这样可作完全相反理解的命令后，应该再次请示，然后再采取行动，这样就不致铸成大错了。

可见，这个“别管它”就是一种“同语异义”的言辞。在遇到这种言辞时一定要慎重处理，切勿草率从事，否则它会成为你与人沟通的障碍，甚至会得罪人。

一个公司的人事流动是正常的，对一个高明的部门主管来说，当有人走了以后，他要做的事情应该是如何通过自己的语言影响力来稳住留下来的人。但是，有很多部门主管并未注意到这一点。

一个公司的部门经理手下有10个员工，有一天，4个员工提出辞职，这位经理感到很不安，他对留下来的6名职员说：“那些精明能干的人都走了，我们的将来可是前途未卜了！”显然，这句话得罪了留下来的6位雇员，使部门的气氛更加紧张。

也许这位部门经理对留下来的6位雇员并无贬低之意，可是由于他的不准确表达，这6位雇员心理上产生阴影，在日后的工作中，肯定会产生对抗情绪。

一个说话准确的人，总可以准确、流利地表达出自己的意图，也能够把道理说得很清楚、动听，使别人很乐意接受。有时候还可以立刻从问答中测定对方言语的意图，并从对方的谈话中得到启示，增加对对方的了解，与对方建立良好的友谊。说话有失准确的人，不能完全地表达出自己的意图，往往会令对方听得费神，而又不能使人信服。

1916年，美国化学家路易斯在一篇论文中首次提出了“共价键”的电子理论。这个理论对于有机化学的发展具有重大意义。可是这一理论发表后，在美国化学界并未引起应有的反响，其中一个重要的原因便是路易斯不善言谈，没有公开发表演说，宣传自己的见解。

三年以后，美国另一位著名化学家朗缪尔发现了路易斯见解的可贵。于是，朗缪尔一方面在有影响的美国化学会会志等刊物上发表多篇论文，阐述和发展路易斯的理论，同时又多次在国内外的学术会议上发表演讲，大力宣传“共价键”。由于朗缪尔能言善辩，对“共价键”做了大量宣传解释工作，才使得这一理论被美国化学界承认和接受。一时间，美国化学界纷纷议论朗缪尔的“共价键”，而把这理论的首创者路易斯的名字几乎忘却了，有人甚至把它称作朗缪尔理论。

说话要有**针对性**

说话首先要看对方年龄，与长辈说话和与晚辈说话的分寸就各不一样。

说话要有针对性，人与人之间的差异有时是惊人的。独特的个性、爱好，独特的知识结构、心理态势，使某个人只能是“这样”而不能是“那样”。因此，与不同的人交谈，就要采取不同的谈话方式。

我们主张说话一定要看场合和对象是为了遵循交际规律，在真诚待人、平等互利的基础上看准对象才说话，以科学的态度掌握人际交流的艺术。

长辈，特别是上了年纪的人的一大特点是喜欢追怀往事，如果你能令他回想起曾经历过的某一段美好时光，他会变得很快乐，喜欢同你说话，而一旦打开话匣子，就会有说不完的话。在同年纪较大的长辈说话时，应避免过多地谈及“老”，这样会使他觉得自己行将就木，感叹人生短促，引发他的伤感情绪。如果遇到一位“不服老”的人，他将会对你产生不满。因此，与长辈说话，不应该像与平辈说话那样无所顾忌、不注意分寸。

与长辈谈话，也不必过分表示你的恭敬有礼，或者勉强自己一定要听完他的长谈。由于老年人一般讲话缓慢，有时碰上一位融洽的闲聊者便会滔滔不绝，话无止境。因此，听他讲多长时间应随自己的兴趣而定。不管他如何漫谈，可以让他讲完一个完整的故事，然后借机离开。离开前对他的谈话表示热情的感谢，再礼貌地告别。

有些长辈，虽然年纪不小了，却还能保持年轻人的心态，他们会以幽默克服自己的弱点，对于社会仍能事事关心，甚至完全不觉得自己老。

但也有不少长辈，在独处时，会感到寂寞，有的还会因为老来多病而苦恼。对于他们，我们应该多给予关心，多讲一些安慰的话。想一想，总有一天我们也会像他们一样老，唤起自己的同情之心，同长辈谈话的分寸也就好掌握了。

如果是跟晚辈说话，不要摆老资格。经验这个东西绝非万能之物，如果老年人张口闭口就是“我当年如

何如何……”“你们年轻人该如何如何……”这样的话，相信没有哪个年轻人爱听。

长辈与晚辈相处，应多谈一些年轻人感兴趣的话题。所谓的经验，有时是有局限性的。此一时，彼一时，此一地，彼一地，环境千差万别，经验不可能永远万能。

有些老人在与晚辈谈话时，经常漫不经心、心不在焉，易使青年人感到自己被轻视，即使他面前的老人据其阅历、学识有足够的理由轻视他，他也很难愉快地接受这种轻视。这种情绪的影响，往往会堵住思想的闸门，使他们不愿意再同老人多说，甚至可能把已经准备好的心里话，把急需和老人商谈的问题“咽”回去。

所以，与晚辈说话时，不应该轻易去否定他们的看法，应在做出中肯的分析后，帮助他们答疑解惑，给予热情的支持，即使年轻人的某些看法显得不成熟，显得幼稚、单纯、片面，也不要随便几句话便做出全盘否定。

说话时还要注意不同的人有着不同的基本情况，比如对方的性别、文化程度、身份、职务等。

对不同性别的人讲话，应当选择不同的方式。

一位男青年碰到了一位好多年不见的女同学，大声嚷嚷起来："你真是越长越'苗条'了！可惜啊，中国没有相扑运动。"女同学扭头就走，男青年讨了个没趣。

对于"老"字，男人一般觉得没多大关系；但若说某位女性老，她会非常不悦。

说话看对象，要看对方的文化程度也是很重要的一项。人口普查员填写人口登记表，问一个没有文化的老太太："您有配偶吗？"老太太说："你问我有没有买藕吗？"结果闹了个笑话。

说话看对象，还要看对方的身份职务。身份职务不同并不妨碍人际交流，下级对上级、晚辈对长辈、学生对老师、普通人对有名气地位的人等，不应当也不必要表现得屈从、奉迎。但在言谈举止上则不要过于随便，有必要也应当表现得更加尊重一些。如学生与老师之间发生了矛盾，可以像同学之间发生矛盾一样平等地交流、沟通，但在说话上应当注意方式和讲究措辞。

谈话对象还要分性格和心理状态。

性格外向的人易于和人交谈，性格内向的人多半沉默寡言，不善于主动与人交谈。同性格开朗的人谈话，你可以侃侃而谈；同性格内向的人谈话，就应注意分寸，循循善诱。孔子的"因材施教"用在这里也很恰当。

一次，孔子的学生仲由问："听到了，就去干吗？"孔子说："不能。"又一次，另一个学生冉求又问："听到了，就去干吗？"孔子说："干吧！"公西华在旁听了犯疑，就问孔子："两个人的问题相同，而你的回答却相反。我有点儿糊涂，故来请教。"孔子说："求也退，故进之；由也兼人，故退之。"意思是，冉求平时做事好退缩，所以我给他壮胆；仲由好胜，胆大勇为，所以我劝阻他。孔子教育学生因人而异，我们谈话也要因人而异。

不同的人在不同的情况下有不同的心态，有时候甚至不会从外部表现上明显地表露出来，这时作为表达者就应当洞察对方的心理，以便进行有效的交流。

说话一定要看对象，注意对方的心理状态，观察对方的性格特点，尽量避免说话时无意之间伤了人。

谈话还应注意的是，跟与自己关系不同的人说话，也要区别对待。

许多人结婚后，认为对方成了"自己人"，在语言开始毫不在乎分寸，无所顾忌，想说什么就说什么，想怎么说就怎么说。这种在夫妻之间任其自然的做法有积极方面也有消极方面：积极方面是可以使夫妻双方推心置腹；消极的方面就是有时不加考虑的言辞会伤害对方的感情。

如果是朋友惹恼了你，你可以在一段时间内拉开距离，直到气消后再去找他。但不管妻子对丈夫或丈夫对妻子多么生气，却无论如何是回避不了的。因此，体谅就显得非常重要，理解也成了把握分寸的基础。

最容易激起对方反感的莫过于拿别人家的丈夫、妻子作比较，来贬低自己的丈夫或妻子："你看看人家老王，有手木匠活多好，光是每月给别人做几个大柜，就挣千八百！同样的收入，人家小陈家月月存钱，你呢？月月超支，怎么当家的？”

俗话说：“人比人，气死人。”要是对方接受数落，咽下了这口气倒也罢了，就怕对方回敬你一句：“你觉得他（她）好，怎么不跟他（她）过去呀？”长此下去，夫妻关系必然产生裂痕。

跟朋友说话，要真诚、实在、和气，但这样不等于不讲究说话技巧、不需要分寸。话说得好，可以加深朋友之间的感情；话说得差，不讲究方式，迟早会使朋友疏远，甚至得罪朋友。

多说对朋友有好处的话。在中国，中庸之道是一种至高的做人法则，掌握了这一法则，便会在生活中游刃有余。交友也讲中庸，除了“谈而不厌”外，还要“简而文”“温而理”，简略却文雅，温和且合情理。

在说话过程中知己知彼，才能“百说百灵”。

同样的话，可能这个人说，你很愿意接受，而换了另外一个人说，不但不接受而且还产生了反感。因此，说话要分对象，要有针对性。

说话要有**感染力**

说话富有感染力的人，自然会给周围的人增添快乐，也会给自己增添不少魅力与光彩，同时，他的话很容易被人听进耳朵里。说话的感染力在演讲中的体现最为典型。

一个演讲者的感染力可以说成是他演讲的生命力，如果一次毫无情感和美感的演讲摆在人面前，可能大家会感觉无趣地走开。演讲者的情感越深厚，就越能吸引人、打动人，越能拨动每一个听众的心弦。

成功的演讲者总是很善于以独特的眼光和艺术的敏感，去发现和选取生活中那些独具浓厚感情的事情演讲，也很善于以独特的艺术智慧去构思和表现，这是独特性的双重内容。

演讲艺术情感是演讲家创造性劳动的体现，它不是对生活感受的简单复述，而是进行提炼和加工。只有这种独特的艺术情感，才可能是富有魅力的，才可能给人以强烈的艺术感染。演讲实践证明，一位演讲者所传达的感情越是独特，对听众的影响就越大。独特的认识宛如闪电，照亮听众的心灵；独特的情感宛如惊雷，震撼听众的心灵；独特的演讲是激情的表达，是演讲风格的表现。

演讲术辩证法特点之一，表现在理性与情感的统一。只强调理性和逻辑，而不重视情感的表达，往往会起消极作用，会降低听众的接受程度。而在演讲中做到理性和情感的统一，做到在热烈的情绪中体现深刻的主题和内容，才能保证演讲能取得预期的成功。

演讲的感染力还有一个重大来源，即演讲美感。

优秀的演讲者是美的使者，成功的演讲活动是对美的传播和塑造。一般来说，演讲美感包含几个方面的内容。

1.演讲者的美

它是指演讲者显示出的一种刚烈、强劲、雄浑、博大、激昂甚至悲壮的美。这样的演讲始终充满着真与假、美与丑之间的激烈斗争，显示出磅礴的气势和战斗的风采，它给听众的是信念，是力量，是付出巨大的代价而必然战胜假丑恶的坚定，是无私、勇敢甚至牺牲所显示出来的伟大的精神力量。这样的演讲往往是慷慨陈词、壮怀激烈，语言短、节奏快、掷地有声，并伴有坚定、昂扬、奋起般的情态动作，显示出对抗的、抨击的、不屈的凛然正气。

2.演讲的人格美

它是演讲美的重要组成部分，是演讲反映出来的演讲者的道德美、情操美、品格美，是演讲者内在精神美在演讲过程中的真实表露。

演讲者的人格美并不是为演讲的需要专门设计的，也不是在演讲时临时形成的，而是演讲者平时一贯表现的人格美，它是演讲人格美的基础和源泉。一个演讲者如果平时不注重对人格美的培养，依靠临时装扮是无济于事的。

表现一贯的人格美包括气节修养、理想修养、品质修养、言行修养、情感修养和理论修养等。

3.演讲的内容美

它与演讲的形式美和人格美统一构成演讲美，在演讲美中占主体地位，是具有决定性的要素。演讲的内容美是由演讲的事物、道理、情感和知识四个要素构成的，但却不是四个要素相加之和。四个要素必须形成一个和谐统一的整体才能构成内容美。内容美只属于事物、道理、情感和知识相互联系、相互作用、和谐统一形成的整体结构，而不属于某个单一要素。

演讲美感是这三大方面高度、灵活的统一，在美感中加入情感，共同构成了一篇成功演讲词的感染力。苏联著名作家阿·托尔斯泰是高尔基的学生，他在追悼会上发表的对恩师的悼词“用永不颓丧的词语高举艺术的火炬”给听众留下了深刻而清晰的印象，并且让人信服，乐于把一些思想见解自然而然地吸纳并转化为自己的认识，这完全得益于他在制造感染力方面的天赋。

“在这座古老的广场上，人民几千年都在为自己创建着国家，为大众建立了国体的最高形态。我们在这儿聚会，是为了把这位不仅属于我国而且属于世界人民的作家的骨灰盒安放进名人墓。

“艺术家高尔基的诞辰是在19世纪60年代。少年彼什科夫在自己心灵美妙的深处积聚了革命前那个时代所有爆发性的力量：积聚了受屈辱、受压迫人们的满腔悲愤、所有令人痛苦的期盼、所有寻找不到出路的激情。

“他替别人感受到了市侩的、小市民的和警察拳头下黑沉沉堡垒的滋味。他不止一次发疯似的搏斗，单枪匹马为保护被侮辱、被欺压者而与许多人作对。这样到了19世纪90年代，这个高高、瘦瘦，背有点驼，有着一双蓝眼睛的少年，怀着一颗勇敢、炽热的心，在那个受欺压、剑拔弩张、死气沉沉的可怕岁月里发起了反抗。

“他说，谁有一颗活人的心，就该去砸烂这万恶的小市民的麻木不仁状态，到广阔的空间去，去点燃自由生活的篝火！

“他用强有力的笔触急不可耐地、天才地勾画出剥削阶级愚蠢的禽兽面目。这就是那张俄罗斯的、涂上了阴沉油彩的贪得无厌的嘴脸，请欣赏吧！”

这篇演说词的主要特点是：采用形象、生动、明快、简洁的语言风格；形式上，注重词语的锤炼，字字落实，不说空话、套话、闲话、废话，多分段，一个意思形成一个自然段，而且只作简括的叙述或评价性、结论性的议论，不加以繁冗的、多余的展开；注重概括，使每一个字、词、句子、自然段都带有对人、对事的概括性，即使以物质形态出现的语言，几乎都是思想本身，而且是高密度、高质地的，加之这些概括本身的独到性、精当性、警策性，就使这篇演讲词从形式到内容都堪称经典。

阿·托尔斯泰把自己对于文学恩师的真挚、深厚、浓烈的感情，凝聚在一篇小小的千字悼文中，使这篇演讲词充溢着显著的感情色彩和对自己民族、时代的文学巨人的深刻的理解与由衷的钦敬，读来非常感人。

如果我们平时说话能有演讲词一半的感染力，那我们所说的话就很容易打动对方，得到更多的认同。

说话要有**修养**

口才是一种表达情意、与人交际的才能，但它不只是靠语言完成的，还要靠风度。

口才不同于在规定时间内去完成一件工作或起草一篇文章，更不是饮一杯茶、打一场球那样来得愉快轻松。口才的完善实质是很长一段时间集思想、语言行为、仪态、情绪等各个方面综合磨炼的过程，亦是内在修养的过程。在口才的积累中，这一过程应视为心理的准备与承受过程。一个人若只有语言能力，那么还不足以广受欢迎，必须抱着不同于寻常的心与人交往，才能使相处变得饶富趣味。

有些人喜欢抬杠，搭上话就针锋相对，无论别人说什么，他总要反驳。他本来一点成就也没有，不过你说是时，他一定要说否，到你说否时，他又说是了。这是最可怕的习惯，犯这种毛病的人很多，而且每每自己却不知道。为什么会这样呢？因为他不喜欢听取别人的意见，在心目中只有自己，而且他自以为比别人高明，事事要占上风。即使真的见识比别人高明，这种态度也是不可取的。这种习惯使人失去一切的朋友和同事，没有人肯贡献给这样的人一点意见，更不敢向这样的人进一点忠告。唯一改善的方法是养成尊重别人的习惯。要知道，在日常谈论的十有八九没有绝对是非标准的问题当中，你的意见不一定对，而别人的意见也不一定错，把双方的总和再行分配，你至多有一半是对的，那么你为什么每次都要反驳别人呢？

在口才的内在修养上，修养本身是修内在的承受力与胸怀，重要的是别把自己的工夫花在装腔作势上。我们无法更清晰地剖开所有人的“外衣”，只是我们潜意识里感到，一个人在拥有好口才的同时，一定要认清自己的真相，使心理与行为一致。通过自我研究，便能够客观地了解自己，就会发现自己的长处和短处了。如果能养成这样一个习惯，会对自己的工作、学习和生活非常有帮助，并且只要不断地努力下去，你的潜能终会逐日显露出来，你拥有的长处也就能获得充分施展了。

说到口才修养，不得不提口德，“德”可以说是口才的灵魂。

从道义上来说，有些词语我们应尽可能避而不用，比如“矮冬瓜”“私生子”“白痴”等，因为，一旦触及这些方面时，他的理智会立刻消失，代之而起的是一种动物性的原始的防卫本能，到那时就有你的好看了。

口德除了伦理道德，还包括其他的一些层面，比如政治道德。这一层次对口才的影响很大，良好的政治道德情操将使你在面对任何难题时临危不乱，挥洒自如。

1931年，“九一八”事变前后，我国著名生物学家童第周在比利时布鲁塞尔大学做研究工作。当时，日寇炮轰沈阳，占领我国东北。这个消息激起了童第周的满腔愤慨。他联合了许多留学生，发起抗日示威游行。比利时当局以“扰乱治安罪”审讯他，他理直气壮地回答：“传单是我写的，游行是我带的头！但是，这不是扰乱治安，这是中国人的志气，是完全正义的。”他用自己的高尚情操、雄辩口才，维护了祖国尊严，维护了正义，赢得了世人的尊重。

一个注重言语修养的人，一个有益于他人的人，自然易于为他人所接受，他的话也就可能被别人奉为圭臬。“文如其人”是从写作角度说的，我们也完全有理由说“言如其人”。心理上的专注力、耐受力、进取心等品质也将使你更具个人魅力，使你的口才更富内涵。

加强沟通和交流是现代社会的鲜明特征和明确走向。毋庸置疑，一名经常发表真知灼见的人会给人以启迪和帮助，在交际中容易取得被人认可、受人尊重、得到重视的优越位置。但是发表己见是很有一番讲究的，处理得当，你的意见便能充分展现，反之则不能如愿。对此，一定要注意下面几点：

1.见隙发话，不抢话争话

自己有真知灼见希望尽快发表出来，这种心情是可以理解的。但你同样也要给别人发言的机会，不能迫不及待，在他人侃侃而谈时，硬是打断对方的话，让自己一吐为快；或者他人正欲发言时，你捷足先登，把别人已到嘴边的话硬是挤回去，让自己畅所欲言。发表己见首先应具备的修养就是耐心，待别人充分发表了意见之后，或轮到你的次序时，你再发言也不迟，这不仅不会减轻你发言的分量，还会调动大家的情绪。

2.尊重他人，不随便否定他人意见

尊重对方是交际的一项基本原则。说话是人的思想的反映，尊重他人的意见，也就如尊重他这个人一样。但有些人为使自己的意见突出，引起他人对他谈话价值的充分认同，常不自觉地对他人意见加以贬低、否定，结果引发了对方的不满和对抗，不仅自己意见未得到重视，反而遭到冷落和否定，自己的形象也受到贬损。有些善说话者，在发表己见时，恰恰采取相反的态度，他们会巧妙地从不同角度对自己发表的意见加以肯定和褒扬，甚至采取顺势接话、补充发言的方式陈明己见，这样别人就会保持一个积极的良好的心态倾听他们的高论，他们的意见圆满发表了，他们的风格也显示出来了。

3.注重语德，不要话中含刺

发表己见应只管把自己的意见、主张陈述出来，平心静气，用语讲究，不可话中有话，含沙射影，于言辞之间讽刺挖苦别人。无可否认，别人意见未必精当，有些还于你不利，但谈话本就是一种沟通和协商，大家都把意见亮出来了，真理和谬误自现。那种冷嘲热讽、话中含刺的方式显然是不友好的，不仅难以达到交换意见的目的，还会导致双方形成对立关系，对别人是贬损，对你也毫无益处。

4.发扬民主，尊重他人

发表己见当然希望别人洗耳恭听，希望得到别人的注意和重视。但能否如愿，主要看别人。作为说话者，要做的是提高自己的说话水平和认识能力，使自己的意见足以引起听众的注意和震动。有些人发表己见时舍本求末，不注意把自己意见加以斟酌、优化，而是通过外在形式控制听众听话态度和情绪。

说话要有**分寸感**

世上能够把握分寸的人总占少数，也许这就是成功者总是少数的原因。

世上早有“为人处世和说话办事要讲分寸”的劝勉，但“分寸”到底在哪里，大多数人却未必能说得清。能说清这二字的人，可以说，都是聪明、练达的人，凭着对人事的明达、老成，他们中的绝大多数人都已经跻身于这世上少有的成功者队伍之中了。有人说，通往成功的路有多条，殊不知每一条路上都布列着大小不一的“分寸”二字，不管是与人说话、与人交往、与人办事，差不多都深深蕴藉着分寸的玄机。很明显，一个人在社会上把握不好分寸，就说不好话，办不好事，也更难做到愉快地与人交往，这样的人，不识分寸的眉高眼低，怎么能顺利地跨过成功的桥梁呢？

从一定意义上说，分寸是一种不偏不倚、可进可退的中庸哲学。但中庸之道的抽象，不足以恰当地把握其中的内涵，而分寸之道，却是一种被形象化了的尺度，更易于让人明确地把握，具有可为人所用的实际操作性。

要想做到更好地理解分寸，不妨先看看分寸的历史渊源。孔子曰：“中庸之为德也，其至矣乎！民鲜久矣。”这就是说，中庸是一种最高的德行，人们很久都不具备这种道德了。何谓中庸？即“不偏不倚”“过犹不及”。他还说，做事只考虑实际的质朴以至胜过文采，则显得粗野；做事只考虑外表的文采以至胜过质朴，则显得虚浮；只有质朴和文采全面兼顾，不偏于一面，才是做得恰到好处的君子。在孔子看来，凡事如果“过”了，就违反了中庸之道，就是不讲分寸。因此他说：“君子中庸，小人反中庸。”说白了就是君子讲分寸，小人不讲分寸。

世上能够把握分寸的人总占少数，也许这就是成功者总是少数的原因。历数古今中外的成功者，特别是那些开国创业之君、霸业守成之主或是那些历朝历代在仕途上春风得意的人，差不多无一不是知轻重、识眉眼、懂分寸的睿智之士。世人通常提到的所谓“会说话”“会办事”“有人缘”“识大体”“知礼节”几乎都是对讲究分寸之道的报偿。想想那些碌碌无为的人，也想想自己曾经碰过的钉子、跌过的跟头、吃过的苦头，哪一桩哪一件不是因为分寸使然呢？

人们在为人处世时确实存在一个把握分寸的问题，处理得好，能使生活和谐圆融，处理得不好则会导致不良结果，轻则受到非议与谩骂，重则自毁口碑或功败垂成。寻求这方面的实例无须在故纸堆中钩沉，现实的实例就数不胜数。

分寸，往往是生活长河上的一个分水岭，超越它，好与坏、善与恶、爱与恨、喜剧与悲剧就可能发生转化。比如，酗酒能转化为肝硬变，大快朵颐能转化为肠胃疾病，超强度体育运动能转化为筋骨损伤，民事纠纷能转化为刑事案件，狂欢能转化为灾祸……“分寸”伏机于这一系列“转化”之中，鬼使神差地改变着人们的生活质量与生活节奏。

通常所说的“掌握火候”“矫枉过正”“过犹不及”“欲速则不达”等讲的都是这种“火候”和“分寸”的问题。

说话有尺度，交往讲分寸，办事讲策略，行为有节制，别人就很容易接纳你，帮助你，尊重你。反之，你不懂分寸、说话冒失、举止失体、不识深浅、不知厚薄，就会人人讨厌，事事难为，处处碰壁。

说话的尺度和办事的分寸犹如一匹宝马，驾驭好了可以日行千里，帮你冲锋陷阵；驾驭不好就会让你摔跟头，甚至踢伤别人。

如果不掌握分寸，不在乎分寸，企图跨越它所框定的界限，只想“急于求成”“立竿见影”，除了揠苗助长、事与愿违、多栽几个跟头之外，不会有别的结果。

懂得讲话技巧的人，能把一句原本并不十分中听的话，说得让人觉得舒服。有一位著名企业的总裁，当他要属下到他办公室时，从来不说：“请你到我的办公室来一趟！”而是说：“我在办公室等你！”

有个人在交际场合中一言不发，哲学家狄奥佛拉斯塔对他说：“如果你是一个傻瓜，那你的表现是最聪明的；如果你是一个聪明人，那你的表现便是最愚蠢的了。”

没有好的人缘，不知要失去多少成功的机会，干多少事倍功半的事情。人缘依靠什么维护？靠的就是嘴上的分寸。一句话说过了，可能毁掉一生前途，正所谓“一着不慎，满盘皆输”。

第二篇

把握分寸，嘴上带尺脚下有路

受到攻击时，沉默是最好的方法

雄辩如银，沉默是金。在我们的生活中，有些时候确实是沉默胜于雄辩。与得体的语言一样，恰到好处的沉默也是一种语言艺术，运用好了常会收到“此时无声胜有声”的效果。

假如我们在生活中遇到个别强词夺理、无理辩三分或者出言不逊、恶语伤人的人，与之争辩是非或是反唇相讥，往往只能招来他们变本加厉的胡搅蛮缠。对付这种人最好的办法是保持沉默。这种无言的回敬常使他们理屈词穷，无地自容，正如鲁迅先生所说：沉默是最好的反抗。

国外某名牌大学，曾发生过老师和校长反目的情形，该校校长遭到许多老师的围攻。当时，也有一群学生冲进校长的研究室，对他提出各种质问。但是，无论教师说什么，这位校长始终不开口，双方僵持了几个小时后，教师们终于无可奈何地走了。

这位校长保持沉默，实际上也是一种反抗，同时又给对方一种高深莫测的感觉，从而造成心理上的压迫感。由此看来，“沉默是金”确有一定道理。

当对方出于不良动机对你进行人身攻击，并且造谣诽谤时，如果予以辩驳反击，又难以分清是非，这时沉默便可显示出锐利的锋芒。你只需以不屑的神情嗤之以鼻，就足以把对方置于尴尬的境地。

某单位有两个采购员，田宁因超额完成任务而受奖，郑伟却因没尽力而被罚。但郑伟不反思自己的问题，反而说三道四。在一次公众场合，他含沙射影地说："哼，不光彩的奖励白给我也不要！有酒有烟我还留着自己用哩，给当官的舔屁股，咱没有学会！"

田宁明白这是在骂自己，不免怒火顿升，本想把话顶回去，可是转念一想觉得如果和他争吵，对方肯定会胡搅蛮缠，反而助长其气焰。于是他强压怒火，对着郑伟轻蔑地冷笑一声，以不值一驳的神色摇了摇头，转身离去，把郑伟晾在一边。

郑伟的脸红一阵白一阵的，窘极了。

众人也哄笑道："没有完成任务还咬什么人，没劲！"至此，郑伟已经无地自容。

在这里，田宁轻蔑性的沉默比用语言反驳，显得更为有力、得体，更能穿心透骨。这也许是对付无理挑衅最有效的反击武器。

沉默像乐曲中的休止符，它不仅是声音

上的空白，更是内容的延伸与升华。它是一种无声的特殊语言，是一种不用动口的“口才”。

恰当运用沉默的方式

在特定的环境中，沉默常常比论理更有说服力。我们说服人时，最头痛的是对方什么也不说。反过来，如果劝者保持沉默什么也不说，被劝者的抱怨或无知就找不到市场了。

不同的沉默方式有不同的作用，运用时必须恰到好处。

1.不理不睬的沉默可让人摆脱无聊的纠缠

当你正为自己的事情忙得不可开交的时候，同事却不知趣地想跟你闲聊，或者有推销员厚着脸皮赖着不走，或者有人找你去做你不想做的事情。这时，你应尽可能对他们一言不发，不理不睬。过一会儿，他们见你无反应，定会知趣地悻悻走开。

2.冷漠的沉默能使犯错误者认错改正

有一个出身于有教养家庭的小学生，一天他拿了同学一件好玩的玩具，晚饭前回来，装出一副若无其事的样子，同往常一样笑吟吟地说：“妈妈，我回来了！”“姐，我饿了。”“怎么了？”沉默……“我没做错事啊！”还是沉默……妈妈眼睛瞪着他，姐姐背对着他，全家都冷冰冰地对待他。他终于不攻自破了：“妈、姐，我错了……”

3.毫无表情的沉默能让人深思

有些人发表意见时态度很积极，但不免有失偏颇，令人难以接受；若直截了当地驳回，易挫伤其积极性，若循循诱导又费时，精力也不允许，最好的办法便是毫无表情的沉默。他说什么，你尽管听，“嗯”“啊”……什么也不说，等他说够了，告辞了，再用适当的不带任何观点的中性词和他告别：“好吧！”或“你再想想。”别的什么也不用说。这样，他回去后定然要反复思考：今天谈得对不对？对方为什么不表态？错在哪里？也许他会向别人请教，或许自己就会悟出原因。

4.转移话题的沉默能使人自我反省

对不想要回答的问题保持沉默，而找准时机谈大家都喜欢的热门话题，使对方无法插入自己的话题，此人就会从谈话中悟出道理，检讨自己。

5.信心坚定的沉默能使人顺服

某领导有一次交代下属办一件较困难的任务，当然，他能胜任。交代之后，对方讲起了“价钱”。“困难如何大……”“条件如何差……”“时间如何紧……”，该领导保持沉默，一句话也不说，说着说着他就不说了。最后说了一句：“好，我一定完成。”

沉默是金，有时沉默不语能够出奇制胜，有时滔滔不绝，反而有理说不清。

别人论己时切莫打断

在大多数场合下，注意聆听别人的谈话非常重要。当听到别人谈论自己的时候，很多人容易犯这样一个错误：一旦别人谈到自己时，尤其是不利于自己的情况时，往往会打断别人，进行争论。其实，这是最不明智之举。

伊里亚·爱伦堡的长篇小说《暴风雨》出版后，在社会上引起轰动，褒贬不一，莫衷一是。他的主编不知从哪里得到了斯大林对《暴风雨》的看法——认为此书是“水杯里的暴风雨”。

据此，主编就组织编辑部人员讨论这部小说，以表示该报的政治敏感性和高度的警惕性，表明该报鲜明的立场。

讨论进行了数小时，发言人提出不少批评意见。由于主编的诱导，每篇发言言辞都尖酸而刻薄，如果批评成立的话，都足以让作家坐几年牢。可是在场的爱伦堡极为平静，他听着大家的发言，显出令人吃惊的无动于衷的态度，这使与会者无法忍受，纷纷要爱伦堡发言，并要求他从思想深处批判自己的错误。

在大家的再三督促下，爱伦堡只好发言。他说：“我很感谢各位对鄙人小说产生这么大的兴趣，感谢大家的批评意见。这部小说出版后，我收到不少来信，这些来信中的评价与诸位的评价不完全一致。这里有封电报，内容如下，‘我怀着极大兴趣读了您的《暴风雨》，祝贺您取得了这么大的成就。——约瑟夫·斯大林。’”

主编的脸色很难看，以最快的速度离开了会场，那些批判很尖刻的评委们，都抱头鼠窜了。爱伦堡轻轻地摇摇头：“都怨我，这么过早的发言，害得大家不能再发言了。”

爱伦堡的聪明在于，如果他据理反驳，必能激起同仁们更加尖锐的批评，这种场合，最明智的做法就是保持沉默，褒贬随人。

沉默的力量是无边的，它可以帮你说服反对你的人，让你向成功迈进。所以我们要学会沉默，学会在别人论己时保持沉默。

插话要**找准时机**

在别人说话时，我们不能只听到一半或只听一句就装出自己明白的样子。我们提倡在听别人说话时，要不时作出反应，如附和几句“是的”等话语，这样既让说者知道你在听他说，又让他感觉你尊重他。

但是，万事都有所忌，都要把握分寸。许多人过分相信自己的理解和判断能力，往往不等别人把话说完就中途插嘴，这种急躁的态度很容易造成损失，不仅容易弄错对方说话的意图，还有失礼貌。当然，在别人说话时一言不发也不好，对方说到关键的时刻，说完后，你若只看着对方，而不说话，对方会感到很尴尬，他会以为没有说清楚而继续说下去。

还有不少人在倾听别人说话时表现出唯唯诺诺的样子，

哼哼哈哈，好像什么都听进去了，可等到别人说完，他却又问道：“很抱歉，你刚才说了什么？”这种态度，对于说话者来说是有失礼节的事。

所以说，即使你真的没听懂，或听漏了一两句，也千万别在对方说话途中突然提出问题，必须等到他把话说完，再提出：“很抱歉！刚才中间有一两句你说的是……吗？”如果你是在对方谈话中间打断，问：“等等，你刚才这句话能不能再重复一遍？”这样，会使对方有一种被命令或指示的感觉，显然，对方对你的印象就没那么好了。

听人说话，务必有始有终。但是能做到这一点的人并不多。有些人往往因为疑惑对方所讲的内容，便脱口而出：“这话不太好吧！”或因不满意对方的意见而提出自己的见解，甚至当对方有些停顿时，抢着说：“你要说的是不是这样……”这时，由于你的插话，很可能打断他的思路，使他忘了接下来

要讲些什么。

有时，同某人在一起，说话很愉快；有时同某人在一起，感到很烦，本来很感兴趣的话题却不想谈下去。究其原因，主要是因为对方说话不讨人喜欢，该问的问，不该问的也问，所以让我们觉得厌烦。说话要讲究轻重、曲直，更要有个眼力见，知道哪些话该说哪些不该说，哪些该问哪些不该问。

问题是展开话题的钥匙。所以说话有眼力见就要做到问话要讨人喜欢。

有些问题，当你得不到满意的答复时，是可以继续问下去的，但有一些问题就不宜再问。

比方说你问对方住在哪里，他如果只说地区而不说具体地址，你就不宜再问在几路几号。如果他愿意让你知道的话，他一定会自动详细说明的，而且还会补充上一句，邀请你去坐坐，否则便是不想让别人知道，你也不必再追问了。举一反三，其他诸如此类的问题，如年龄、收入等也一样不宜追问，以免引起对方不快。

不可问对方同行的营业情况。同行相忌，这是普通现象。因为他回答你时，若不是对其同行过于谦逊的赞扬，便是恶意的诋毁。在一个人面前提及另外一个和他站在对立地位的人或物总是不明智的。

此外，在日常交际中，不可问及别人衣饰的价钱；不可问女子的年龄（除非她是6岁或60岁左右的时候）；不可问别人的收入；不可详问别人的家世；不可问别人用钱的方法；不可问别人工作的秘密，如化学品的制造方法，等等。

凡别人不知道或不愿意让人知道的事情都应避免询问。问话的目的在于引起双方的兴趣，而不是使任何一方没趣。若能让答者起劲，同时也能增加你的见识，那是使用问话的最高境界。

一位社交家说：“倘若我不能在任何一个见面的人那里学到一点东西，那就是我处世的失败。”

这句话很发人深省，因为虚怀若谷的人，往往是受人欢迎的。记住，问话不仅能打开对方的话匣，而且你可以从中增益学问。

说话避开别人的**痛处**

每个人都有自己的忌讳，人人都讨厌别人提及自己的忌讳。说话时如不小心就会冲撞了对方，引起别人的反感，有的甚至招来怨恨。

小马先天秃头。一天，大家在一起聊天，得知小马的发明专利被批准了。小陆快嘴说道：“你小子，真有你的，真是热闹的马路不长草，聪明的脑袋不长毛。”说得大家哄堂大笑，小马的脸也红了起来。

开玩笑的人动机大多是良好的，但如果不把握好分寸、尺度，就会产生一些不良的后果。所谓“说者无心，听者有意”。因此，掌握说话艺术需要我们在生活中多观察、多总结，避开别人的痛处，只有这样，才能够准确恰当地与他人沟通。

生活中，夫妻双方发生争执是很正常的事，但有的人口不择言，喜欢揭对方短处或对方丑处，甚至当众让对方出洋相，让对方无地自容，从中获得快感，以降服对方。比如丈夫对妻子说："女人嘛，做得好不如嫁得好。你不但不'会做'，就是会做，若不是嫁给我，你今天能活得这么滋润、这么尊贵吗？"或者对对方说："别以为你拿了××文凭就有什么了不起的，蒙得了别人，蒙不了我，不就是拿钱买来的吗？""我那位啊，在别人面前人模人样，在家里我让他学鸡叫就学鸡叫，我让他学狗爬就学狗爬，熊样儿！"这样的话太伤人的自尊心，但偏有人十分喜欢说，意在取得更优越的地位。

最容易戳到对方痛处的时候，是安慰别人的时候。别

人正在痛苦之中，如果在安慰时不注意，揭了人家的伤疤，那可真是火上浇油。比如一个人失恋了，伤心不已，不能自

拔。这时最合适的安慰方法是和失恋者一起找一些快乐的事，让他在交流过程中慢慢消减痛苦。同时应避开一些话题，比如不分青红皂白，故作高深地来一句：“我早就看出他不是好东西。”“他这是存心骗你，当初说爱你的那些话都是假的。”“你不知道他是在利用你啊？”使失恋者伤心之余，又多了一份窝囊和寒心。

如果真的一不小心戳到了别人的痛处，我们应该尽快找补救措施，比如转移话题。

某学生寝室，初到的新生正在争排座次。小林心直口快，与小王争执了半天，见比自己小几日的小王终于叨陪末座，便说道：“好啦，你排在最末，是咱们寝室的宝贝疙瘩，你又姓王，以后就叫你‘疙瘩王’啦。”说者无心，听者有意。原来小王长了满脸的疙瘩，每每深以为恨，此时焉能不恼？小林见又惹来了风波，心中懊悔不已，表面上却不急不慢，巧借余光中看到的诗句揽镜自顾道：“‘蜷在两腮分，依在耳翼间，迷人全在一点点。’唉，这真是‘一波未平，一波又起’呀！”小王听了，不禁哑然失笑——原来小林长了一脸的雀斑。有一新生当场暗自感叹：无意中弄痛了对方，那就转移话题，吸引别人注意力。

第三篇

完美的声音和肢体语言为交流加分

培养受人欢迎的**语调**

语调是语言表达的第二张“王牌”，所谓语调，就是说话的腔调。从严格定义上说，语调应表述为：整句话和整句话中某个语言片断在语音上的抑扬顿挫，包括全句或句中某一片断的声音的高低变化，说话的快慢（即音的长短和停顿）以及轻重等。在口语交际中，语调往往比语意能传递更多的信息，能对听众的心理产生极其微妙的特殊作用，因此更为重要。

在波兰有位明星，人们都称她为摩契斯卡夫人。一次她到美国演出时，有位观众请求她用波兰语讲台词。于是她站起来，开始用流畅的波兰语念出台词。观众们虽然不了解她台词中的意义，却觉得听起来令人非常愉快。

摩契斯卡夫人接着往下念后，语调渐渐转为低沉，最后在慷慨激昂、悲怆万分时戛然而止。台下的观众鸦雀无声，同她一起沉浸在悲伤之中。而这时，台下传来一个男人的笑声，他就是摩契斯卡夫人的丈夫——波兰的摩契斯卡伯爵，因为他的夫人刚刚用波兰语背诵的是九九乘法表！

从这个故事中我们可以看到，语调的不同竟然有如此不可思议的魅力。即使不明白其意义，也可以使人感动，甚至可以完全控制对方的情绪。

此外，语调还起着润色语言的作用，它可以促进思想沟通，使语言表达更加清晰明确，从而增强语言的表现力。因此，学会运用语调，对于提高语言表达能力是十分重要的。

语调能反映出你说话时的内心世界，表露你的情感和态度。当你生气、惊愕、怀疑、激动时，你表现出的语调也一定不自然。从你的语调中，人们可以感到你是一个令人信服、幽默、可亲可敬的人，还是一个呆板保守、具有挑衅性、好阿谀奉承或阴险狡猾的人。你的语调同样也能反映出你是一个优柔寡断、自卑、充满敌意的人，还是一个诚实、自信、坦率以及尊重他人的人。

所以，我们说话时，要能够渗进人们心中，这样才能达到说服别人的目的。因此，在表示有疑问的时候，你可以稍微提高句尾的声音；要强调的时候，声音的起伏可以更大些；要表现强烈的感情时，可以把调子降低或逐渐提高。

总之，绝对不要使你的语气单调，因为音阶的变化会加强你的说服力。你的热情会在音阶的变化中展现，并且能够感染听者，从而产生说服的力量。

如果你在说话时，只是抓住了字词的表面意思，那么你只是用“借来的字词”在传达而已，你并不是个很高明的说话者。你应该把这些字词的意义充分地表达出来，并且加上你对它们的爱，你的表达才是完整的，你的感情才能充分地表露出来。那么，怎样才能使语调生动有趣感染听众呢？

控制一下说话的音量

当你与别人交谈时，一定不可忽视自己的声音，这是显示你口才的一个主要因素。

在火车上，在飞机上，或者在机器轰鸣的工厂里，不得已需要提高声音说话，但平时就没有必要大声说话。试想四周一片宁静，或树下谈心，或围炉叙旧，高声谈话是如何煞风景啊！在客厅里，过高的声音会使主人讨厌；在公共场所，同伴更会觉得难堪。

我们每个人的音量范围的可变性很大，有的高，有的低，说话时，你必须善于控制自己的音量。高声尖叫意味着紧张惊恐或者兴奋激动；相反，如果你说话声音低沉、有气无力，会让人听起来感觉你缺乏热情、没有生机，或者过于自信，不屑一顾，或者让人感觉到你根本不需要他人的帮助。

苏珊是一家广告公司的资深业务经理，她最关心和留意客户的销售问题，并总是乐于帮助他人解决，但她的声音却让人听起来讨厌，那尖叫的声音就像一个小女孩发出的叫声。她的老板私下说，我很想提升她，但她的声音又尖又孩子气，让人感到她说的话不真诚。我不得不找一个声音听起来成熟果断的人来担任此职。显然，苏珊就是因为自己说话的音量不合适而失去了提升的机会。

有时，当我们想使自己的话题引起他人兴趣时，便会提高自己的音量。有时，为了获得一种特殊的表达效果，又会故意降低音量。但大多数情况下，应该在自身音量的上下限之间找到一种恰当的平衡。

当你内心紧张时往往发出的声音又尖又高。查理是一家大型金融机构的投资研究部经理。在平时的工作中，他总是表现得异常活跃和激动，为了让大家听到他所说的话，他总是大声叫喊。每当他打电话时，隔几个办公室也能听清他所说的每一句话。同事们对他的这些行为感到迷惑不解。

其实，语言的威慑力和影响力与声音的大小是两回事。不要以为大喊大叫就一定能说服和压制他人，声音过大只能迫使他人不愿听你讲话而讨厌你说话的声音。与音调一样，我们每个人说话的声音大小也有其范围，试着发出各种音量不同的声音，并仔细听听，找到一种最为合适的声音。

演讲中音量的高低是否恰当适度，影响着表情达意的准确程度，左右着听众的听觉感受、精神状态，甚至关系到整个演讲的成败。缺乏经验的演讲者在这方面往往认识不足，有人气如牛，声如雷；又有人有气无力，声音

出不来；还有人忽而大声，忽而小声，一下提高声调，一下压低嗓音，让人弄不清他的用意。

对于音量的控制还有一个妙用：运用音量的变化来吸引听众。

人们常说：“会议中，大声疾呼才是胜利者。”这是因为声音大，具有扰乱对方说话的作用。比如，大声呼叫与开怀大笑的政治家或实业家，不论其说话内容如何，至少比音量低的人更易给人留下豪放磊落与大胆的印象。事实上，在某种意义上，会议具有密室性，如果大声疾呼，会摧毁这种密室性，也许大声可让对方惊讶，但反观大声疾呼的人，是企图利用“威吓效果”让自己处于优势。

那么，向来声大如雷的人，如果突然变得轻声细语，会带给对方何种反应呢？一般而言，“轻声细语”让人联想到悄悄话或秘密。因此，当对方忽然降低音量时，即使不是重要内容，也会让人自然而然去细听话中的内容。

越是大声疾呼，其接着而来的轻声细语也越具效果，说明两者间有相辅相成的效果。因此，想在会话中领先，最好与音量大小配合。简单地说，先以大声疾呼来威吓对方，再以轻声细语来吸引对方的注意。把威吓与引起注意的效果交替使用，即利用两者间的差距，让对方“疲于奔命”，完全乱了阵脚，这便是大声疾呼与轻声细语轮流使用的意图所在。

一次，在某个全国性会议上，因发电影票问题，引起与会者不满。有人怒气冲冲地来到会务组兴师问罪。会务组组长确实是语言心理战老手，他先大声向对方解释，然后声音越来越小，嘴巴也越来越靠近对方的耳朵，最后简直就是贴在对方的耳朵上说悄悄话。对方的脸色也由阴转多云，多云转晴，最后，组长拍拍对方的肩膀，亲热地问了一句：“明白了吧？”对方点了点头，微笑着告辞了。事后，有人询问组长：“组长，您跟他说了些什么，这么见效？”组长的回答令人大吃一惊：“其实我什么也没说！”“那对方为什么消了怒气呢？”“我跟他说话的方式使他消了气。”

1.掌握有特色的各种句调

一句话富有表现力，因为它声音有高有低，有快有慢。声音的高低是由声带的松紧决定的，声带拉紧，声音就变高；声带放松，声音就变低。我们说话可以自由地控制声带的松紧，使之发出不同的高低音。一句话声音的高低变化叫做句调，句调是语调中主要的内容。句调可分升调、降调、曲调、平调4种，升、降、曲、平四调，各具特色。只有掌握句调的特点，才能灵活表达出各种句调。

（1）升调。这种句调前低后高，整个句子的后半句明显升高，句末音节高亢，一般用于提出问题、等待回答、感情激动、情绪亢奋、句中顿歇、意犹未尽、发号施令、宣传鼓动、出乎意料等场合。

（2）降调。这种句调先高后低，但声音不是明显下降，只是逐渐降低，句末音节短而低。在口头交际中，降调的使用最为常见，它多用于情绪平稳的陈述句、感情强烈的感叹句、表达愿望的祈使句。

（3）曲调。这种句调由高转低，自低升高，或由低转高，再降低。曲调能表达出复杂的情绪或隐晦的感情，所以常用于语意双关、言外有意、幽默含蓄、讽刺嘲笑、意外惊奇、有意夸张等处。

（4）平调。这种句调变化不大，平稳、舒缓，多用于表达分量较重的文句，如庄重严肃、冷淡漠然、思索回忆、犹豫不决等。

2.语调抑扬顿挫

说出的话中含有语调才能显得抑扬顿挫。抑扬顿挫构成语言自然和谐的音乐美，能细致表达思想感情和语气，使语言更富有吸引力。一般来说，语调越多样化，越生动活泼，其吸引力就越大。分寸感是语调正确的首要条件。每句话都可以用不同的语调来说，但不同的语调给对方的信息刺激也是不同的。同样一句话，由于语调不一，就可能给人不同的信息。文明语言可能传达不尊敬对方的信息；相反，有些不礼貌的语言在非常亲近的人当中，却给人传达一种亲密无间的信息。关键在于语调分寸感的使用。恰当地运用不同的语调，是衡量一个人口头表达能力的重要标志。

3.培养表达心声的语调

语调对于有声语言表达的效果有重要的作用。语调不仅能成功地表达一个人的心理和性格，还可以表达说话者微妙的感情。不同的语调，将导致对方不同的感觉。一句话起什么作用，产生什么效果，给听者什么感受，取决于说话者的语气和语调。语调关系到口才的成功和失败，所以要交际成功，必须练习那种真实、准确、富有生命力的语调。

4.控制说话的轻重快慢

人们说话都有轻重快慢之分。一般来说，重要的词语或需要强调的内容说得重些，句子中的辅助成分或平淡的内容说得轻些。说话轻重适宜，能使语意分明，声音色彩丰富，语气生动活泼，语言信息中心突出，从而引起听者的注意，引导听者的思路，易于被人理解和接受。说话的轻与重，是相对而言的。太轻，容易使听者减少兴趣；太重，也容易给听者突兀的感觉。应根据说话的内容，该轻则轻，该重则重，使人感到音节错落有致，舒服畅快。

语速应根据交际场合和个人表情达意的需要而选择。运用恰当的语速说话，是控制语调的主要技巧。在需要快说时，语速流畅，不急促，使人听得明白；在需要慢说时，不能拖沓，要声声入耳。语速徐疾、快慢有节，才能使言语富于节奏感。听者处在良好的倾听环境里，才能不疲劳，并且增强语言的感染力。

培养恰如其分的**节奏**

节奏不是外加的东西，它取决于说话的内容和交谈双方的语境，靠起伏的思绪遣词造句，靠波动的情感多层衍进。

人们在说话、朗读和演讲中，速度的快与慢、情绪的张与弛、语调的起与伏、音量的大与小等，变化对比，就形成了节奏。节奏在口语中起着重要作用。

节奏主要表现人的心理的变化，不同的口语节奏具有不同的形象内涵和不同的感情色彩。适当的节奏，有助于表情达意，使口语富于韵律的美感，加强刺激的强度。

口才出色的人，与他谈话简直是一种艺术的享受。他们说话时，抑扬顿挫，引人入胜，就像一个出色的钢琴家，将语言的节奏当作钢琴的琴键随意弹奏，弹奏出一曲动人心弦的《高山流水》。他们对语言节奏的掌握可谓随心所欲。

下面几种语言节奏较为常用，若能有效地掌握，也能起到打动人心的效果：

1.高亢型

高亢的节奏能产生威武雄壮的效果，声音偏高，起伏较大，语气昂扬，语势多上行。用于鼓动性强的演说，叙述一件重大的事件，宣传重要决定及使人激动的事。

2.低沉型

这种节奏具有低缓、沉闷、声音偏暗的效果。语速偏慢，语气压抑，语势多下行。用于悲剧色彩的事件叙述或慰问、怀念等。

3.凝重型

这种节奏听来一字千钧，句句着力。声音适中，语速适当，既不高亢，也不显低沉，重点词语清晰沉稳，次要词语不紧不慢。用于发表议论和某些语重心长的劝说、抒发感情等。

4.轻快型

轻快型节奏是最常见的，多扬少抑，听来不费力。日常性的对话、一般性的辩论，都可以使用这类型的节奏。

5.紧张型

紧张型节奏，往往显示迫切、紧急的心情。声音不一定很高，但语速较快，句中不延长停顿。用于重要情况的汇报，必须立即加以澄清的事实申辩等。

6.舒缓型

舒缓型节奏，是一种稳重、舒展的表达方式。声音不高也不低，语速从容，既不急促，也不大起大落。用于说明性、解释性的叙述，学术探讨等宜用这种节奏。

以上6种节奏分别用于不同的场合、环境，但又互相渗透，有主有辅，只有适当运用把握，才能显示出技巧的内在力量。而有些人对语言的节奏毫不在意，将语言当作垃圾，不顾一切地向别人扔去。

总之，缺乏节奏感的语言是平淡呆板的，而节奏感强的语言抑扬顿挫，富有表现力，是吸引听者的最大秘诀。

人们在表达欢乐、兴奋、惊惧、愤怒、激动的思想感情时，语速一般较快；在表达忧郁、悲伤、痛苦、失望或心情沉静、回忆往事的心理时，语速一般较慢。当然，也有例外的情况，如内心的思想感情是很紧张、很激动或很愤怒的时候，语速表现出来的却是平缓的，而听众正是从说话者的平缓的节奏中，感受到说话者内心感情强烈的变化。

节奏感强的、动听的、连贯的语言，同唱歌和音乐有许多相近的特点和因素。有些词语需急速地念出来，就像音乐中的8分音符和16分音符；另有些词语必须表现得有分量些，必须拖长些，就像全音符和2分音符；而连贯一气的词语，就像是二连音或三连音。

字母、音节和单字——这就是语言中的音符，可以组成小节、一首歌或完整的交响曲。正是由于这种有节奏的语言，才使人们的讲话变得富有魅力。因此，要使自己的口头语言如同音乐般优美动听，就必须注意语言的节奏。

语言节奏的处理，既是说话者感情的表露，也是说话者思想水平和涵养的表现。

调整好说话的**语气**

说话都离不开语气。在一句话中，不但有遣词造句的问题，而且有用怎样的语气表达，说话才准确、鲜明、生动的问题。

抗日战争时期，文学大师郭沫若在台下观看自己创作的五幕历史剧《屈原》的演出，他听到婵娟痛斥宋玉：

“宋玉，我特别恨你，你辜负了先生的教训，你是没有骨气的文人！”

郭老听后，感到“你是没有骨气的文人”这句话骂得还不够分量，就走到后台去找“婵娟”商量。“你看，在‘没有骨气的’后面加上‘无耻的’三个字，是不是分量会重些？”

这时，正在一旁化妆、扮演垂钓者的演员张逸生，灵机一动，插了话：

“不如把‘你是’改为‘你这’，‘你这没有骨气的文人’，这多够味，多么有力！”

郭老拍手叫绝，连称：“好！好！”

这一字之改，不仅使原来的陈述句变为坚决的判断句，而且使语言有强烈的感情色彩，语气也更加有力，婵娟的愤怒之情溢于言表。这种当今社会最值得推崇的口才能力就显现了驾驭语气的功力。要达到驾驭语气的基本要求，以下3点建议可供参考：

1.掌握语气的特点

语气包含思想感情、声音形式两方面内容，而思想感情、声音形式又都是以语句为基本单位的。因此，语气的概念又表述为具体思想感情支配下的语句的声音形式。语音作为语言的物质外壳，是语气表达所必须依据的支持物。语言有表意、表情、表志的作用，语气相应也分为这3种：

（1）表意语气。表意语气指的是向对方传递某种信息，如陈述、疑问、祈求、命令、感叹、催促、建议、商量、呼应等。这种语气词或独立成小句，或用于小句末句中，或用于整个句子末尾。指明事实，提请对方注意，用“啊、呢、咯、嗯”等；催促、请求用“啊、吧”；质问、责备用“吗”，如与副词“难道”搭配，语气更为强烈；说理一般用“嘛”和“呗”；招呼、应呼用“喂”；揣测用“吧”。

（2）表情语气。表情语气是谈话中表现的感情，如赞叹、惊讶、不满、兴奋、轻松、讽刺、呵斥、警告等。赞叹用“呵、啧”，句中常有“多”字搭配；惊讶用叹词“啊、哎、哟、咦”；叹息用“唉”；制止、警告用“嘘、啊”；醒悟用“哦”；鄙视用“切”；等等。

（3）表志语气。表志语气，就是对自己的说话内容表示某种态度，如肯定、不肯定、否定、强调、委婉、和缓等。肯定用“得了（是）……的”；和缓用“啊、吧”，语气显得平淡，不生硬；夸张用“呢、着呢”。

2.改变不良的语势习惯

人在社会化的过程中，由于受社会、家庭和个人的某种语言习惯的影响，形成了每个人的独特的语势习惯，因此要尽早克服那些不符合语气要求的语势习惯。

有的人讲话声音变化很大，总是一开口声音很高、很强，到后来越说越低、越弱，句尾的几个字几乎听不到。这种头重脚轻的语势使语意含混，容易造成听话人的疲劳感。有的人讲话，总是带有一种“官腔”，任意拖长音，声音下滑，造成某种命令、指示的意味。有的人讲话，则喜欢在句尾几个字上用力，使末尾个字短促，语力足，给人以强烈感、武断感，容易让人不舒服。把握语气主要是做到句首的起点要参差不一，句腹的流动要起伏不定，句尾的落点要错落有致，这样就能使语气千姿百态，丰富多彩。正确地运用语势，就会对每句话的表达从语意上给以具体把握。这种把握是驾驭语气的基本内容。

3.根据不同场合调整语气

要取得良好的效果，有声语言的表达，必须考虑场合、对象、时机等因素，要根据不同场合、不同时机、不同环境和不同对象的语言交流特点，灵活恰当地运用语气的多种形式，做到适时而发。

（1）因人而异。驾驭语气最重要的一条是语气因人而异。语气能够影响听话者的情绪和精神状态。语气适应于听话者，才能同向引发，例如，是喜悦的会引发对方的喜悦之情，是愤怒的会引发对方的愤怒之意；语气不适应于听话者，则会异向引发，如生硬的语气会引发对方的不悦之感，埋怨的语气会引

发对方的满腹牢骚等。判断说话语气的依据是一个人内心的潜意识。语气是有声语言最重要的表达技巧。掌握了丰富、贴切的语气，才能使我们的思想感情处于运动状态，不时对谈话人产生正效应，从而赢得交际的成功。

（2）因地而异。把握语气要注意说话的场合，这是十分必要的。一般来说，场面越大，越要注意适当提高声音，放慢语速，把握语势上扬的幅度，以突出重点；相反，场面越小，越要注意适当降低声音，适当紧凑词语密度，并把握语势的下降趋向，追求自然。不同场合，应运用不同的语气。在谈话的场合和演讲的场合、论辩的场合和对话的场合、严肃的场合和轻松的场合、安静的场合和嘈杂的场合等，都要根据情况使用不同的语气。

（3）因时而异。同样一句话，在不同时候说，效果往往大相径庭。抓住时机，恰到好处，运用适当的语气，才会产生正确有效的效果。

让你的眼睛会说话

“眼睛是心灵的窗户”。一个人的内心世界是个什么模样，都可以通过这扇“窗户”透露出来。与人交往时，自身的喜、怒、哀、愁、乐，用不着开口说话，只凭眼睛的神态就能传递出内心的情感；别人也不一定要听完你说的话才能获取信息，只需看看眼睛的神态，就能领悟其内心的活动，知道你究竟想表达什么意思。眼神所传达的感情，往往超过有声言词的发送。所谓“会说话的眼睛”就是由此而得。

眼神是运用眼的神态和神采来表达感情、传递信息的无声语言。在面部表情中，是最生动、最复杂、最微妙也是最富有表现力的。眼睛是心灵的窗户，而眼神千变万化，表露着人们丰富多彩的内心世界。正如苏联作家费定的小说《初欢》中所描写的那样：“……眼睛会发光，会发出火花，会变得像雾一样暗淡，会变成模糊的乳状，会展开无底的深渊，会像火花和枪弹一样投射，会质问、会拒绝、会取、会予、会表示恋恋之意……”眼睛的表情，远比人类的语言来得丰富。

在与人交谈中，正视对方，表明对对方的尊重；斜视对方，表明对对方的

不重视；看的次数很少或不屑一顾，表明对对方的反感和轻视；眼睛眨动的次数多，表示喜悦和欢快，也可表示疑问或生气；眼睛眨动的次数少甚至凝视不动，表示惊奇、恐惧和忧伤；如果不敢直视对方，也可能是因为害羞，可能有什么事不愿让对方知道；如果怀有敌意的双方互相紧盯着，其中一方突然把眼光移向别处，则意味着退缩和胆怯；如果谈判时有一方不停地转动着眼球，就要提防他打什么新主意或坏主意；如果是频繁而急促地眨眼，也许是表示羞愧、内疚，但也可能表明他在撒谎……

配合着眉毛的变化，眉目传情意义更广泛。欢乐时眉开眼笑，眉飞色舞；忧愁时双眉紧锁；愤怒时横眉怒目；顺从时低眉顺眼；戏谑时挤眉弄眼；畅快时扬眉吐气等。

演讲目光语最主要的是强调眼神的运用。一般来说，不同的眼神表达着不同的情感。目光明澈表现胸怀坦荡；目光狡黠表现心术不正；目光炯炯表现精神焕发；目光如豆表现心胸狭

窄；目光执著表示志向高远；目光浮动表现轻薄浅陋；目光睿智表现聪明机敏；目光呆滞表现心事重重；目光坚毅表示自强自信；目光衰颓表示自暴自弃。除此之外，故弄玄虚的眼神乃是高傲自大的反映；神秘莫测的眼神则是奸狡巨猾的反映；似利剑出鞘、咄咄逼人的目光是正派敏锐的写照；如蛇蝎蛰伏、灰冷阴暗的目光是邪恶刁钻的写照。

眼神的表达丰富多彩，得体地运用目光语会令你的演讲增添光彩。

孟子说："存乎人者，莫良于眸子，眸子不能掩其恶。"柯云路说过："目光是一种更能储蓄、更微妙、更有力的语言。"确实，眼睛是人体发射信息最主要的器官，是人体最鲜明的机器。当人们彼此进行交流时，目光持续的时间、眼睛的开闭、瞬间的眯眼以及其他许多细小变化和动作都能向对方发出信息。

讲话者在和他人交流时，不仅要倾听人家的谈话，而且眼睛要适当地看着对方，能给对方一种受到尊重、受到重视的感觉，这样的谈话一般会收到良好的效果。但也有不少人，讲话时两眼死盯着讲稿或仰望天花板，或左顾右盼、东张西望，使人感到他"目中无人"，不知他心里在想着什么，这样的效果自然不会好。法国前总统戴高乐在做公开演说或电视讲话时，从不戴眼镜，要同法国人"眼对着眼地"讲话，因为他对用眼睛交流思想感情的作用极为重视。

因此，和人谈话时，一定要根据谈话的对象、谈话的内容、场合、气氛，恰当地运用目光语，这样才会有良好的谈话效果。

第四篇

别让不良表达习惯降低人气

切忌粗俗无礼、不知所谓

现代人有句话：有“礼”走遍天下，无“礼”寸步难行。礼，是指礼貌。人们办事免不了以“礼”感谢，而这也必须要遵守礼貌的原则。一个人说话的态度，可以突显其教育基础和风度。如果一个人谈吐有礼，自然说明他受到了良好的教育，所显现的气质也倍显高雅，在与人交谈时，倾听者才会对有礼者肃然起敬。

然而，现实生活中有很多人在说话时都不注重礼仪，要么张口闭口不离脏字，要么提问、回答毫不客气，要么反驳别人时大声叫嚷，显得非常没有教养。

过去，有个年轻人骑马赶路，见路边有一位老汉，他便在马上高声喊道：“喂！老头儿，离客店还有多远？”老汉回答：“五里！”年轻人策马飞奔，急忙赶路去了。结果一口气跑了十多里，仍不见人烟。他暗想，这老头儿真可恶，说谎话骗人。他一边想着，一边自言自语：“五里，五里，什么五里！”猛然，他醒悟过来了，这“五里”不正是“无礼”的谐音吗？于是

掉转马头往回赶。见到那位老人，他急忙翻身下马，亲热地叫声“老大爷”，话没说完，老人便说：“你已经把客店错过了，前方路程尚远，若不嫌弃，可到我家一住。”

这则故事，它告诉人们在人际交往过程中讲究礼貌的重要性。“人而无礼，不知其可”，粗俗的言行与得体的礼貌将产生截然相反的效果。

和别人打交道，总是以称呼开头，它好像是一个见面礼，又好像是进入交往大门的通行证。称呼得体，可使对方感到亲切，交往便有了基础；称呼不得体，往往会引起对方的不快甚至恼怒，双方会陷入尴尬境地，致使交往受阻甚至中断。

普通谈话中应注意的细节也与上述案例所体现的细节一样。例如，朋友交谈、出席宴会、参加面试等种种情况，尽管你可能不善言谈，但是如果每一次开口，你都能用正确、合适和礼貌的言语回答别人或参与讨论，那么，相信你的魅力会渐渐地浮现在周围人的眼前，令他们对你刮目相看。

让紧张感为我所用

讲话者在登上讲台之前，经常会过早地感到紧张。对大多数人来说，这种紧张的状态从接受讲话邀请时就已经开始了。通常，我们参与活动的时间越长，紧张的状态便持续得越长，症状也越严重。

人们在众目睽睽之下会感到不舒服，这是一种正常的情况。

但对于讲话者来说，紧张有时是合理的表现，有时则不是。讲话者可能会担心自己的选题或信息不太迎合观众的期望或需要；担心观众会抨击讲话质量，对内容的可信度提出质疑，或提出一些我们无法回答的问题；意识到自己的陈述有错误，或遗漏了关键的信息。即使对讲话的题目了如指掌，对自己的讲话资格满怀信心，讲话者也会担心自己表现不佳，从而产生尴尬的局面，而只有观众能够察觉到这种紧张和尴尬。

讲话者如果缺乏适度的紧张感，就不能分泌出足够的肾上腺素，来帮助他调整到巅峰状态。

要做一场精彩的当众讲话，窍门就在于，让你的紧张情绪为你服务，这就是紧张感的反利用。想象一下，当你浑身紧绷时，分泌出的大量的肾上腺素就会成为你完成精彩讲话的催化剂。

是的，有时你会感到自己的肢体已经失控了。你可能会体验到如下甚至更多的症状：心跳加速、手心冒汗、嘴唇干涩、两腿发软、肌肉抽搐、呼吸急促、声音发颤、胸闷恶心……但是，无论你感到多么紧张，永远不要告诉你的观众。如果观众察觉到你的不适，他们会为你担心。要是你放任自己的紧张，他们就会转而注意你颤抖的双手，而非专注地听你的演讲。要记住，在通常情况下，你的紧张情绪并不会明显到被人看出来。

有时候，我们在讲话时丧失自信的原因是缺乏观众的反馈。在对一人的谈话中，我们能得到即时的反馈：对方会抬抬眉头、皱皱眉头、争论、微笑、点头或者确认你的观点。而在一群人面前讲话时，我们经常会因为缺少这样的反馈而若有所失。这就好像摸石头过河时，看不清水面下的石头，你每走一步都会有点紧张，直到你的脚踩踏实了为止。

要想控制住紧张情绪，就要提醒自己永不放弃。

如果你被恐惧打败，就会有大麻烦。所以，你要深吸一口气，拒绝紧张感占据自己。在讲话时，也应该这样一绝不让自己迈出退缩的第一步。与其担心自己会如何尴尬，不如将注意力集中在演讲的话题上，反复回忆并演练自己演讲的要点，而不是把那些困难思来想去。

有些人能利用紧张提高情绪，从而冲淡恐惧，某位电视节目主持人对这种方法颇有体会。这位节目主持人曾经主持过一个《民歌大家唱》的节目，节目中经常邀请各地方的人来到直播室，轮流唱两三首乡土歌谣。大家在排练时都非常卖力，并不紧张，但等到排练结束，休息1个小时后，幕布垂下来了，参观的宾客渐渐增加，表演的人就开始紧张了。

透过幕布，可以听到观众的吵闹声。等到开幕前的5分钟铃声响起，第一批上场的人就依规定集合在舞台左右两边。此时，其中有几个要表演的人，以颤抖的声音对节目主持人说："我好紧张啊！真羡慕你，一点都不怕。"每当遇到这种情况，节目主持人总会回答他说："如果有人不会紧张，那他该去看医生了，因为他的神经可能有些问题。虽然我看起来很镇静，但事实上我也相当紧张呢！你们看，我的腿不是正在发抖吗？"

"真的啊！跟我们一样嘛！"就在一阵笑声中，大家的紧张情绪得到了缓解。

可以断言，所有的演员、歌星、演说家在即将上台或录音之前，都会感到紧张。这并非主观臆断，好多名人自己都承认这种说法。

"如果不紧张，就不是歌星了。因为每次在上台前都必须认真地准备，说不紧张是骗人的。"香港有位现代流行歌曲红歌星如此坦然地道出了她的心声。

"我总是很紧张，台下的观众也跟我一样，这种关系一直持续下去，才能达到表演的最佳状态。"北京一位既讲相声又演小品的大腕演员也这样承认。

"我好紧张啊！"许多广播或电视节目主持人在节目开始前都不免会这样说。

不难看出，以上这些人都有一个共同点，那就是：即使心中很紧张，也绝不掩饰，反而把心中的压力"暴露"出来。这样，倒可以把紧张的情绪一点一点地排除。

面对紧张，不退缩，反而会让自己兴奋起来，利用对这种情绪的把握，可以使自己达到最完美的状态。

积极地暗示自己

以心理暗示进行心理放松。心理的毛病用心理的方法去矫治最直接、最有效。心理卑怯现象是心理夸张性感受所致，必须让心理感受重新归位。要达到这一要求，需要采用心理暗示的方式，对对方有客观、正确的认识，对自己做出准确、公正的评估，这样就能保持清醒，树立信心。例如，当别人说话显示出我们没有的优势时，我们可做这样的暗示：这是他的优势所在，我同样也有优势，一样是他比不上的。

演讲者首先要对自己的演讲题材和演讲效果充满自信，要在精神上鼓励自己去争取成功。演讲者可以用如下几句话反复暗示、刺激自己："我的演讲题材对听众具有极大的价值，听众一定会喜欢。""我非常熟悉这类演讲题材，我一定会成功。""我准备得非常充分了。"演讲者不应在上台演讲前过多考虑可能导致演讲失败的因素，如"我忘了演讲词怎么办？""听众嘲笑我怎么办？"这种负面的自我暗示往往会产生不好的结局。

关于克服当众怕羞的心理，卡耐基先生最有经验，而在他的众多经验中最基本的经验就是："你要假设听众都欠你的钱，正要求你多宽限几天；你是神气的债主，根本不用怕他们。"

现代实验心理学表明，由自我启发、自我暗示而产生的学习、行为动机，即使这动机是佯装的，也是使学习、工作取得良好效果的有力手段。

树立自信的方法之一，就是要记住自己是被邀请来作讲话的。有人相信你的能力，相信你对这一论题十分精通。提醒自己，如果在座的观众中有人比你更权威，他们早就该被邀请来作演讲了。

我们应该想到恐惧是后天的反应。两岁大的孩子在过马路时不会懂得害怕，直到有人猛地把他拽回来，警告他过马路有多么危险。同样，当我们第一次看见同学站起来背诵诗歌，发现他突然哽住了，变得慌张窘迫，以致全班发出阵阵的窃笑时，我们懂得了当众讲话时会害怕。既然紧张害怕是后天学会的，那么它也是可以被忘却的，或者至少是可以被控制的。

身体克服**恐惧法**

对于当众讲话羞怯的人而言，首先就要让自己的身体不要紧张。如果你是这样的人，不妨做做以下练习。

1.追蝴蝶练习

在登台前最后一刻做，效果最好。

双脚开立，与肩相齐，膝微屈，挺背，双臂放松垂于身体两侧。不必刻意呼吸，边叫“呜”边做蹦跳，一共10次，尽量用力。“呜”声要短、急、用力。每次喊完“呜”，双拳向下猛砸。放松闭嘴，缓慢深呼吸。嘶嘶吸气，微张嘴，弯腰至膝，蹲于地。重复3遍，做缓慢深呼吸。

2.摇来摆去练习

双腿分开站立（与肩相齐），同时摆动身躯、脖子和头，先向右，再向左。让双臂自由摆动，随身体转来转去，最后双臂放松地围住双肩。摆动时，尽可能地大声叫：“我不在乎！”如此反复，也可叫：“不，我不在乎！”“你奈我若何！”重复几十次。请注意：

（1）身体摆动时，保证头随身子转。

（2）尽可能轻松自在地去做。

3.空手劈柴练习

双足分开约40厘米，屈膝，握拳，手放两边，嘴唇紧闭。深呼吸3次后，抬臂高举过头。“哗啦”一声，双手用力地劈下，并尽可能放开喉咙大声叫喊：“哈哈哈哈哈哈哈哈！”（屈膝）尽可能用劲地重复5次。

4.劈柴动作练习

两腿分开约38～45厘米，脚尖向前，两膝轻松放直，攥紧双手。吸气，摆动紧握着的手，高抬过头。把举起的手摆下来，猛向前屈，吐气。手下来时，大叫一声“哈”。（屈膝）吸气，再举手。重复上述动作，做10次或20次。

注意！吸气时要闭着嘴，直到你的手下摆时叫“哈”。这样就可吸进更多氧气，练习就更有效。

5.蒸汽机练习

双脚与肩齐，屈膝，将头抬起，闭嘴，右臂后拉，左臂前伸，尽量用力。同时深呼吸。

左右臂换个方向，重复上述动作。节奏要平稳。开始要慢，随后要越来越快，持续做3～5分钟。记住：闭着嘴！

6.心怀世界练习

吸气，感觉你像是在扩张，张开双臂，拥抱整个世界。伸展四肢，感觉你的心脏是世界的扩充与展开，你不再是单纯的一个生命体。至少坚持1分钟以上，让世界置于你的怀抱中，手放胸前，双手轻抵。如此做4次，把消极的意念都去掉。努力去喜欢它，把它容纳进来，把它放在心上，化恨为爱。

7.减压练习

站在门槛上，手掌抵着两边门框，鼓气用力。面部、头部、脖子会有热血上涌。尽量多坚持一会。突然完全放松，深呼吸。重复3遍。

我们想说话时如果呼吸紊乱，氧气的吸入量便减少，头脑会一时陷于痴呆状态，从而不能把所想的词语说出来。

在某种意义上说，“呼吸”和“气息”是一个意思，因而调整呼吸就能“使气息安静下来”。

说话时是按下列程序发生不正常情况的：怯场—呼吸紊乱—头脑反应迟钝—说支离破碎的话。因此，调整呼吸会使这一情况恢复正常。

说话时使全身处于松弛状态，静静地进行深呼吸，在吐气时稍微加进一点力气。这样一来，心就踏实了。笑对于缓和全身的紧张状态有很好的作用。笑着调整呼吸，还能使头脑的反应灵活，话语集中。

不要强忍紧张，把它释放出去。告诉你的身体，你能控制自己，对大脑也是如此。在你说话前，先从头到脚都动一动，前后晃晃你的头，张开嘴，做几次深呼吸。即使是面对听众，你也可在桌下晃晃脚，活动活动手指。这样可以增强血液循环，减少你的焦虑。不要跷起二郎腿坐着，你做的每一个动作都会减少你过度的紧张，使全身充满活力。

控制音量语速，避免无章法问答

谁也不能否认，说话是一门高深的艺术，一段话出自演讲家口中和出自一个没有文化的人口中，对受众所产生的效果绝对是不一样的。因为演讲家懂得用最适当的语速、最优美的声调、最清晰的语音来吸引听众。

一个真正会说话的人，不仅要把自己的言辞修饰好，其表达方式也是经过锤炼的。但凡能吸引人的对话或演讲，通常都是充斥着智慧和活力的，这基于说话者很好的表达

能力。所以，如果你的声音足够优美且富有活力，可以使人对你产生极美好的幻觉，它能在你疲倦时让别人感到你仍然“精力旺盛”，能在你70多岁时还让人觉得你仍然“年轻”。

声音的质感是天生的，即使先天的条件使你无法拥有优美的声音，但你也一定要学会如何让语言抑扬顿挫。好的断句会让一句话产生奇妙的感觉。

声音优美、停顿有力并不够，我们还要把握好说话时的音量。什么情况该用多大的声音说话，吐字清不清晰，这也都决定了我们的语言是否能够感染别人。

中国有句俗话：有理不在声高。如果你天生就是大嗓门，那就只有尽量降低自己的音量，每个人的耳朵都有一定的承受能力，并不是人人都想听你在一旁“打雷”。倘若你是因为气愤而大声怒吼，那么生气也是于事无补，对方也未必惧怕你；如果你很有礼貌地说话，反而会使对方感到自己有失风度。

说话就是这样一种有趣且难以掌握的艺术，如果你能够尽数掌握这些本领，相信什么难以开口的语言，在你的口中都会变成一篇优美的文章。

第五篇

斟酌开场白，3分钟抓住对方的心

沟通伊始，恰当地称呼他人很重要

沟通伊始，恰当地称呼别人十分重要，一个恰当的称呼可以叫到别人的心坎里，让别人更容易接受你；而不恰当的称呼则可能让别人的心里不舒服，进而影响接下来的交往。

在社交中，称呼是必不可少的。在职场交往中，人们对称呼是否恰当十分敏感，尤其是初次交往，称呼往往影响交际的效果。有时因称呼不当会使交际双方产生感情上的障碍。不同时代、不同国家、不同地区、不同社会集团之间都有不同的称呼，但也有共同的称呼，如太太、小姐、女士、先生。因此，你必须懂得恰当地称呼别人，这样别人才会感到舒服，进而增进双方的感情。

有一位善于交际的朋友，在很多场合他都能结识很多新人。他是怎么做的呢？他对比自己小的年轻人总是很亲切地直呼其名，并以亲如兄长般的态度赢得小弟、小妹们的尊敬与喜爱。即使在他住院期间，他也能与医务人员打成一片。他曾说：“与人交往中，首先要学会恰当地称呼人，这样才能使人对你产生好印象。”

事实确实如此，就拿找人来说，你如果说：“喂，总经理在哪里？”被问的人肯定不会理你。如果你礼貌地说：“你好，请问王总去哪了？”那他则会很高兴地指点给你。

此外，在交往中，称呼还要合乎常规，要照顾到被称呼者的个人习惯，同时，还要注意入乡随俗。而根据场合，又可以分为工作中的称呼和生活中的称呼两种，在具体实践中各有不同。

在日常生活中，称呼应当亲切、自然、准确、合理。

在工作岗位上，人们彼此之间的称呼是有其特殊性的，应当庄重、正式、规范。

在工作中，最常用的称呼方法，就是根据对方的职务相称，以强调其特殊身份及自己的敬意。比如，“陈总（经理）”“王处长”等。

对于具有职称者，尤其是具有高级、中级职称者，可以在工作中直接以其职称相称，如“侯教授”“张工（程师）”等。而以头衔作为称呼，则能增加被称呼者的权威性，更加有助于增强现场的学术气氛，如“陈博士”等。

使用称呼还要注意主次关系及年龄特点。如果对多人称呼，应以先长后幼、先上后下、先疏后亲的顺序为宜。如在宴请宾客时，一般要按女士、先生、朋友们的顺序称呼。用客气称呼的目的是使对方感到愉快。在有些场合，如果你适当地喊出对方的名字，更会使人感到亲切愉快。

三言两语，给陌生人最好的第一印象

第一印象在人际交往中有着极为重要的意义，因此，我们要想方设法地给对方留下一个美好的第一印象。

当你来到一个陌生的环境，与素不相识的人初次见面，必定会给对方留下某种印象。这就是我们通常所说的“第一印象”。从第一印象所获得的主要是关于对方的表情、姿态、仪表、服饰、语言、眼神等方面的印象。它虽然零碎、片面，却非常重要。因为，在先入为主的心理影响下，第一印象往往能对人的认知产生关键作用。研究表明，初次见面的最初4分钟，是印象形成的关键期。

那么，怎样才能给他人留下美好的第一印象呢？从根本上说，它离不开提高自己的文明程度和修养水平，离不开进行经常的心理锻炼。心理学家提出下面几条建议：

第一，千万别表现出咄咄逼人的气势。

和陌生人第一次见面的时候，一定要表现得谦和一点，低调一点。

有一个叫李佳的年轻姑娘，她为了举办一个奥运会竞猜活动去一家企业联系赞助事宜，一进门就看到一个影视明星坐在那里。李佳跟主人没说几句，这位明星就插嘴，大发议论，结果给李佳和同去的人留下很坏的印象。

第二，尽早弄清对方的名字。

一般情况下，即将见什么人，你自己是比较清楚的。在这种情况下一定要准备好，别的可以不知道，对方的名字一定要弄清楚。我们经常在电影或者电视剧里看到高级领导人面对一群士兵，居然能叫出其中几个人的名字。这样一来，他给士兵的第一印象就一定是正面的。对我们一般人来讲也是如此。如果你见到一个人，能叫出对方的名字，人家一定是非常高兴的，高兴的背后则是一种积极的印象。

第三，脸上常带微笑。

很多人都知道，眼睛是心灵的窗户。微笑的核心是眼睛，真正的微笑会通过眼睛到达心灵。发自内心的微笑不但会给他人留下美好的印象，还会让自己显得风度翩翩、魅力十足。与之相反，还有这样一种人，他们不论何时见到谁，总是面沉似水。要知道，人与人交往本是高兴的事情，谁也不愿意给自己找不痛快。如果你总是心绪不佳，那么你注定了不会给他人留下什么好印象。

第四，请用眼神沟通。

与陌生人第一次见面，特别是与异性第一次见面，千万不要老是盯着人家不放，否则很容易让人产生误解。不论是第一次见面还是第二次、第三次，与他人面对面交谈，应该用眼神平视对方，也就是用眼神说话，这样会给对方留下十分良好的印象。

第五，杜绝无用动作。

当你与别人见面时，一定要集中注意力，不要有什么小动作。如果你一边跟别人说话，一边做着各种各样的小动作，诸如搔首弄姿、整理衣服，那说明你对别人缺少起码的尊重。如果真的有什么急事，需要打电话或者发短信，可以事先告诉对方，说一声“不好意思”。相信对方一定会理解这一点。

第六，保持积极态度。

你与人交谈时的态度是可以说明很多问题的。谈论“第一印象”的人都强调拥有正确态度的重要性，可是很少有人真正明白积极态度对一个人的第一印象意味着什么。即使在特殊的情况下，你的积极态度也会对周围的人产生良好影响的。遇事冷静而不烦躁会给你加分。如果与你说话的人自始至终保持一种积极向上的态度，那么你也便会觉得好感大增、信心百倍呢。

第七，主动跟对方打招呼。

俗话说：“一回生，二回熟。”对于陌生人来说，当你先开口跟对方打招呼时，也就意味着你将其置于一个较高的位置。以谦恭热情的态度去对待对方，一定能叩开交际的大门。如果你能用自信诚实的目光正视对方的眼睛，会给对方留下深刻的印象。

第八，报姓名时略加说明。

记忆术中有一种被称为“记忆联合”的方法，这是一种把一件事与其他事连在一起的记忆方法。初次见面的人利用这种方法可以加深他人对你的印象。比如你姓张，便可说：“我姓张，张飞的张，不是文章的章。”这样加以说明，对方会认可你的幽默风趣，也会更容易记住你。

第九，注意自己的表情。

人心灵深处的想法都会形之于外，在表情上显露无遗。一般人在到达见面的场所时，往往只注意“领带正不正”“头发乱不乱”等着装打扮方面的问题，却忽略了“表情”的重要性。如果你想给他人留下一个美好的第一印象，在见面之前不妨照照镜子，审慎地检查一下自己的面部表情是否跟平时不一样，如果过于紧张的话，最好先冲着镜中的自己笑一番。

在这里需要提醒的是，万事万物贵在坚持，当你真正地坚持下去时，一定会发现意外的惊喜。

开场白贵在真诚，拒绝过度寒暄

开场白的态度很重要。真诚的开场白会在无形中拉近彼此之间的距离，而过度的、不适当的寒暄则可能引起对方的反感，拉远彼此间的距离。

在“寒暄”这个词中，“寒”是寒冷的意思，“暄”是温暖的意思，合起来，就是问寒问暖。我们进行谈话的目的是沟通情感，增加双方的交流。初次见面，或朋友很久未见难免要寒暄几句，以示礼貌和关心。寒暄是交谈的“润滑剂”，它能在两个人的谈话之间架起一座友谊的桥梁，是人际交往中必不可少的一部分。

有时候，我们与人见面，往往陷入无话可说的尴尬场面。这时我们不妨以一些寒暄语为开头，比如“天气似乎热了点”或者“最近忙些什么呢”等。虽然这些寒暄语大部分并不重要，然而，正是这些话才使初次见面者免于尴尬的境地。以下几种方式可供参考。

可以从天气说起。愉悦的态度会给他人留下良好的第一印象，从无关紧要的天气谈起容易拉近两人的距离。

可以询问对方的工作进展、身体状况等。例如，这一阵工

作忙吗？快毕业了吧？

可以从对方的行为谈起。例如，看到对方下班，可以问一句“下班啦”。

寒暄可以视作是交谈的准备活动，作为“暖场”出现。适当的寒暄可以帮助我们拉近彼此间的距离。寒暄不宜过长，创造出交流的气氛即可。在开场白中，我们一定要避免过度的寒暄，以免对方因过多的客套话而觉得你对他不真诚，从而拉大与你的距离。

那么，怎样寒暄才能产生积极的效果呢？寒暄并没有什么固定的模式，可视具体的交谈对象和交谈环境而定。我们可大致归纳为几点：

1.要保持积极姿态

在与别人相遇的瞬间，要迅速培养自己的愉快情绪，要争取主动，充分体现自己的良好愿望和真诚态度，要使对方感觉到你的问候是发自内心的，要使对方从你的言行反应中感觉到自己的存在，使其受人尊重的心理需要得到完全满足。同时，积极的姿态也是富有自信、易于合作的外在体现，这有利于融洽人际关系。交谈时语调要和缓、声音要洪亮，要面带微笑。

2.注意力要集中

在开场白中与人寒暄，要集中注意力，任何漫不经心的言行都会使对方感到被人轻视。

小刘与小乔是机关室同一科室的同事。一天，小乔夫妇逛商场巧遇小刘，小乔把丈夫小张介绍给小刘。短暂的握手介绍后，小刘本来想再谈几句以表示自己的友好态度，可小乔的丈夫却左顾右盼同小乔谈些闲话，将小刘“晾”在了一边。这使小刘感到很尴尬，心中很不愉快，觉得小张实在太没礼貌了，一下对小张失去了好感。假如小张在握手之后，再继续同小刘聊几句，小刘就不会有这种想法产生了。

3.内容要适当

与陌生人见面后的4分钟内，最好作一般性的寒暄（如问候、互通姓名），谈论一些无关紧要的话题，应绝对避免使对方感到尴尬、触及对方隐痛、引发对方不愉快的回忆及易于引起争议的话题，也不可漫无边际。

小宁最近刚刚离婚，情绪很低落，下班途中遇到了同事小丽和她丈夫。小丽的丈夫在小丽介绍完小宁后脱口说道：“啊，你就是刚刚离婚的那个啊，这么好的人怎么你丈夫不珍惜呢？”本来小丽的丈夫是想夸奖小宁，但初次见面就触及对方痛处，让对方尴尬。

寒暄的内容还要根据对方的心情而定。比如对方家里刚发生不愉快的事，你从其面部表情上就可以分析出来，因此，在此时开场白，声音就不要太大，语言不要太热情，要低八度，或用询问式的语言，同时用安慰的语气来打招呼。如果对方脸上喜气洋洋，你便可热情地开场，使对方感到温暖，进而展开话题。

男士和女士见面寒暄，语言可热情一些，但要适度，不能过分开玩笑，使对方感到你太轻薄。

寒暄言语的长短、内容的繁简、往复的次数多少要与交谈双方关系的亲密程度成正比。

4.要注意场合、时间、季节

如果在公众场合经介绍结识新朋友，应有礼貌地寒暄，注意不要打扰周围的人，避免大声喧哗。过于夸张、大呼小叫，是一种无礼行为。此外，在比较正式的场合，言行举止不宜过于随便，更要注意不要用“口头语”。

在图书馆里，大家都在看书，室内很安静，有两个女青年一同走进来，迎面遇到了另一位女士，介绍结束，只听一位女士高声说：“哈，原来她经常念叨的兰子就是你呀，今天才认识，你可真漂亮啊！”周围的人大都皱着眉头，投去厌恶的目光。可见这样的寒暄是多么不合适。

寒暄还要因地而异，不能千遍一律，只要稍加留意周围的环境，就可借此发挥。如在校园，可以说：“您是去上课吗？”或“下课了？”在书店可以说：“您也来买书吗？”还可从季节的角度来确定寒暄的内容，如：“天很凉，感觉到冷吗？”“您好，外面很冷吧！”这样寒暄方式让初次见面的对方感到热情、亲切、温暖。与众多陌生人打交道，不要只看着一位，而应面带微笑，眼睛环视大家，应带“你们”“两（几）位”的字样，以免冷落

其他人。

总之，初次见面，寒暄要适度，要热情亲切，不宜阿谀奉承，要做到温和有礼。这样，才能使对方乐于接近你，从而产生与你交流的愿望。

找到与对方的共同点，用话题打破交谈的“瓶颈”

在谈话的过程中，如果能够找到双方兴趣的共同点，借由共同点来进行交谈，那么你就会打破交谈的“瓶颈”，使得交谈更顺利地进行下去。

在谈话过程中，要想与对方建立起“自己人效应”，就要在与对方谈话时努力寻找共同语言、共同感兴趣的食物、共同的观点与情感等。这样，双方在心理上产生的共鸣，会使对方产生好感与亲近感，心理距离大大缩短，也就自然能打破交谈的“瓶颈”。

一个人的心理状态、精神追求、生活爱好等，或多或少都会在他们的表情、服饰、

谈吐、举止等方面有所表现，只要你善于观察，就会发现双方的共同点。

谈对方感兴趣的话题，用对方工作上的术语与之交流，让对方感觉你们志趣相投，迎合对方的喜好……这些都不是为了讨好，而是促使你与对方之间的沟通更加顺畅而已。

人与人沟通，很难在一开始就产生共鸣。当我们在做开场白时，为了说服别人，最好从对方的兴趣和精力上找到双方的共同点，并从这上面展开话题。

伽利略年轻的时候就立下雄心壮志，要在科学研究方面有所成就，他希望得到父亲的支持和帮助。他对父亲说："我想问您一件事，是什么促成了您同妈妈的婚事？""我看上她了。"父亲平静地说。伽利略又问："那您有没有想过娶别的女人？""没有，孩子，家里的人要我娶一位富有的女士，可我只钟情于你的母亲，她从前可是一位风姿绰约的姑娘。"伽利略说："您说得一点也没错，她现在依然风韵犹存，您不曾想过娶别的女人，因为您爱的就是她。您知道，我现在也面临着同样的处境。除了科学以外，我不可能选择别的职业，因为我喜爱的正是科学。别的对我而言毫无用途也毫无吸引力。科学是我唯一的需要，我对它的爱犹如对一位美貌女子的倾慕。"

伽利略的父亲一直反对伽利略从事科学事业，并阻挠他科学研究方面的事情。而伽利略就是用了这种与父亲找共同感受的方式，做了说服父亲的开场白，最终说动了父亲，并通过努力实现了自己的理想，成了一位伟大的科学家。

第六篇

说到心窝里，自然让人欢喜

先为对方着想

与对方沟通交流时，最重要的就是以真情感动对方。说话的时候先为对方着想，无疑是很好的办法。

因为，一般情况下，自己对某一件事所认为的“对”或“好”并不能代表别人的看法。在沟通时最好先得知对方的看法。看别人怎么理解，你就能以对方了解的方式讲话和行事。若你径自表现出“好”或“对”，而不去弄清楚对方是否有相同的看法，你可能会惊讶于对方的反应。

所以，在谈话之前你所要做的就是尽你所能了解别人的背景、观点和热忱程度，你因而可以知道：

什么使他们兴奋，什么使他们厌烦，什么使他们害怕。

他们上班时是什么人，他们下班时是什么人。

他们生活中真正需要什么。

你可以从别人那里知道很多有关他们的事。

研究他们以前的决定。

知道这些问题的答案，不仅可以避免你犯难堪的错误，还可以让你设计你的表达方式，因而你的意见可以跟他的需要和要求结合，这样就会使你们的沟通更加融洽。

我们最常听见人们对工作环境的3项抱怨是：

（1）他们认为别人不听他们的话。

（2）他们觉得受不到尊重。

（3）他们认为别人想办法要控制或操纵他们。

在与别人谈话的过程中，如果你先提自己的需要，这3种情况是最可能发生的。你先提别人的需要，它们就最不可能发生。

大部分人对自己的兴趣大过对别人的兴趣，对自己的需要、热衷程度远强于对别人的。但是，如果你先提对方最有兴趣的、需要的事情，就能吸引他们的注意力，建立联结，且赢得他们的信任和尊敬。

当你提对方所需，为对方着想时，你会发现许多可喜的变化，而这些变化对你也是有利的。

首先，当你先提对方的需要时，对方会有以下表现：

（1）较快开始聆听。

（2）比较注意。

（3）听得较久。

（4）对你说的记得较多。

（5）比较尊重你。

（6）认为你是比较聪明的人，甚至是较好的人，因此你会得到较大的活动空间和自由。

（7）等你在说你自己的需要时，会听得比较专心。

相比较而言，这对先提对方需要的小投资，是相当好的回收。

另一方面，若你先提自己的需要，人们常不愿聆听、保护自己或使冲突升级。他们可能以愤怒的眼神和僵硬的表情回敬你，怀疑你不考虑他们的需要，你的话一句也不会听。这种恐惧和不信任，很容易就爆发公开的敌对。

此外，人通常在冲突开始时会焦虑。任何能缓和他们恐惧的方法，都会使情形变得较轻松和对每个人较有利。在这个时候，如果你先为对方着想，提出他人的需要就是一种很好的解决途径。在一些重大事情中，先提对方的需要，也会使你们成为合作伙伴。你们合作，联合对抗问题，而不是互相对抗。

因此，在与对方交往沟通时，如果想取得较为满意的结果，你就必须先为对方着想，满足对方所需。

说话的魅力在于**真诚**

真诚的语言是最能打动人的，巧妙地运用充满真情实意的话语，可以促使说者与听者产生情感共鸣，可以使双方的关系变得融洽，从而营造出一种良好的沟通氛围，赢得广泛的人际关系，为成功创造有利的条件。

1915年，小洛克菲勒还是科罗拉多州一个不起眼的人物。当时，发生了美国工业史上最激烈的罢工，并且持续达两年之久。愤怒的矿工要求科罗拉多燃料钢铁公司提高薪水。小洛克菲勒正好负责管理这家公司。由于群情激愤，公司的财产遭到破坏，军队前来镇压，因而造成流血事件，不少罢工工人被射杀。

那种情况，可以说是民怨沸腾。小洛克菲勒后来却赢得了罢工者的信服，他是怎么做到的呢？

原来，小洛克菲勒花了好几个星期结交朋友，并向罢工者代表发表了一次充满真情的演说。那次的演说可谓不朽，它不但平息了众怒，还为他自己赢得了不少赞誉。演说的内容是这样的：

“这是我一生当中最值得纪念的日子，因为这是我第一次有幸能和这家大公司的员工代表见面，还有公司行政人员和管理人员。我可以告诉你们，我很高兴站在这里，有生之年都不会忘记这次聚会。假如这次聚会提早两个星期举行，那么对你们来说，我只是个陌生人，我也只认得少数几张面孔。由于上个星期以来，我有机会拜访整个南区矿场附近的营地，私下和大部分代表交谈过，我拜访过你们的家庭，与你们的家人见过面，因而现在我不算是陌生人，可以说是朋友了。基于这份相互的友谊，我很高兴有这个机会和大家讨论我们的共同利益。由于这个会议是由资方和劳工代表所组成，承蒙你们的好意，我得以坐在这里。虽然我并非股东或劳工，但我深觉与你们关系密切。从某种意义上说，也代表了资方和劳工。”

这样一番充满真诚的话语，可能是化敌为友的最佳途径。

假如小洛克菲勒采用的是另一种方法，与矿工们争得面红耳赤，用不堪入耳的话骂他们，或用话暗示错在他们，用各种理由证明矿工的不是，那结果只能是招惹更多怨恨和暴行。

此外，在人际交往中，我们经常会遇到“祝贺”这种交往形式，一般是指对社会生活中有喜庆意义的人或事表示良好的祝愿和热烈的庆贺。通过祝贺表示你对对方的理解、支持、关心、鼓励和祝

愿，以抒发情怀，增进感情。

祝贺的语言要真诚、富有感情色彩，语气、表情、姿态等都要有情感。这样才会有较强的鼓动性与感染力，才能达到抒发感情、增进友谊的目的。

道歉也是人际交往中常见的交流活动。为人处世，犯错误总是难免的，毕竟“人非圣贤，孰能无过”。但是犯错误后的态度人们却非常重视。所以犯错误时，我们首先要坦率承认、真诚道歉。

你道歉的时候态度真诚，别人就会很轻易地原谅你。相反，有的人在犯错时态度极差，道歉时让人看不到一丝真诚，有的甚至根本就不道歉，只是一味地为自己辩解不休。结果使彼此之间的裂痕越来越大。

古人云：“有朋自远方来，不亦乐乎！”“最难风雨故人来。”都道出了朋友间所凝聚的真情厚谊，反映了他们肝胆相照、充满真诚的交往过程。可以说，充满真诚、以诚暖人是交友说话、打动人心的重要因素，是赢得知心朋友的重要所在。

说话不要踩上“雷区”

“雷区”也就是一个忌讳，说话时千万不可以踩上“雷区”。因为你一旦踩上“雷区”，极易造成交际的失败，往往也会浪费你的一片苦心，从而引起别人强烈的反感。因此，了解他人的“雷区”是在人际交往中游刃有余的不可忽视的环节。

“雷区”主要有生理和心理两种。

1.生理“雷区”

一些有生理缺陷的人都会对他们的生理缺陷非常敏感。因此在与这类人交往时，要特别谨慎。不要对秃顶的领导说：“你真是聪明绝顶。”也不要对双臂残疾的领导说他“两袖清风”。也尽量不要当着双腿残疾的人赞美别人说“我佩服得五体投地”之类的话。这样会给他们的心里留下阴影，甚至会使有生理缺陷的人误以为你有意嘲笑他。但一般说来，生理缺陷比较容易发现，只要稍加留意便可避免。

2.心理“雷区”

心理“雷区”往往是由于某些人因为一些特殊的经历所形成的，那些不愉快的记忆隐藏在人们的心中，无形中会形成一种忌讳。

有一位下属给他的领导去祝寿，当着众人的面，他向领导作祝词时说：“希望我们的王厂长将来能大富大贵、儿孙满堂。”一席话说得王厂长脸色发青。原来王厂长的独子刚刚在车祸中过世，其妻子因为已经实行计划生育，没有再生育的能力，这位下属初来乍到，因此并不知情。而这位厂长却以为他故意嘲笑他断子绝孙，因此不顾贵宾云集，竟摔杯而去，弄得这位下属很尴尬。这位下属虽然并不是有意，却犯了王厂长的忌讳，结果弄得不欢而散。

在与朋友相处时，有时会因为二人关系密切，习惯成自然，对对方的忌讳满不在乎，结果往往使朋友陷入尴尬的境地，有时甚至会致使二人的感情破裂。

钱英和张敏是一对形影不离的好朋友，二人私底下无话不谈。在一次同学聚餐上，钱英一时兴起，笑着对大家讲了张敏暗恋班上某男生的事，而那位男生已经有了女朋友，而且当时也都在场，一时间，弄得张敏下不了台，气着跑开了。这就警示我们，千万不要在众人面前暴露好朋友的隐私。既然是隐私也就是不愿意让他人知道，如果让他人知道就犯了他的忌讳，是很不够朋友的表现。

心理上的雷区并不仅仅体现在个人的经历与隐私上，还表现在意识形态以及生活习惯上。比如对方若是信奉佛教，你就不可大谈各种肉类的口感及味道，或是狩猎等与杀生有关的话题。信奉佛教的人往往清心寡欲，慈悲为怀。谈这些话题往往会引起对方的反感。每个宗教都有本身的禁忌的事物，最好能有所了解，以避免在谈话中导致冲突，以致尴尬无法收场。

当然，我们不可能尽善尽美地做到与任何人融洽地交谈，有些冲突也在所难免。但在说话之前，应尽可能了解对方的情况，对对方的好恶应有所了解，并且在谈话中，应保留一些敏感话题，以免出现意外情况，犯了对方忌讳，让自己吃不了兜着走。

感激之情要溢于言表

中国是有着五千年文明传统的礼仪之邦，中国人向来是重感情的，但含蓄内敛的天性又使得我们不善于表达自己内在的感情。在人们的日常生活和社会交往中，“谢谢”这两个字具有非凡的社交魅力。

很多人并非不想表达他们的感激之情，只是不知道该如何开口，所以选择了沉默。还有些人，他们充满感情的表达却让对方感到不自在。善于表达，懂得说谢谢的社交高手总是在表达的时候让人感到内心的愉悦。

当然，在人际交往中，怎样说“谢谢”应注意以下几点。

1.角色意识

不同的人心理是不同的。对什么人说“谢谢”和怎样说“谢谢”都很有讲究。因此，你在说“谢谢”时要讲究点“角色意识”。例如，小伙子对大姑娘表示感谢，要采取慎重的态度。那种说“谢谢你，想不到你一直在想着我”之类的话很容易造成误解。此外，感谢还要针对对方的不同身份特点而采取相应的方式。老年人自信自己的经验对青年人有一定的作用，青年人在表示感谢时，就应采取敬重的态度。比如说：“谢谢您，您的这番话使我明白了许多道理……”这会使老年人感到满足，并对你产生好感，认为“这个小青年不错，孺子可教

也”。对年龄大一点的女性，感谢她时，可以说：“你真好！”这比简单地说“谢谢你”更好一些。

2.言为心声

“谢谢”应该是心中一腔感激之情在语言上的自然流露。要做到声情并茂、语调欢快、吐字清晰，而不能含混不清、嘟嘟哝哝。而且说“谢谢”时，眼睛要看着被感谢人，脸上应有诚恳、生动的表情，并配以恰当的手势动作。不过，动作不要夸张死板。可以设想一下，你在感谢时，倘若手舞足蹈、举止轻浮，一下子拍拍对方的肩，一下子拉拉对方的手，或者表情木然，低着头或看着别人，那么，对方肯定会心生不快之感。

3.注意场合

如果与对方单独在一起时，对他表示感谢，一般会有好效果，也不会使被感谢人难堪。同时，还要注意双方的关系。例如，双方是一般熟人或同事关系，可以用直接“感谢您”“非常感谢”之类的话。可用称赞语或陈述语来表达谢意。儿子对妈妈就可以说：“妈妈，您真好，是天底下最好的妈妈。”

4.形式多样

感谢从不同的角度分有不同的种类。有对对方个人的感谢，也有对对方单位的感谢；有对对方行为的感谢，也有对对方人品的感谢；有个人之间的感谢，有群体之间的感谢，还有国家之间的感谢；有语言的感谢，有礼物的感谢；有口头感谢，有电话感谢，有信函感谢……应选用恰当的类型与方式，如做客时受到盛情款待，可以在第二天打电话表示感谢。如果是公事访问，可以在访问之后用电报信函方式表示感谢。

要记住：与别人交往时，“感激之情要溢于言表”，一声源自内心的感激，一定会赢得别人的心。此外，表达感激时最重要的是要端正自己的态度，表达你的感激时最好要专注地看着对方，这样你的话才显得是出于真心的，你的感情才显得真挚。

多请教，以满足他人的为师欲

古人云“人之恶在于好为人师”，从中可见，一般人都有这样愿意做别人的老师的心理。

在与人交往时，你也不妨做一个忠实的听众，把别人都当成自己的老师。少说多听，做一个学生，给对方充分表现自己的机会，最后达到自己的目的。这就是“甘为人徒”的根本所在。

李和陆是同一所名牌大学的毕业生，他们的成绩都很优秀。两人分配到同一家单位。一年以后，陆提升为部门主管，李则调到公司下属的一家机构，地位明升暗降，因为没有任何实权。为什么？

他们分配到该单位后，领导各交给他们一项工作，并交代他们可以全权处理。

小李接到工作任务后，做了精心的准备，方案也设计得十分到位。他一心投入工作，全然不记得要向领导请示一下。领导是开明的，既然说过他全权处理，自然也不干涉，但也没有

和下面人交代什么。等到小李把自己的计划付诸实践，各部门人员见他是新来的，免不了有些怠慢，小李心直口快，与某人顶了起来，这可惹了麻烦，因为这人正是公司总经理的亲信。后果可想而知，他的工作处处受阻，最后计划中途流产。

小陆接到工作任务后，经过周密分析调查，提出了若干方案给领导看，又向领导逐条分析利弊，最后向领导请教用哪个方案。这时，领导对他的分析已经很信服，当然采取了他所推荐的那个方案。这时他又问领导如何具体实施。领导说，你自己放手干吧，年轻人比我们有干劲儿。陆连忙说，自己刚来，一切都不熟悉，还得多听领导的意见。因为陆的态度谦恭，意见又到位，领导很满意，当即给几个部门的主管打电话，让他们大力协助小陆的工作。因为有了领导的交代，小陆在实施自己的方案时又时时注意与各部门人员协调，他的工作完成得既快又好。

多请教，满足他人的为师欲，那么你会受益匪浅。当然，以人为师少说为佳，但并不是不说话。若能把这条计策运用好，你还得说话。你说话的目的在于提问的方式，使对方口若悬河，使对方心里有一种满足感和被尊重感，这时你再提出要求，就容易实现了。

反驳也要给别人留面子

1961年6月，英国退役陆军元帅蒙哥马利访问中国。一次在河南省洛阳参观，他好奇地走进一家剧院，剧院正在上演豫剧《穆桂英挂帅》。当他了解该剧的剧情后，连连摇头，说："这个戏不好，怎么能让女人当元帅？"于是，他和中方陪同人员发生了一个小小的争论。开始，中方陪同人员解释说："这是中国的民间传奇故事，人们很爱看。"

蒙哥马利立即断言："爱看女人当元帅的男人不是真正的男人，爱看女人当元帅的女人也不是真正的女人。"

中方陪同人员不服气地说："我们主张男女平等，男同志能办到的事，女同志也能办到。中国红军里就有很多女战士，现在的解放军里还有位女少将呢！"

蒙哥马利毫不退让："我一向对红军、解放军很敬佩，但不知道解放军里还有一位女少将。如果真的是这样，会有损解放军声誉的。"

中方陪同人员反驳说："英国女王也是女的。按照英国的政治体制，女王是英国的国家元首和全国武装部队的总司令，这会不会有损英国军队的声誉呢？”

蒙哥马利突然语塞，无话可说了。显然，他对这个争论的结局，感到有些难堪，心中的不悦之感是可想而知的。

在社交中，谁都可能不小心出现失误，比如念错了字，讲了外行话，记错了对方的姓名、职务，礼节有些失当，等等。懂得说话的人如发现对方出现这类情况时，只要是无关大局，就不会对此大加张扬，故意搞得人人皆知，使本来已被忽视的小过失，一下变得显眼起来。更不会抱着讥讽的态度，以为“这回可抓住笑柄了”来个小题大做，拿人家的失误在众人面前取乐。因为这样不仅会使对方难堪，伤害其自尊心，惹其反感甚至报复，而且也不利于自己的社交形象，容易使别人在今后的交往中敬而远之，产生戒心。

第七篇

场面上，要说场面话

想说场面话先要**学会客套**

客套，包含着客气、谦卑，处处显示出对别人的尊重；客套，还显示出你的平和与内敛。

客套是语言艺术中的一种。我们往往在教育孩子的时候会说“见了大人要打招呼，借了同学的橡皮要说谢谢，不小心碰到了人家要说对不起”等，这是最基础的礼貌教育。

客套的书面文字是那么的枯涩、乏味，但是变成语言之后，却是那么的悦耳和动听。

一次，李女士去看重病中的好朋友，看到对方非常痛苦的样子，她没有说一句话。她没有说话是因为当时有许多的顾虑：说客套话吧，不能表达自己的心情；不说话吧，又被认为冷眼旁观。她太内向了。

这种“内向”要比虚情假意和口蜜腹剑的做法诚实得多。但是，由于不能充分地表达自己的内心，在他人看来一切都等于零。一个人如果连一句最普通的客套话都不会说，探望病人的时候，连一句“没事吗？”都说不出口，这种人会

给人一种冷酷的感觉。

所以，生活中要学会说客套话，用自己的语言表达出自己的感情，比如“没事吗？”这句话，你并不是只把字面的含义说给对方，这里面，你可以加进去自己的真实感情，比如“有什么我能帮你的？”“我看到你难受的样子非常难过！”“没事吗？好了之后，我们一起去打保龄球。”这样，更有益于促进彼此之间的关系。

客套不是低声下气，是尊重；客套不是虚伪，是礼貌。

生活、工作，哪一样都需要语言作为纽带。人靠衣装，语言也要靠包装。语言的魅力，在于使人心悦诚服，语言的运用，在于修养气度。

会客套的人，说出来的话叫人喜欢听、愿意听，别人也会欣然接受；不会客套的人，常常面临许多的尴尬，甚至造成许多的误解，出现人际关系的障碍，导致自己的人脉越来越窄。

有的人说，客套多，朋友多；朋友多，好事多。这句话一点都不假。因为客套和寒暄可以帮助你认识很多朋友，缩短人与人之间的距离，从而促成两人的交往。

在生活当中，我们往往会听到如“谢谢您”“多谢关照”“劳驾”“拜托”之类的客套话。这样的客套话可以向别人表示感谢，能沟通人与人的心灵，建立融洽的人际关系。在求人帮忙以后，应真诚地说一声“谢谢”。如果你不说一声“谢谢”，只把感激之情埋在心底，对方会有一种不快的感觉，他的劳动没有得到肯定，或认为你不懂礼貌，今后也不会再帮助你。同样，在打搅别人，给别人添麻烦时能真诚地说一声“对不起”，对方的气就会减少一半。所以，在人际交往、求人帮忙的过程中，我们千万不要忽视客套的作用。

许多时候，客套就是表现出对对方的尊重、礼貌和谦虚，比如有人作报告或讲话，总会说“我资质不高，研究不够，恐怕讲不好”，或者是“我讲得不好，请大家批评指正”。诸如此类的客套话，看起来是随口而出，实际上起着表达讲话者谦恭愿望的作用。

客套必须要自然，要真诚，言必由衷，富有艺术性。

小王是上海某大饭店里的服务员。著名美籍华裔舞蹈家孟先生第一次到该饭店，小王向他微笑致意：“您好！欢迎您光临我们酒店。”第二次来店，小王认出他来，边行礼边说：“孟先生，欢迎您再次到来，我们经理有安排，请上楼。”随即陪同孟先生上了楼。时隔数日，当孟先生第三次踏入酒店时，小王脱口而出：“欢迎您又一次光临。”孟先生十分高兴地称赞小王：“不呆板，不制式。”

小王之所以会受如此表扬，在于他并不是鹦鹉学舌，见客只会一声“欢迎光临”，而能根据交际情境的变化运用不同的方法，表现出他对工作的热爱和说话的艺术。

“人有礼则安，无礼则危，故曰：礼者不可不学也。”可见，人类从很早以前就开始呼唤礼仪，呼唤文明。有的人总是说，礼仪中的寒暄是人际交往中的废话，其实这句话是不正确的。

在人际交往中往往少不了客套，客套会使我们彼此之间的关系更加和谐。要把“谢谢、对不起、请”常挂嘴上。请人办事说一声“劳驾”，送客临别讲一句“慢走”，这些都能显示出你礼貌周到、谈吐文雅。擅长外交的人们像精通交通规则一般精于客套，得体的客套同我们美好的仪容一样，是永久的荐书。以下是总结出的一些日常生活中常用的客套话：

初次见面说“久仰”，好久不见说“久违”。

请人评论说“指教”，求人原谅说“包涵”。

求人帮忙说“劳驾”，求给方便说“借光”。

麻烦别人说“打扰”，向人祝贺说“恭喜”。

请人改稿称“斧正”，请人指点用“赐教”。

求人解答用“请问”，赞人见解用“高见”。

看望别人用“拜访”，托人办事用“拜托”。

宾客来到用“光临”，送客出门称“慢走”。

招待远客称“洗尘”，陪伴朋友用“奉陪”。

请人勿送用“留步”，欢迎购买叫“光顾”。

与客作别称“再见”，归还原物叫“奉还”。

对方来信叫“慧书”，老人年龄叫“高寿”。

得体的“致谢”会更加温暖对方的心窝，也能使你的语言更加充满魅力；得体的“道歉”是你送给对方的礼物，也是调和可能产生紧张关系的一帖灵药……有的人往往容易把应酬、客套、寒暄甚至是聊天这些基础的交往行为看作是虚伪、庸俗和毫无意义的东西，在思想上加以排斥，在行动上加以抵制。这样的人违背了人类的某些本性，在交际上会屡屡受挫、连连吃亏。

客套并不一定是在语言上，一个眼神、一个手势，点一下头，微笑一下，或给对方送些小礼物，凡此种种，都属于客套的范畴。换句话来说，客套是一个比较宽泛的概念，客套是一种礼节，如果客套运用得好，会使你收到意外的惊喜。

日本松下电器公司的松下幸之助是个很讲客套的人。他在交托下属去执行某一件事时，会说：“这件事就拜托你了。”遇到员工时，他会鞠躬并说“谢谢你”“辛苦了”之类的客套话，有时会亲自给员工斟一杯茶，或者送给员工一件小礼物。

就是因为这种客套，员工才毫无怨言地为他尽心竭力。

人类是一种感情动物，从某种意义上说，人际关系网正是出于人类感情交流的需要。客套是温暖的，能加深对方对你的了解，亲近关系，增进友谊，彼此之间的关系因为客套而发生变化，心理距离也会随之缩短，感情自然有了呼应和共鸣。

在人际交往中，要想使别人如何对你，你首先就要学会如何对待别人。客套一下，看似平常，可它却能引起人际间的良性互动，成为交际、办事成功的促进剂。

没话也要找话说，营造热络的气氛

话题是初步交谈的媒介，是深入细谈的基础，是纵情畅谈的开端。没有话题，谈话是很难顺利进行下去的。要想营造热络的气氛，没话题也要找话题。

不善言谈在交际场中很容易陷入尴尬局面。首先必须掌握没话找话的诀窍。没话找话说的关键是要善于寻找话题，或者根据某事引出话题。

好话题的标准是：至少有一方熟悉，能谈；大家感兴趣，爱谈；有展开探讨的余地，好谈。那么，怎么找到话题呢？

1.众人都关心的话题

面对众多的陌生人，要选择大家关心的事件为话题，把

话题对准大家的兴奋中心。这类话题是大家想谈、爱谈又能谈的，人人有话，自然能说个不停了。

2.借用新闻或身边的材料

巧妙地以彼时、彼地、彼人的某些材料为题，借此引发交谈。有人善于借助对方的姓名、籍贯、年龄、服饰、居室等即兴引出话题，常常收到好的效果。“即兴引入”法的优点是灵活自然、就地取材，其关键是要思维敏捷，能做由此及彼的联想。

3.提问的方式

向河水中投块石子，探明水的深浅再前进，就能有把握地过河。与陌生人交谈，先提一些“投石”式的问题，在略有了解后再有目的地交谈，便能谈得更为自如。

4.找到共同爱好

问明陌生人的兴趣，循趣发问，能顺利地进入话题，如对方喜爱足球，便可以此为话题，谈最近的精彩赛事、某球星在场上的表现以及中国队与外国队的差距等，都可以作为话题而引起对方的谈话兴趣。引发话题，类似“抽线头”“插路标”，重点在“引”，目的在引出对方的话茬儿。

5.搭上关系，由浅入深

孔子说“道不同，不相为谋”，只有志同道合，才能谈得拢。我国有许多“一见如故”的美谈。陌生人要想谈得投机，要在“故”字上做文章，变“生”为“故”。下面是变“生”为“故”的几个方法：

（1）适时切入。看准情势，不放过应当说话的机会，适时地“表现自我”，能让对方充分了解自己。

交谈是双边活动，光了解对方，不让对方了解自己，同样难以深谈。陌生人如能从你“切入”式的谈话中获取教益，双方会更亲近。

（2）借用媒介。寻找自己与陌生人之间的媒介物，以此找出共同语言，缩短双方距离。例如，见一位陌生人手里拿着一件什么东西，可问：“这是什么？……看来你在这方面一定是个行家。正巧我有个问题想向你请教。”对别人的一切显出浓厚兴趣，通过媒介物引发表露自我，交谈也会顺利进行。

（3）留有余地。留些空缺让对方接话，使对方感到双方的心是相通的，交谈是和谐的，进而缩短距离。

有经验的记者能通过观察和分析，迅速与对方套上近乎，找到一个可以引起双方话题的共同点，打破那种不知从何谈起的场面。

一位记者去采访一位教师，行前有人说这位老师性格有点古怪，经常三言两语就把人打发了。记者到学校去找这位老师时，他正在跟传达室的人发脾气。记者一听他说话的口音是山西人，心里暗暗高兴，因为他也是山西人。后来，他们的交谈就从家乡谈起，越谈越热乎，这一段题外话也为正题做了很好的铺垫。

在交际过程中，谈话时要善于寻找话题，这样才能套上近乎。有位交际大师指出：交谈中要学会没话找话的本领。

面对不同人有不同的**场面话**

不同的人所关注和喜欢的东西也会不同，面对不同的人，我们要学会说不同的场面话。只有场面话才能引起对方的兴趣，谈话才能持续下去。

有个童话故事就能说明这个道理：

有一个年轻的渔夫，一天收网的时候，发现网里有一个旧瓶子。他打开瓶塞，突然一阵浓烈的烟雾喷出来，很快变成一个比山还大的巨魔。

这时，巨魔突然笑着说：“哈哈！年轻人，你把我救出来，本来我应该感谢你的，可是，你做得太迟了，倘若你早几年把我救出来，你就可以得到一座金山啦！唉，又让我等了500年，我太不耐烦了，我已经许了恶愿，要把救我出来的那个人一口吃掉！”

那年轻人吃了一惊，但立即镇定地说：“哟，这么小的一个瓶子，怎么能把你盛下呀，你一定在说谎，你再回到瓶子里让我看看吧。”

那巨魔听后，竟大笑说：“哈哈哈哈，我不会上当的！《天方夜谭》早把这个古老的故事说过了，我如果再钻入瓶子里，你把塞子塞上，我不就完蛋了吗？”

“你看过《天方夜谭》？真是一个博学多才之士呀！你看过苏格拉底的哲学著作吗？”

“哼！这500年来，我躲在瓶子里，穷读天下的经典著作，苦苦修行，莫说是西方的巨著，连中国的《大学》《中庸》《论语》《孟子》我都念得熟透了。”

“啊，那么《史记》你也

颇有研究吧？墨子的著作也有涉猎吗？”

“别说了，经史子集无一不通！”

“不过，我想你一定没有见过《红楼梦》的手抄本，这是一部难得一见的版本呢！”

“哼！你这个小子太小觑我了，这本书的收藏者正是我呀！让我拿出来给你开开眼界吧！”

刚说完，只见巨魔立即又化作一阵浓烟，徐徐进入瓶子里。这时候，年轻的渔夫不再迟疑，连忙用瓶塞堵住了瓶子。

每个人都有可能是他兴趣所在领域的专家，激发对方的兴趣，你不仅会获得新知，有时加以利用，还能够逢凶化吉。年轻的渔夫就是利用这一点降服了巨魔。

与对方能够畅谈的原则，就是顺着对方的喜好交谈。心理学家告诉我们，对于不同类型的人要用不同的交谈方式。

1.人际关系型

如果对方时常提到自己和某个人的关系，或是某个人和另一个人的关系，就代表他对人际关系很有兴趣。如果你让他知道你也懂得人际关系学，那么，他就会很喜欢和你谈下去。

2.逻辑思维型

如果这个人说话

有条理、很利索，而且用词精确，这种人通常喜欢有逻辑性地去思考，谈话滴水不漏。因此在对话时，你不能只是说出自己的感觉，尽量调动自己的“分析”因子，去分析事物背后的道理。

3.情感丰富型

当你讨论到对于某个人或某件事情的看法，如果对方说出“这个人好可怜……”之类的话，代表他情感丰富，凡事凭感觉，而且好恶分明。面对这种人，不要谈理论、讲求逻辑分析，他对此可能一点兴趣也没有。

4.艺术欣赏型

这种人喜欢谈论美术或音乐等话题，你可以和对方讨论最近最热门的商品设计或是音乐表演等，请教对方的意见，不仅让对方有一个表现的机会，你也能从中学到一些知识。

有一位学者曾说过：“如果你能和任何人连续谈上10分钟而让对方产生兴趣，那你便是一流的说话高手。”两个陌生人初次见面，如果不能善用机会，迅速地找出话题，说不好该说的场面话，必然不能取得交谈的成功。谈论别人感兴趣的事物，会使人感觉受到尊重，同时也是一种深刻了解别人，并与之愉快相处的方式。

场面话要有**情感共鸣点**

场面上，要想讨得某人的欢心，使得场面更和谐，就一定要找到对方感情的突破口，只有情感上有了共鸣，场面话才能继续说下去。

日常交往并不是总在熟人间进行，有时你甚至要闯入陌生人的领地。当进入一个陌生的家庭、环境时，要迅速打开局面，首先要寻找理想的“突破口”。有了“突破口”，便可以以点带面或由此及彼地发挥开去，从而实现让对方在感情上接受你的效果。

纽约某大银行的乔·理特奉上司指示，秘密进入某家公司进行信用调查。正巧理特认识另一家大企业公司的董事长，这位董事长很清楚该公司的行政情形，理特便亲自登门拜访。

当他进入董事长室，才坐定不久，女秘书便从门口探头对董事长说：

“很抱歉，今天我没有邮票拿给您。”

“我那12岁的儿子正在收集邮票，所以……”董事长不好意思地向理特解释。

接着理特便开门见山地说明来意，可是董事长却含糊其词，一直不愿做正面回答。理特见此情景，只好离去，没得到一点儿收获。

不久，理特突然想起那位女秘书向董事长说的话，同时也想到他服务的银行国外科每天都有许多来自世界各地的信件，那上面有各国的邮票。

第二天下午，理特又去找那位董事长，告诉他是专程替他儿子送邮票来的。董事长热诚地欢迎了他。理特把邮票交给他，他面露微笑，双手接过邮票，就像得到稀世珍宝似的自言自语："我儿子一定高兴得不得了。啊！多有价值！"

董事长和理特谈了40分钟有关集邮的事情，又让理特看他儿子的照片。之后，没等理特开口，他就主动地说出了理特要知道的内幕消息，足足说了一个钟头。他不但把所知道的消息都告诉了理特，又召来部下询问，还打电话请教朋友。理特没想到区区几十张邮票竟让他圆满地完成了任务。

人常说：要讨一个母亲的欢心，那就去赞扬她的孩子。找到情感共鸣，沟通自然会顺畅。

引起亲切感的**场面话**

对于初次见面以及了解不深的人，如何借语言消除彼此之间的陌生感，缩短隔阂，以获得信赖，是一门大学问。

借由关心对方的家人或使用流行语引起强烈的亲切感，产生"同伙意识"，别人当然乐意与你交往。自古以来，许多政治家都具有使人觉得亲切的本事。他们懂得利用人性的各项弱点，使人心悦诚服，无条件地接受领导。

河野一郎是日本一位政治家，十分懂得利用人们的微妙心理，借巧妙的场面话使人大受感动。

1959年，他在纽约旅行时，巧遇了多年不见的好友米仓近。他乡遇故知，两人非常高兴地握手寒暄，互道近况，畅谈甚欢。各自回到旅馆之后，河野一郎立刻拨了一通国际电话给米仓近在东京的妻子："我叫河野一郎，是米仓近的老朋友，你先生在纽约一切都很好。"

米仓近的妻子感激莫名，顿时热泪盈眶。一直到后来，米仓夫妇还经常向人谈论起这件事。

人在潜意识里，总是会特别惦念自己的父母、妻子等关系亲近的人，一旦发现对方也在关心着自己关心的人，或者具有相同的关心心态，大都会产生认同感。利用这种共同的心理倾向，先使人产生亲切感，接下来，自然能够成为受人欢迎的人物。

在日常生活中，常把"令尊好""嫂夫人好""孩子们可好"等问候语挂在嘴边，必能使他人觉得备受关心，深深感动。

有位知名播音员非常受观众欢迎，经常率团到各地巡回演出。每到一个新的地方，他一定要套用一两句当地的用语，以拉近和观众之间的距离。

这些事例，都基于同一原则——赢取亲切感。借由关心对方的家人，或是使用流行语、当地的方言，可以引起强烈的亲切感，产生同属一个团体的归属意识，强调"同伴""同伙"的关系，别人当然乐于与你交往。此外，巧妙选择称呼对方的方式，也能够成功营造同伙意识，增加亲切感。

由于工作的关系，日本心理学家多湖辉经常和美国人往来。

在谈话当中，他发现西方人讲话时有一个共同点，就

是他们习惯把对方的名字挂在嘴边，例如“谢谢您，多湖先生”“多湖先生，你的英文还不太行呢”“再见了，多湖先生”等。

但是东方人多半只喊对方的官衔或职名，在交际应酬中，总是不习惯直呼名字。

两种不同的称呼方式会导致不同效果，在与人交谈时，西方人透过称呼对方的名字，能够轻易获得亲切感，进一步促进彼此之间情感的交流。

称呼别人的名字，不以官衔、地位、职位等面具的虚饰称呼，大多能够缩短彼此之间的心理差距，于无形中产生亲切感，是把话说得更巧妙的有效技巧。

第八篇

扬长避短，让别人认可你的自荐语

先看清别人想要什么再去自荐

作为自荐的一方一定要弄清楚别人到底想要什么样的人才，这样在面试的时候才能有的放矢。

在找工作时，很多人都盲目地去参加面试。其实，这是非常不可取的做法。在面试前，最好先对要去进行面试的企业进行一番了解，然后再前往应试。而且，作为应聘的一方一定要弄清楚面试到底想要什么样的人才，而自己又是否正是这样的人才等问题。

所有的面试官只有一个目的，那就是在最短的时间里了解到你最多的信息。其实，各种各样的雇主可能问到的问题中，都能够提炼成5个：你为什么到这儿来？你能为我们做什么？你是什么样的人？你与竞争同一职位的人有何区别？你还有什么问题要问我吗？

对应到个人身上，你应该自问——这项工作具体是做什么？我有哪些技能符合这项工作的要求？我如何与这些人共事？我能说服他们从多个候选人中选择自己吗？我将来能在这家公司做到什么程度？

1.你为什么到我们公司来？

两名外语专业的大四学生，同校同班，一同应聘总裁助理职位。甲说："我毕业于某大学外语专业，22岁，平均学分90分，班级排名第一，是校学生会主席，组织过很多社团活动，还是学校义卖形象大使。我爸爸是局长，有广泛的人脉。我的爱好是游泳、看书。"乙说："我关注贵公司很久了，很清楚你们公司的业务。做总裁助理英语必须很好，所以我除了平时在校刻苦学习英语，还利用寒暑假到旅行社实习。我也知道总裁助理的文笔要好，所以一直练习写作，给校广播站和杂志社投稿，现在已发表多篇文章，而且给出版社翻译过外文书。”

或许甲看起来很优秀，但显然乙对公司和职位更有热情、更用心。

2.你能为我们做什么？

有时候面试官会问你：“你在大学都学了哪些专业课？除了这些，还会什么？”很多人会回答“我会……”其实，对面试官来说，他并不是问你会什么，而是问你能为公司做些什么。如果把回答修改为“我可以帮公司开发或者完善客户系统，让检索更简单”“我可以优化公司的管理系统，让全国的数据实现快速共享和更新”，那效果就截然不同了。

3.你是什么样的人？

这等于是在问：你了解自己吗？你的价值观是否和我们一致？“你必须清楚地知道我把你招进来，能把你用在什么地方。”这个问题还会以“你最害怕的一件事”“最不喜欢的工作环境”“你最喜

欢什么样的老板”“你最崇敬的一个人是谁，对你的影响是什么”“你的优点和缺点是什么”等形式出现。

4.你与竞争同一职位的其他人有何区别？

通常这个问题会戴着“你的优势是什么”“为什么我要雇用你”的面具。时常有学生回答，“我有良好的沟通能力、团队合作精神、人际交往能力、组织协调能力……”这毫无意义，人与人之间的这些差别只差毫厘，所有进入面试的候选人都具备了大同小异的沟通能力、团队合作精神，这根本不是任何人的优势！所以，在面试的时候，你要讲那些别人没有、只有你有的。

5.你还有什么问题要问我吗？

一般情况下，很多学生会问工资待遇、培训等问题，事实上这样做并不是很好。招聘者的问题有时间顺序，从遥远的过去递进到最近、到现在、再到未来。这个问题就是个典型的关注未来的问题，你要关注的是工作本身，而不是公司能为你提供什么。所以，“这份工作最大的挑战是什么”“如果我被公司雇用做这份工作，我需要注意些什么”这类问题都是好问题。

随机应变，做自荐的常胜将军

自荐时，别人会根据你的情况提出各种各样的问题，面对这些问题，聪明的人一定要随机应变。

对于面试中的考题，只要你能够联系实际工作，随机应变，稍加考虑，便可以给出一个自圆其说的答案。因为考官绝对不会想要故意刁难你，只要你说得合情合理，他们就会欣赏你的创造力和智慧。

有一家公司要招一名市场部副经理，李枫报了名，并且幸运地从几百人中脱颖而出，成为最终进入面试的10人中的一个。

面试者们几乎都具有硕士以上的学历，个个志在必得，而李枫只是本科学历。他们一起被叫进经理办公室。参与主考的都是公司高层领导，连董事长都在。主考官首先问了一些基本情况，然后又问了一些专业问题。

就在面试即将结束时，一直未张口的董事长突然说："我这有几组数字，请说出它们之间的区别。第一组是1、3、7、8；第二组是2、4、6；第三组是5、9。"李枫有点蒙，不知道应该怎么回答，其实大家都有点蒙，一个个都不知所措。两分钟后，李枫不知哪来的勇气，试探着回答道："三组数字，它们的声调有区别。第一组读阴平声，第二组读去声，第三组读上声。"主考官们赞许地点点头。最后她被录用了。

也许有人会感到纳闷，这位董事长怎么会问这样的问题呢？更何况这个问题根本就没有固定答案。

很明显，他们要的不是仅仅具备数字思维的员工。因为一个不能从多角度考虑问题，或者说只具备计划性而缺乏处理突发事件能力的人，是不可能成为一名成功的职业经理人的。李枫的回答虽然可能和领导们预想的有些不一样，但至少说明，她的应变能力还是很强的。

当你进入面试场之后，面试官并不急着发问，而只是带着微笑看着你，这使得你不知所措，心里紧张。这时候，你可

"主动出击"，以改变这种被动局面。你可以先作自我介绍，并逐渐把重点转移到自己所精通的专业知识上，甚至可以向考官们提出一些问题，以显得自己是位谈吐清楚、头脑灵活、反应敏捷、能够随机应变的人。

当然，李枫的情况是不常见的，但要有所准备，常见的是下面一些情况。

比如，考官知道你报考的是计算机操作员职位，会问你在校时喜欢哪几门功课。如果你的线性代数、高等数学、C语言程序设计等几门课的成绩都是优秀的话，你可说："这三门课我都喜欢，尤其是C语言程序设计。"考官如追问为什么，你可回答："计算机是把数学的思维方式运用到程序设计中去，比简单地应用数学公式更能发挥我的聪明才智。"

又比如，考官问："你注意到没有，首长接见外宾时，除了录音以外还有个人在速记。你认为，有了录音机，速记还有用吗？"这是个基于生活常识的应变能力考题，你可简要回答："我认为是有用的。因为录音机与速记可以功能互补。录音机只能解决声音的记录，需要书面材料时，就要靠速记了。当需要经过特定整理的信息时，采用录音机，就只能是事后整理，而速记可现场加工整理。"

当考官面带微笑地问你："从报名表看，你是甘肃人，一定非常热爱家乡，是否平时经常关心甘肃的变化呢？"你应马上答道："是的，非常关心。"考官接着问："那么请问2000年国家五一奖章获得者中哪些人是来自甘肃的？"这道题的难度相当大，一般人是答不出来的。如果你直接答"不知道"，可能会影响你的面试成绩。当然考官也不指望你将甘肃的多名五一奖章获得者全部答出来，而是在测试你的随机应变能力。你可这样回答："我看过报纸，2000年国家五一奖章获得者甘肃有多名，遗憾的是，我都不认识，也没用心去记。"这样的回答，考官可能会满意的。

自圆其说是指当考官问到的问题没有固定答案时，那你就要风趣、生动地将自己的理由说得无懈可击。

比如，让你从一个创新能手、一个勤勤恳恳功绩卓著的劳动者、一个见义勇为者、一个勤政廉正的好公务员等四个市级劳动模范中，选出两个出席国庆观礼时，只要你把挑选某人的理由讲充分，就不要顾及其他候选人了。

若考官问道："你的条件不错，如果没被我单位录用，你会怎样想？"你可回答："尽管我的条件不错，但离职位的要求还有不小的差距，不能录用，我很遗憾。"你还可回答："尽管我的条件不错，但还有不少比我更优秀的人参与竞争，竞争是残酷的，我有这个思想准备。"

电话自荐的技巧

要想在电话自荐时让人感到你是一个强有力的求职者，就应该懂得在电话面试时，哪些是应该做的，哪些是不应该做的。

面试，就是当面考试，谁懂得礼仪，谁就拿到加试分，谁就容易拿到高分，谁就最先通过。你在整个发简历、面试过程中就要全套专业，这样才能击败对手，求职成功。现在越来越多的企业在录用员工时重视对其人品的考察。因此，在面试时，考官们会随时注意求职者的言行举止。那些举止得体者往往能获得考官的青睐。实际上，在你接到面试电话时，考试就开始了。

要想在电话面试中让人感到是一个强有力的求职者，需要一些和直接面试不同的技巧。通过电话进行的面试，最大的不利就是你也许毫无准备，或没有面试的心情。稳妥的办法是请求面试人晚些时候再安排面试，这样会为你赢得一些时间，去搜集有关公司的信息或是做些简捷的研究。由此可以使你对面试做好充分的思想准备，有备而战，战之能胜。一定要保证把面试安排在不会被打扰的时间——避开孩子、合住伙伴甚至宠物的打扰。

面试之前，在电话旁边放一支钢笔和一叠便笺纸，这样就可以随手记下你想弄清的有关工作或公司的问题。电话里用人单位的人事部门会问些什么问题？这个可能是求职者最关心的问题了。电话面试，用人单位首先要做的是对求职者求职信和简历上的内容进行确认，看看是否有漏洞，是否有不符合事实的地方。在接听电话的时候，可以把自己的简历和求职信放在面前，这样可以对用人单位的问题有个准备。在对简历上内容进行确认以后，用人单位还会在电话里问一些关于工作的问题，比如你的专业技能、你对应聘职位的个人看法等。有的时候会问得更细致一些，问题会涉及到求职者的人品、阅历、视野等。

如果你曾经花时间去寻找一份工作，你可能有过一到两次的电话面试的经历。如果没有，那么你很有可能会尝试到这种更加有效率的方式，因为越来越多的公司开始通过电话的方式来遴选候选人。

虽然下面这些电话面试的技巧看上去很简单，但是这有助于使你头脑清醒，并提醒你在电话面试中什么是该做的，什么是不该做的，以便你不会因为忘记了其中一个要点而丧失了一次机会。

1.环境

确保你的面试环境是安静的，这样你就不会被弄得心绪不宁或被打断，而且还要保证电话是通的。很明显，你不应该在工作的时候接受一次电话面试。如果面试必须在中午进行，那么你应该让自己尽量少离开办公室。如果在家里，要确定你的家人是理解你的，让你占用电话并且在你面试的时候不会打搅。把宠物放到门外面去。还有记住不要关掉你的移动电话。

2.工具

在手边放一支钢笔和一张纸。你可能会在面试的时候记录一点东西。把你的履历表放在你的正前方，同时准备一份你要问面试者的问题清单。你还需要整理出一份你所掌握的技术的列表，连同它们相应的时间和地点，这就让你的实力一目了然。

在你的桌子附近放一面镜子来提醒你保持微笑也是一个好主意。如果在整个电话面试中你的面部表情一直是微笑，那么你将给人更多积极乐观的印象。不管怎样，不要闹出笑话。因为没有了肢体语言的优势，你的幽默很容易被误解。

3.声音

说话要清楚，不要说得太急。感到紧张是很自然的，但是要试着让自己慢慢放松。如果你说得太急，面试者将会很难听懂你的意思。一旦你感觉到很紧张，而且在说某些话时无法继续下去，最好停下来，深深地吸一口气，然后说：“对不起，请让我再来一次。”没有人会因为这些细微的紧张就给你下定论。不过你千万不要让紧张的情绪控制了自己。

4.从容回答

认真地听你被问到的问题。注意面试者的用词，他所说的大部分都是专业术语吗？要让你的答案显示你对那些专业术语是如此的熟悉。不要让你的回答局限于行话之中——要让面试者可以评价你和普通人交流专业知识的能力。不必担心在回答一个问题之前你需要花一点时间去思考。因为面试者不能够看见你，所以你需要给他一些口头的暗示，比如：“我希望能够给你一个完整的答案，请给我一点时间来整理一下我所想到的。”

5.感谢

千万不能忘记，在面试结束的时候要记得感谢面试者占用了他的时间，而且你还要保证面试者有你正确的电话号码，以便在接下来的几个星期里他能找到你。

面试结束后立即挂上电话，写一份关于面试的简短感谢信，尽快发到面试公司的电子邮箱。

在你的感谢信里面，重申你对占用了面试者时间的感激是很重要的。如果你发现在面试的时候有很重要的经历没有提到，那么这封感谢信将是补充这些附加信息的最好时机。

一旦邮件发出，你就把大致可以得到反馈信息的时间做记录。留意一下，如果在这之后的一个星期内还没有得到任何答复，也不要以为事情已经到了最糟糕的地步。这时可以去打个电话，但是不要说太多的话。如果仍然没有音讯的话，下一个电话就需要询问关于进行面对面面试的人选是否已经决定或者你什么时候可以得到答复。如果你能够得到一个预约见面的日期，这证明你就是最好的。

自荐时，怎样说话才能避免话语冲突

并不是所有的面试官素质都很高，自荐时难免会遇到一些素质低的HR，这时，我们就要学会巧说话，避免与面试官发生语言上的冲突。

素质低、不称职的面试官要么在面试方面几乎未受到过培训或者面试经验相当少，要么性格有问

题。假如你参加的面试似乎毫无重点，或者你发现自己被问及不道德的或者与面试毫无瓜葛的问题，或者你面对一个傲慢、冷酷无情而且从不让你发言的面试官，毫无疑问，你落进了素质低并且不称职的面试官的手里。

许多求职者都遇到过脾气较坏，而且不善言辞的面试官。他们没有经验、对面试一无所知，因此表现得不知道该说什么。这类面试官永远不对面试进行事先准备，他们总是在你走进房间的时候大力地同你握手，并且在你入座后才第一次拿起你的简历瞄上一眼。他们不会对你应聘的职位或公司作些说明，而是立即进入提问大战。当你开始一项接一项地回答问题的时候，这些面试官其实听得并不仔细。他们只在意自己的问题，却很少因为你的回答而中断自己的思路。在你回答了某个问题之后，他们总是会重复提问，或者对问题稍加修改，但很少掩饰。他们会在你还没回答完前一个问题的时候就思考下一个问题。另外，他们的视野狭隘，注意力只集中在你简历的某一部分，探究的也只是你干过的某一项工作的一些情况，而不会对你的全面经历有兴趣。

如何才能完好无损地逃脱这种不专业、低素质的面试官，避免与其发生话语冲突，并且尽可能给其留下最好的印象呢？我们先要了解面试官的根本职能和任务是什么。

面试官的任务就是面试那些简历已经被认可，在简历中“实在挑不出”可以淘汰的理由的人。因此，面试过程其实就是你避免被“劣汰”、与面试官的博弈过程。大量的面试研究表明，许多应聘成功的人并不是因为优秀，而是因为面试官没有找到淘汰他的理由。用这样一个心理博弈理念去看，面试官一会儿和颜悦色、一会儿凶神恶煞的目的就很清晰了：无非是想让你展示自己的不足。了解了这一点，面对不好对付的低素质面试官，我们也就有一个应对的大概思路，知道该说什么，不该说什么了。

第一招：管好自己的嘴巴，三思而后答

面试场上，面试官经常采用的一个策略就是尽量让应试者多讲话，目的在于多了解一些应试者在书面材料中没有反映的情况。

你在面试时一定要注意管好自己的嘴巴，如果认为已经回答完了，就不要再多讲。最好不要为了自我推销而试图采用多讲话的策略。事实上，这种方式对大多数人来讲并不可取。该讲的讲，不该讲的绝不要多讲，更不要采取主动出击的办法，以免画蛇添足、无事生非。

第二招：留足进退的余地，随机应变

面试当中，对那些需要从几个方面来加以阐述，或者“圈套”式的问题，要注意运用灵活的语言表达技巧，不要一开始就把话说死，否则，很容易将自己置于尴尬境地或陷入“圈套”之中。

第三招：稳定自己的情绪，沉着而理智

有时面试时，面试官会冷不防地提出一个令应试者意想不到的问题，目的是想试试应试者的应变能力和处事能力。这时，你需要的是稳定情绪，千万不可乱了方寸。

第四招：不置可否地应答，模棱而两可

应试场上，面试官时常会设置一些无论你作肯定的回答还是作否定的回答都不讨好的问题。模棱两可的回答，不仅能让自己置于一个有利的位置，而且会让考官领略到你的高明和“厉害”。

第五招：圆好自己的说词，滴水不漏

在面试中，有时面试官提的问题并没有什么标准答案，这就要求应试者答题之前要尽可能考虑得周到一些，以免使自己陷于被动。面试在某种程度上就是一种斗智，你必须圆好自己的说辞，方能滴水不漏。

事关切身利益，要谨言慎语

面试时的自荐话是事关切身利益的话，因此，自荐时一定要谨言慎语。什么话该说，什么话不该说，一定要心中有数。

语言是求职者在求职面试中与招聘人员沟通情况、交流思想的工具，更是求职者敞开心扉，展示自己知识、智慧、能力和气质的一个主要渠道。恰当得体的语言无疑会增强你的竞争力，帮助你获得成功。反之，不得体的语言会损害你的形象，削弱你的竞争力，甚至导致求职面试的失败。所以，在求职自荐的过程中，我们要“三思而后说”，谨言慎语，知道什么该说，什么不该说。那么，在求职面试的过程中哪些是影响自己成功的忌语呢？

1.缺乏自信

最明显的就是“你们要几个人”，对用人单位来讲，招1个是招，招10个也是招，问题不在于招几个，而是你有没有这实力和竞争力。“你们要不要女的？”这样询问的女性，首先给自己打了“折扣”，是一种缺乏自信心的表现。面对已露怯意的女性，用人单位正好“顺水推舟”，予以回绝。你若是来一番非同凡响的介绍，反倒会让对方认真考虑。“外地人要不要？”一些外地人出于坦诚或急于得到“兑现”，一见招聘人员就说这么一句，弄得人家无话可说。

2.急问待遇

“你们的待遇怎么样？”谈论报酬待遇，无可厚非，只是要看准时机。一般以在双方已有初步意向时再委婉地提出为宜。

3.咄咄逼人

小李是广州某重点大学新闻与传播学院的应届毕业生，大三就开始在一家报社实习，一年多下来，有上百篇稿件见诸报端。她觉得自己性格外向，脑子灵活，天生就是干记者和编辑的料。所以某大型国企的内部刊物招聘编辑时，小李毫不犹豫投了简历，自我感觉这个岗位非她莫属。

通过了资格审查和笔试，她一路过关斩将闯进了面试阶段。面试的一个重要环节是小组讨论，十个应聘者一组，由主考官给出一个栏目的策划草案，大家一起讨论一个半小时。小李一心想要显示自己的实力，希望给考官留下一个深刻的印象，于是发言特别积极，一个人就占了半个小时的时间，而在接下来的讨论中，有时候别人一开口就被她打断了，她接过话头就滔滔不绝，遇到有不同意见更是争个不休。看到其他人面露不悦，小李心想：那也没办法，竞争就是这样残酷。讨论完后，她自我感觉还真不错，回到家就开始准备上岗后大显身手。然而几天后，网上公布的录用名单中却没有她。

显然，过分张扬、乱抢话头、咄咄逼人、缺乏基本的讨论礼仪，导致了小李这次面试的失败。“小组讨论”是近年来用人单位大都喜欢采用的一种面试方式，它可以综合考察求职者多方面的素质和能力，如创新策划能力、口语表达能力、交际沟通能力和专业知识水平等。

一言不发固然不可取，但也不是说得越多越好、嗓门越高越好，关键是言之成理，礼貌谦虚。小李应聘的是企业内部刊物编辑，需要编辑人员能够协调多方面的工作，文字功夫和策划能力固然重要，但谦逊、真诚的谈吐和处世之道也是非常重要的。考官很难接受小李这种咄咄逼人的说话方式和过分张扬的个性，她被淘汰出局当然是情理之中的事了。

4.不合逻辑

考官问："请告诉我你的一次失败经历。""我想不起我曾经失败过。"如果这样说在逻辑上讲不通。又如："你有何优缺点？""我可以胜任一切工作。"这也不符合实际。

5.报有熟人

"我认识你们单位的××""我和××是同学，关系很不错"……这种话主考官听了会反感，如果主考官与你所说的那个人关系不怎么好，甚至有矛盾，那么，你这话引起的结果就会更糟。

6.本末倒置

一次面试快要结束时，主考官问求职者："请问你有什么问题要问我们吗？"这位求职者欠了欠身，开始了他的发问："请问你们的规模有多大？中外方的比例各是多少？请问你们董事会成员中外方各有几位？你们未来5年的发展规模如何？"参加求职面试，一定要把自己的位置摆正，这位求职者就是没有把自己的位置摆正，提出的问题已经超出了应当提问的范围，使主考官产生了反感。

7.不当反问

主考官问："关于工资，你的期望值是多少？"应聘者反问："你们打算出多少？"这样的反问就很不礼貌，很容易引起主考官的不快。

第九篇

懂得赞美的人最受欢迎

男人和女人，赞美有“性”别

人人都渴望被别人赞美，但男人和女人的需要是不同的。

男人要面子、好虚荣，多表现在追逐功名、显示能力、展示个性以显潇洒和能人之形象方面，而女人则表现在对容貌、衣着的刻意追求或身边伴个白马王子以示魅力方面。

男人要面子、好虚荣，他们对此毫不遮掩，有时甚至坦率得令人吃惊，而女子则总是遮遮掩掩、羞羞答答。

女性对于面子、虚荣还有几分保留，而男子则是全力以赴去追求面子，好似他的人生目的就是追求面子一般。

男人为了面子可以大动干戈，有权力的甚至可以轻辄杀一儆百，重则发动战争；女人为了面子则会大喊大叫或者在家里痛哭几声。

男人的面子千万不要去伤害、破坏，否则便万事皆休——友谊中断、恋爱告吹、生意不成、升官无望、职称泡汤。

因此，赞美他人时也要区分对象的不同。

比如，赞美一个女人漂亮就大有学问。对于容貌绝佳的女性，她已习惯了别人的赞美，不妨用些新颖的方式，如用比喻去赞美她；对于一个明显较丑的女性，如果你虚假地夸赞她的容貌，她会认为你在讥讽她，而引起她的反感，你最好是去发掘她的气质、能力或性格；而普通的女性是最需要赞美的，因为她身上也有美，并且也最向往美，最渴望被人肯定。

你可以赞美女人的修养。有许多女人虽然长得漂亮，但是缺乏修养、没有内涵，稍一相处，便会让人感到俗不可耐。因而，花瓶式的女人虽然可赢得一时的赞美，却不能使男人长久地爱慕她，更无法获得男士的尊敬。而一种好的气质，则可以使一位非常普通的女人变得十分迷人，令人心驰神往。因为一个人的修养是一种内在美、精神美、升华美，它可以永久地征服一个男人的心。

作为男人更要会赞美女人。能够做到张口也赞闭口也赞，这样你才能在女人面前受欢迎，使你魅力无穷。

男人赞美女人是对女人价值的肯定，更是对女人魅力的一种欣赏。在男人眼里，女人身上总有美丽动人之处，或是皮肤细腻，或是身材苗条，或是眉目含情，或是穿着得体。所以，你一定要善于去发现、去捕捉她的美。许多女人都会对自己的缺憾有所了解，但她们却十分了解自己的最动人之处，只要你能慧眼独具，赞美得体，你一定会博得她的赏识与青睐。

现在注重个性，夸赞一个女人有个性已成了一种时尚。固执的性格可当此人有个性来赞，孤傲的性格也可以用有个性来赞，像男人一样不拘小节，有些泼辣的女性也能用有个性来赞。只要是稍稍区别于大众的性格，你用个性二字来赞她，无论是哪种女性，她都会觉得你这个人很有品位。

最后，谈一谈女人的能力。现代社会，在各种事业中女人都表现出了她非凡的能力。她们不仅能把自己分内的事完成得十分得体，还会凭她们细心的洞察力去发现工作中出现的问题，把各部门的事情都安排得十分妥当，有时工作能力大大地超越了男性。而女人在取得很大的成就时，她们是需要被这个社会所肯定的。她们希望这个社会能认同自己，肯定自己的能力，也希望在男人眼中她们不再是处处依附于男人的人，而是能够独当一面，把

事情处理得完美无瑕、有能力的人。于是，她们需要男人的赞美，希望自己所做到的，能够得到男人的认同与赏识。如果你是她的老板、上司或是同事，你可千万别忽视她的业绩，常常激励她、赞美她，换取她更大的工作积极性吧。

除此之外，生活中女人们的能力也值得你一赞。日常家务，如烧饭做菜、收拾房间、照顾孩子，这些虽是一些细小的事情，却能表现出女人的动手能力、审美能力、教育能力。只要你在日常生活中也不忘记赞美一下女性，你定会得到女性们一致的好评。

最后要记住的是，女人喜欢甜言蜜语，但并非是喜欢太过花哨的话，所以，赞美她时多用些实际的语言，不用刻意去修饰，不然会让人觉得你很肤浅。

人们都说女人是用耳朵来生活的，赞美是女人生命中的阳光。其实男人也一样，他们一样喜欢听到他人对自己的肯定和赞美，因为这会让他们有一种价值感，并由此充满自信。可以说，恰到好处的赞美是打在男人身上的一针强心剂。你可以从以下几个方面来打造对男人的赞美之词：

1.赞美他是成功的男人

由于传统社会对男性角色的定位——挑家立业者，使得男人非常在乎自己在别人心目中的形象，任何人对他的工作做出的评价都会让他反应敏感。因此，无论男人从事的是怎样的工作，他都希望能得到别人的认同。

不过你得注意，不管一个男人有多成功、多得意，他内心深处最渴望的还是别人的理解和关怀。一般的理解和关怀都是无可厚非的，可一定要注意把握“度”的原则。过犹不及，说得太夸张、太过分、太直白，就会被人当成追逐名利、爱慕虚荣的女人，会成为男人心底讨厌的势利女人。因此，即使是赞美也要掌握分寸。通常从以下几个方面入手来赞美别人，是比较容易被接受，而且会收到预期效果的。

首先，在赞美男人的同时注意表达关心与体贴。关心与体贴是女人善良天性的表现，也是女人细腻温柔的体现。女人的关心，有如吹面而过的柔和的春风，又如沁人心脾的淡淡花香，会在不知不觉中悄悄渗入男人的心灵之中，融入他们的心怀。男人们最喜欢的是那种会关心、会体贴、善解人意的女人，女人的关心和温柔会让男人从心底感激她。以前，曾有人这样赞美过别人：

“张老师，您那本书写得真好，没少花功夫吧？您可得注意休息了，瞧您现在比以前瘦多了。”

“刘总，这么大的工程，您一个人给搞定了，可真了不起！不过您可要注意身体呀，别光为了工作累坏了自己。”

这些又温馨又充满敬意与关切的语句，怎么能让男人不动心、不从心底感激、不视女人为自己的好友呢？

其次，在赞美男人的时候，恰当地表达出崇拜的思想。不管男人还是女人，都希望有人崇拜自己，都希望被人用尊敬、仰视的眼光看待，这也是人之常情。被人崇拜是无法拒绝的，被人崇拜意味着对“自我”的肯定，是一种人生价值的体现。对一个春风得意的人来说，他最自豪的是“自我”，也就是他的成功之源。

最后，别忘了在赞美的同时予以鼓励。一个女人鼓励一个男士，既是对他过去的肯定，对他以前创业生涯的一种肯定，又是对他未来充满信心的一种表现。人在任何情况下都是希望有支持和鼓励的，人不仅需要对自己有信心，更需要别人对自己有信心。现在的社会，竞争激烈压力大，成功是需要付出很大代价的。一个成功的、春风得意的男士，即使在一定程度上达到了自我价值的展现，也还是需要鼓励的，尤其需要别人对他有信心。

还有一些男士，春风得意的时候，往往会在别人的一片颂扬声中沾沾自喜、自高自大、忘乎所以，而女性的委婉的激励，有时就像一剂良药，会给头昏脑热的春风得意者一点不动声色的提醒，进一步激发起他的冷静和投入下一次竞争的热情。

2.赞美他是一位绅士

所谓风度，是男人在言谈举止中透出的一种味道。不要以为男人真的是散漫随意、潇洒不羁，其实他们是很在乎别人对自己举止的评价的。曾经有一位女士说起她和男友分手的原因，只因为她在一次朋友聚会上调侃了男友的局促，就大大伤了对方的自尊心，扔了句：“既然你认为我没风度，那么分开好了。”

事实也如此，行动比语言更有说服力，只有当女方对对方的言谈举止很满意、很欣赏时，女方才会爱上他。而在这方面赞美男人的聪明之道，也是拿他和别的男人比较，表现出你的欣赏。一位范先生说：“有一次，我和女友乘出租车，下车后我替她打开车门，她很高兴，说她以前遇到的男人从不知道什么是绅士风度。这句话极大地满足了我的自尊心，也让我觉得自己是个很受欢迎的男人。”

3.赞美他仪表堂堂

许多男性承认，他们在关注女人闭月羞花之貌的同时，也希望自己貌比潘安。但是，同样因为社会角色的定位，男人特别害怕女人把他们当作绣花枕头，因而他们对女人对他们外在形象的夸赞是特别敏感的。让女人兴奋的“你长得真漂亮”“你穿得真好看”之类的话，会让男人觉得特别不舒服，按他的理解，这里面透着一种嘲讽，好像说：“你有些娘娘腔，你怎么像女人一样爱打扮。”

所以说，要真的想对男人表达你对他外形的欣赏，还需审时度势。但你可以对他的某个部位做出较高的评价，如你的鼻子好有个性等。

另外，在赞美一个男士的时候，有一点特别忌讳的是，不要当着这位男士的面大肆指责他的竞争对手，这样做也许当时能让这位春风得意的男士十分高兴，但过后他就会清楚地意识到这种以贬低一个人来衬托另一个人的手法是多么地笨拙，并且让人感到的只是巴结和恭维。所以，建议那些想要锦上添花的朋友，一定注意，添花要小心，要把握好分寸，不要搞出笑话来，以免遭人反感。

与众不同的赞美最中听

一些人在公共场合赞美别人时，自己想不出怎样赞美，只能跟着别人说重话，附和别人的赞美。常言道："别人嚼过的肉不香。"朱温手下就有一批鹦鹉学舌拍马屁的人。一次，朱温与众宾客在大柳树下小憩，独自说了句："柳树好大！"宾客们为了讨好他，纷纷起来互相赞叹："柳树好大。"朱温听了觉得好笑，又道："柳树好大，可做车头。"实际上柳木是不能做车头的，但还是有五六个人互相赞叹："可做车头。"朱温对这些鹦鹉学舌的人烦透了，厉声说："柳树岂可做车头！"于是把说"可做车头"的人抓起来杀了。

在整日聚首的人际关系中，一家人之间或一个科室的同事之间，有些赞美很可能多次重复，已经形成某种公式和习惯了，这就没什么意义和作用。比如，某个处长每次开会总结工作的时候，都像例行公事一样对大家赞扬几句，其内容和说法总是笼统的那么几句话，就像是同一张唱片或同一盘录音带只是在不同的时间播放一样，让人感觉乏味。

汤姆受聘于一家公司的销售部经理，他采用了新的营销战术，于是在他加入公司两个月后，公司的销售量大增，仓库积

压一售而空。老板非常高兴，拍拍汤姆的肩膀说：“你干得非常出色！继续努力。”

“好，”汤姆说，“但你为什么不把你赞美的话放在我装薪水的口袋里呢？”

“一定会的，年轻人。”

老板非常遵守诺言。当下个月汤姆领到薪水袋时，发现里面附着一张小纸条，上面写着：“你干得非常出色！继续努力，表现更好。”

赞美加一点新意，鼓励作用会更大。正如有人所说“一点新意，一片天空”，这样的话赞美之术会更趋完美。

赞扬要有新意，当然要独具慧眼，善于发现一般人很少发现的“闪光点”和“兴趣点”，即使你一时还没有发现更新的东西，也可以在表达的角度上有所变化和创新。

对一位公司经理，你最好不要称赞他如何经营有方，因为这种话他听得多了，已经成了毫无新意的客套话；倘若你称赞他目光炯炯有神、潇洒大方，他反而会被感动。

赞美是所有声音中最甜蜜的一种，赞美应该给人一种美的感受。新颖的语言是有魅力的，有吸引力的。简单的赞扬也可能是振奋人心的。但是一种本来不错的赞扬如果多次单调重复，也会显得平淡无味，甚至令人厌烦。一个女人就曾说过，她对别人反复说她长得很漂亮已经感到很厌烦，但是当有人告诉她，像她这样气质不凡的女人应该去演电影时，她笑了。

仪态万方这一目标，几乎是所有的女人孜孜以求的。这是她们最大的虚荣，并且常常希望别人赞美这一点。但是对那些有沉鱼落雁之容、闭月羞花之貌的倾国倾城的绝代佳人，就要避免对其容貌的过分赞誉，因为对于这一点她已有绝对的自信。你可以转而去称赞她的智慧、她的品格。

日本著名心理学家多湖辉先生在一本书里举了这么一个例子：有位杂志社的记者，有一次去采访一位地位很高的财经界人士。话匣子一打开，就首先称赞对方的理财手段如何高明，继而想打听一些对方成功的奥秘。但由于这是初次采访，不容易快速地接触到问题的实质。

这时，那位记者灵机一动，将话题一转，说道："听说您在业余时间很喜欢钓鱼，在钓鱼上是行家里手。在下偶尔也喜欢钓钓鱼，不知道您是否可以介绍一些这方面的经验？"那位知名人士一听此话，笑颜顿开，侃侃谈起钓鱼经来。结果不用说，宾主双方俱欢，尔后的采访自然容易了许多。

分析一下这位知名人士的心态，不难看出，有关经营方面的好话早已经听得耳根生茧了。这个记者看到了知名人士的另一个不太为人所知的优点，从该知名人士的业余生活入手，最后完满地达到了预期目的，其方法令人叹服。

赞美的新意很重要，但更需要我们综合各方面的因素来翻出恰当的“新”意，否则便会弄巧成拙、适得其反。马克·吐温曾经说过：“一句好的赞美能当我10天的口粮。”我们每天都让新鲜的赞美流淌入他人的生活中，那么彼此对生活的积极性就会增强。

赞美的话**要发自内心**

如果你的赞美之辞不是发自内心的，那么，你的赞美很难达到预期的效果。

赞美别人就是发现别人的美，并且用恰当的语言表达出来。赞美的语言稍微夸张一点是可以的，但是倘若言过其实，便会让人怀疑你赞美的诚意和动机了。

有这样一个人，在单位里经常赞美同事，见到领导时，赞美的话更是滔滔不绝。见到身材魁梧的领导，他就说：“一看就知道您是有福之人啊！”当见到秃顶的领导时，他就说：“贵人不顶重发，聪明绝顶啊！”这些话倒是不伤大雅，也还能让领导开心。只是有一次，因为他过分夸大的赞美言词让领导对他有了重新的认识。

某领导在应酬时，酒喝多了，走路时一不小心摔了一跤，这时，这位经常赞美领导的“赞美家”赶紧过来扶起领导，嘴里说道：“领导为了工作，连自己的身体都不顾了，就算是喝到胃出血也没有任何怨言。”喝醉了酒的领导一听到有人这样“赞美”自己，一下子就火了，指着这位时时不忘赞美领导的人破口大骂：“你到底会不会说话，你那是称赞我吗？你是盼着我死吧？”这次，平日伶牙俐齿的他再也说不出任何赞美之词了。

他的赞美之所以得不到听者的认可，是因为他的赞美之词不是发自内心的赞美。在他的赞美中，有很重的趋炎附势、惺惺作态的成分。这样的赞美是无法打动人心的。

小王是建筑公司的拆迁办主任，在拆迁工作顺利进行的时候，一家钉子户使拆迁工作不得不停下。小王了解了这家的基本情况后得知，这家的主人是一名曾参加过抗美援朝的老军人，他之所以不肯搬家，是因为这套四合院是在他光荣离休后政府赠予他的。

随后，小王亲自拜访了这位老人。他进入到老人的书房，看见墙上都是老人

身穿军装的照片，不由得说道：“您老年轻时一定是名强悍的军人。因为我在您身上仿佛见到了您当年奋勇杀敌的勇猛和果断。”老人没有作声。小王继续说：“我小的时候就愿意和我爷爷在一起，他总有许多战场上的故事可以讲，后来他年纪大了，有的故事甚至都讲20遍了，可是每次他像是第一次讲一样，眼中充满了激动的泪水。我想您所知道的故事一定和我爷爷知道的一样多，甚至比他的还多。而这其中的辛酸不易，我想只有您自己体会得最深刻了。”

说到此，小王起身说道：“老先生，打扰您这么久，真是对不住啊！”说完他就走出了屋子，往大门外走去。当他即将迈出大门时，老人在背后喊道：“明天过来时把拆迁的公文带来，让我好好瞅瞅。”小王心里的大石头终于落了地，老人要看公文，证明拆迁的事情有戏了。

从头至尾，小王只字未提拆迁的事，只是和老人聊了会家常话。其实，正是小王的家常话打动了老人。小王称赞老人勇敢，称赞老人阅历丰富，这都是发自内心的赞美。他的赞美之词在老人的心中也激起了层层涟漪。因为小王真诚的赞美，打开了老人的心房。

有的人非常吝惜对他人的赞美，认为那是阿谀奉承的表现，是令人不齿的做法，然而人人都喜欢听到他人的赞美，都以得到他人的赞美为荣。因为，如果能得到别人的赞美，说明自己的行为得到了他人的认可，对赞美他的人自然就会产生好感。无论何时，赞美都拥有神奇的力量，能帮助他人走出困境，是交际中最有效的手段之一。发自内心的赞美，是任何人都喜爱的。

夸人夸到点子上

在一个人所走过的人生道路中，有无数让他引以为傲的事情，这些都是一个人人生的闪光点。这些东西又会不经意地在他的言谈中流露出来。例如，“想当年，我在战场上……”“我年轻的时候……”，等等。对于这些引以为荣的事情，他不仅常常挂在嘴边，而且深深地渴望能够得到别人由衷的肯定与赞美。对于一位老师而言，引以为荣的往往是由他授过课的学生在社会上很有出息，你为了表达对他的赞美，不妨说：“您的学生×××真不愧是您的得意门生啊！现在已经自己出书了。”对于一位一生都默默无闻的母亲，引以为荣的往往是她那几个有出息的孩子，你如果对她说：“你有福气啊，两个儿子都那么有出息。”她一定会高兴不已。对于老年人来说，他们引以为荣的往往是他们年轻时的那些血与火的经历。

真诚地赞美一个人引以为荣的事情，可以更好地与之相处。乾隆皇帝喜欢在处理政事之余品茶、论诗，他对茶道颇有见地，并引以为荣。有一天，宰相张廷玉精疲力竭地回到家刚想休息，乾隆忽然来造访，张廷玉感到莫大地荣幸，称赞乾隆道：“臣在先帝手里办了13年差，从没有这个例，哪有皇上来看下臣的！真是折煞老臣了！”张廷玉深知乾隆好茶，便命令把家里的隔年雪水挖出来煎茶给乾隆品尝。乾隆很高兴地招呼随从坐下：“今儿个我们都是客，不要拘君臣之礼。坐而论道品茗，不亦乐乎？”水开时，乾隆亲自给各位泡茶，还讲了一番茶经，张廷玉听后由衷地赞美道：“我哪里省得这些，只知道吃茶可以解渴提神。一样的水和茶，却从没闻过这样的香味。”李卫也乘机称赞道：“皇上圣学渊深，真叫人瞠目结舌，吃一口茶竟然有这么多的学问！”乾隆听后心花怒放，谈兴大发，从“茶乃水中君子、酒乃水中小人”开始论起“宽猛之道”。真是妙语连珠，滔滔不绝，众臣洗耳恭听。乾隆的话刚结束，张廷玉赞道：“下臣在上书房办差几十年，只要不病，与圣祖、先帝算是朝夕相伴。午夜扪心，凭天良说话，私心里常也有圣祖宽、先帝严，一朝天子一朝臣这个想头。我为臣子的，尽忠尽职而已。对陛下的旨意，尽力往好处办，以为这就是贤能宰相。今儿个皇上这番宏论，从孔孟仁恕之道发端，比讲三朝政治，虽然只是三个字‘趋中庸’，却发聋振聩，令人心目一开。皇上圣学，真是到了登峰造极的地步。”其他人也都随声附和，乾隆大大满足了一把。张廷玉和李卫作为乾隆的臣下，都深知乾隆对自己的杂经和“宏论”引以为豪，而张李二人便投其所好，对其大加赞美，达到了取悦皇帝的目的。

没有人不会被真心诚意的赞赏所触动。耶鲁大学著名的教授威廉·莱昂·弗尔帕斯经历过这样一件事：有一年夏天又闷又热，他走进拥挤的列车餐车去吃午饭，在服务员递给他菜单的时候，他说：“今天那些在炉子边烧菜的小伙子一定是够受的了。”那位服务员听了后吃惊地看着他说：“上这儿来的人不是抱怨这里的食物，便是指责这里的服务，要不就是因为车厢里闷热大发牢骚。19年来，您是第一位对我们表示同情的人。”弗尔帕斯得出结论说：“人们想要的是一点作为人所应享有的被关注。”而人们想要别人关注的地方往往是自己所能忍受下来的痛苦，就正如夏天里在火炉旁烧菜的煎熬。

一个人到了晚年，人生快走到尽头了，当他们回首往事的时候，更喜欢回味和谈论自己曾经历的那些大风大浪，希望得到晚辈的赞美和崇敬。

现在已经80多岁的爷爷，一生中最大的骄傲便是独自一个人将7个孩子养大成人，现在眼见一个个孩子都成家立业，他经常自豪地对我们说：“你奶奶死得早，我就靠这两只手把你爸他们几个养大成人，真是不容易啊。”每当这时，如果我们能乘机美言几句，爷爷就会异常高兴。

抓住他人最胜过别人的、最引以为豪的东西，并将其放在突出的位置进行赞美，往往能起到出乎意料的效果。在这一点上，有一个很经典的实例。在镇压太平军的过程中，一次，曾国藩用完晚饭后与几位幕僚闲谈，评论当今英雄。他说：“彭玉麟、李鸿章都是人才，为我所不及。我可自许者，只是生平不好谀耳。”一个幕僚说：“各有所长，彭公威猛，人不敢欺；李公精敏，人不能欺。”说到这里，他说不下去了。曾国藩又问：“你们以为我怎样？”众人皆低头沉思。忽然走出一个管抄写的后生过来插话道：“曾师是仁德，人不忍欺。”众人听了齐拍手。曾国藩十分得意地说：“不敢当，不敢当。”后生告退而去。曾氏问：“此是何人？”幕僚告诉他：“此人是扬州人。入过学，家贫，办事谨慎。”曾国藩听完后说：“此人有大才，不可埋没。”不久，曾国藩升任两江总督，就派这位后生去扬州任盐运使。

他人最想要的赞美一定是真诚的，不是那种公式般的赞美，千篇一律最让人反感。“久仰大名，如雷贯耳”“您的生意一定发财兴隆”“小弟才疏学浅，一切请阁下多多指教”，这些缺乏感情的、完全是公式化的恭维语，若从谈话的艺术观点来看，非加以改正不可。而言之有物是说一切话所必备的条件，与其泛说“久仰大名，如雷贯耳”不如说“您上次主持的讨论会成绩之佳，真是出人意料”等话，直接提及对方的著名业绩；若恭维别人生意兴隆，不如赞美他推销产品努力，或夸赞他的商业手腕；泛泛地请人指教是不行的，你应该择其所

长，集中某点请他指教，如此他一定高兴得多。恭维赞美的话一定要切合实际，到别人家里，与其乱捧场，不如赞美其房子布置得别出心裁，或欣赏墙壁上的一幅好画，或惊叹一盆盆栽的精巧。若要讨主人喜欢，你要注意投其所好，主人爱狗，你应该赞美他养的狗；主人养了许多金鱼，你应该谈那些鱼的美丽。赞美别人最近的工作成绩、最心爱的宠物、最费心血的设计，这比说许多无谓的、虚泛的客套话更佳。

有的时候并不是什么伟大举动才值得让人赞美，相反，一些微乎其微的小事别人也会期望得到你的肯定和称许。

如果某天早晨，你的丈夫偶然一次早起为你准备好了早餐，你不妨大大赞美他一番，那他今后起床做早餐的频率将会更高；如果你的小孩有一天非常小心地在家做好了晚饭等你回家，当你回到家中，不要吃惊孩子脸上的污渍，也不要惋惜已经摔碎的碗碟，先要将孩子赞美一番，即使孩子所炒的菜让人难以下咽，因为你的赞美可以让孩子所做的下顿或者是下下顿饭变成美味；在公司，如果某位职员记述你口述的信件的速度比你想象得要快，不妨表扬她一下，今后她工作时就一定会更加卖力。

从一件小事去赞美他人必须注重细节，不要对他人在细节上所花费的时间和心血视而不见，而要特别地对他人的这番煞费苦心表示肯定和感谢。因为对方所做的一些小事既说明对方对你的偏爱，也说明他渴望得到肯定与赞扬。

第十篇

运用语言魅力，展示自己的优势

让别人折服于你的**语言魅力**

顺着人心说话效果可说是事半功倍。脾气再大、城府再深、主观性再强的人也无法抵挡这一招。顺着人心说话能让你凭借三寸不烂之舌就征服别人，让别人拜倒在你的语言魅力下。

一般来说，一个人的性格特点往往通过自身的言谈举止、表情等流露出来。快言快语、举止简洁、眼神锐利、情绪易冲动的人，往往是性格急躁的人；直率热情、活泼好动、反应迅速、喜欢交际的人，往往是性格开朗的人；表情细腻、眼神稳定、说话慢条斯理、举止注意分寸的人，往往是性格稳重的人；安静沉郁、不苟言笑、喜欢独处、不善交际的人，往往是性格孤僻的人；口出狂言、自吹自擂、好为人师的人，往往是骄傲自负的人；懂礼貌、讲信用、实事求是、心平气和、尊重别人的人，往往是谦虚谨慎的人。当我们面对不同性格的谈话对象时，一定要具体分析，区别对待。比如对待傲气十足的人，如果他把面子看得很重而讲究分寸，你不妨从正面恭维入手，让他"无法招架"。

不过，这里并不是要你做一个没有"自我"的人，如果你真的如此，那你就成为别人的影子了。"顺着人心"只是方法，而不是目的，如果你能娴熟地运用这个方法，别人就会在不知不觉之中受到你的影响，甚至接受你的意志。那么，如何顺着人心呢？

1.倾听

很多人都有发表欲，如果他在社会上已有一些成就，更有不可抑止的发表欲，当他滔滔不绝的时候，你就做一个倾听

者。一则，你的倾听可以满足对方的发表欲，他只要满足，对你就不会有恶感；一则，你可在倾听中了解他的个性和观念。然后，你要顺着他的谈话，发出“赞同声”，还可以在恰当的时机提出一些问题让对方说明。如果你这样做了，你便能赢得对方的好感，甚至使对方更加相信你。

2.不要辩论

如果对方说的话你不能同意，你也不要提出辩驳。即使你们是好朋友，如果你和他的交谈另有目的，也不宜和他辩论，因为有些事情并不能辩得明白，而且很可能越辩越生气，最后不欢而散。如果你辩赢对方，那更有可能造成关系的中断！

3.称赞

喜欢赞美是人类的天性，其实赞美也是一种爱抚。赞美什么呢？你可赞美他的观念、见解、才能、家庭……反正对方有可能引以为荣的事情都可以赞美，这种做法所费不多，效果却非常惊人。

诸葛亮对关羽，便采取此法。马超归顺刘备之后，关羽提出要与马超比武。为了避免二虎相斗必有一伤，诸葛亮给关羽写了一封信：我听说关将军想与马超比武。依我看来，马超虽然英勇过人，但只能与翼德并驱争先，怎么能与你美髯公相提并论呢？再说将军担当镇守荆州的重任，如果因你离开造成损失，罪过有多大啊！关羽看了信以后，打消了入川比武的念头。

4.引导

这是最重要的方法，如果你一番“顺着人心”的功夫另有目的，就尤其需要“引导”这一招。也就是说，你要在对方已经满足时，才把你的意思表达出来，但表达的方式还是要顺着人心，不要让对方感到不快。例如，你应该说“我很同意你的观点，不过……”或“你的立场我能了解，可是……”，先站在对方的立场，再提出自己的观点，把对方的意志引到你希望的地方去。

这样的方法可以用在平时与人相处，可以用在说服别人，也可以用在带领下属，效果可说是事半功倍。

说话要**扬己之长、避己之短**

想要抬高自己的身价，说好给自身贴金的话，就要懂得扬长避短的道理，多说一些自己的长处，少说一些自己的短处。

古人云：“梅须逊雪三分白，雪却输梅一段香。”在常人的眼睛里，每个人或多或少总会在某方面存在一定的缺陷，就算是伟人也毫不例外：拿破仑矮小、林肯丑陋、罗斯福小儿麻痹，而这些都没有阻挡他们极其辉煌自信的一生。

瑞士银行中国区主席兼总裁李一，在1988年最初去美国迈阿密大学留学时，学的是体育管理专业。他发现那是“富人玩的游戏”，于是在离毕业还有半年时，毅然报考沃顿商学院。

美国沃顿商学院是世界首屈一指的商学院，李一考得并不轻松，前后面试了三次，仍没结果。最后一次面试，他干脆在考场上直截了当地问主考官：“如果我没有被录取，最可能的原因是什么？”

“很可能是因为你没有工作经验。在美国，商学院录取的前提条件是要有商务工作经验。”

李一做出的反应不是承认自己的不足，或者是如何改变自己的缺点，而是立刻反驳："按你们的招生材料所说，沃顿作为世界最优秀的商学院，肩负着培养未来商务领袖的重任。但世界各国发展很不平衡，如果按你们现在的做法，商务成熟的国家会招生特别多，像中国这样的发展中国家可能一个也不招，这跟沃顿商学院的办学宗旨是自相矛盾的。"

出人意料的是，李一的反驳得到了主考官的欣赏。面试出来后，招生办主席秘书给李一打了一个电话："主席对你的印象特别好，说你很自信，与众不同。"后来，在当年52个申请该校的学生当中，李一成为唯一被沃顿商学院录取的中国学生。

李一的自信赢得了考官的欣赏，为自己铺垫了人生道路上的一块重要基石，更重要的是，他战胜了自己，他能够扬长避短，主动出击。著名管理学家德鲁克博士曾在1999年的《哈佛商业评论》中发表观点：对于一个集体，需要克服的是"短板定理"；而对于个人，发挥自己的长处，比努力去补齐短板更为重要。

我们都知道田忌赛马的故事，对手的每一匹马都有相对应的绝对优势。但没有关系，不需要补齐短板，只要注重自己能够形成优势的策略，简单地进行以长击短的顺序调整：上等马对中等马，中等马对下等马，下等马对上等马，就能获得完全不同的结局。

其实，每个人都有自己的可取之处。你也许不如同事长得漂亮，但你却有一双灵巧的手，能做出各种可爱的小工艺品；你现在的工资可能没有大学同学的工资高，不过你的发展前途却比他的大，等等。这并不是一种"吃不到葡萄就说葡萄酸"的心理，因为世界这么大，永远没有绝对的好，只有相对的好，永远没有绝对的失败，而只有相对的成功。

世界上的路有千万条，但最难找的就是适合自己走的那条路。每一个人都应该努力根据自己的特长来设计自己，量力而行，根据自己的环境、条件、才能、素质、兴趣等确定发展方向。不要埋怨环境与条件，应努力寻找有利条件；不能坐等机会，要自己创造机会。拿出成果来，获得了社会的承认，事情就会好办一些。每个人都应该尽力找到自己的最佳位置，找准属于自己的人生跑道。当你事业受挫了，不必灰心也不必丧气，相信坚强的信念定能点亮成功的灯盏。

每个人都有自己的特质和特长，所以不要怀疑自己，更不要轻易地否定自己。认清你自己的优势与弱势，如果你身上有暂时或是永远无法补齐的“短板”，那么不如去吸引别人注意到你身上其他的闪光之处。每个人都有自己的发光点，只要你善于利用，就能扬长避短，形成制胜的优势。

巧用妙语，打好圆场

巧妙地说好贴金话，其实就是打好圆场。想要事事有个圆满的收场，就得锻炼自己的口才，提高自己的“语商”。

不管做什么事情，我们都渴望能有个圆满的收场，这就需要我们平时多多读书，多多磨炼，头脑充实，机智敏捷，反应灵活，并且持之以恒。与此同时，还要注意培养敏捷的表达能力，提升逻辑思维能力和语言修辞素养。

有一个销售员在一家百货商店前推销他那些“折不断的”

梳子。为了消除围观者的怀疑，他捏着一把梳子的两端使它弯曲起来。突然间，那把梳子“啪”一声断了，销售员顿时惊得目瞪口呆。这个时候，只见他把它高高地举了起来，对围观的人群说：“女士们，先生们，这就是梳子内部的样子。”

如果一个人平时总是思考如何应付复杂局面和临场突发情况，那么临战自然不会仓促和不知所措。

有一个卖瓦盆的人，为了能够早点把瓦盆卖出去，便当着顾客的面用旱烟锅子敲了起来。他边敲边喊：“听这瓦盆啥响声啊！”可是，令他意想不到的是瓦盆被敲破了。旁边看热闹的人忍不住笑出了声。他忙指着瓦片对身边的人说：“你们看这瓦茬子，棱是棱，角是角，烧得多结实呀。”

参加面试时，主考官所问的问题并不一定有什么标准答案，只要能“自圆其说”便算是成功。

有一个年轻的小伙子来面试，主考官问了一个问题：“你为什么要离开现在的企业？”他回答：“在那家企业没有前途。”“那么怎么样才算有前途？”主考官接着问。“企业蒸蒸日上，个人才能得到不断提高和发展。”“你们公司的产品在市场上的占有率名列前茅，员工收入也很高，这是有口皆碑的，怎么能说在这个企业没有前途呢？”这位求职者被问倒了，为什么会出现这种情况呢？那是因为他不清楚随着问题的不断深入，他先前的论点将无法成立，这样就不能自圆其说了。

我们常常会遇到这样的提问：“你最大的优点是什么”和“你最大的缺点是什么”。这两个问题看起来很简单，可是要回答好却不是一件很容易的事情，因为接下来主考官有可能会问：“你的这些优点对我们的工作有什么帮助？你的这些缺点会对我们的工作带来什么影响？”然后还可以层层深入，“乘胜追击”，求职者是很容易陷入不能“自圆其说”的尴尬境地的。几乎所有的面试问题都有可能被主考官深化和挖掘，所以在回答问题之前一定要先考虑周到，然后再给予回答，这样才不致使自己陷入被动的局面之中。

在日常生活中，我们不需要过于自夸，但在某些场景中，便需要好好运用自己的口才，把话说得巧妙高超。

人际交往之始，如何说能让自己**脱颖而出**

熙熙攘攘的人群中，有人虽然飘然而过，却让你久久回首，难以忘记；社交聚会中，每个人都明艳照人，使尽浑身解数博取注意力，而有人却独领风骚，这和他们的说话方式不无关系。

在角色多如牛毛的社会舞台上，总有一些人一出场就能赢得满堂彩，一抬手、一顿足就能显出与众不同，惹人注目。我们大多数人，仿佛注定了默默无闻，我们的平凡无奇，仿佛是无力改变的。你甘心一辈子只做“绿叶”吗？你难道不想当一回社交圈中的“明星”，风光一回吗？你难道不想让别人对你过目不忘、艳羡不已吗？

以下就是令你轻轻松松脱颖而出的一些秘诀，只要你真正掌握，并举一反三，就能实现这些愿望。

1.说话时善用手势，令别人对你过目不忘

令别人对你过目不忘的第一秘诀是妙用手势。手势是人际交往中不可缺少的动作，是最有表现力的一种“体态语言”。手势语言，可以使所说的话给人以立体感、形象感，帮助对方理解所说内容；还能强化所要表达的感情，激起对方的共鸣。手势语言还能传达有声语言所不能很好传达的微妙感情，令“一切尽在不言中”；同时，还有助于自己在交谈中做到同步思考。

总之，手势若使用恰当，不仅能很好地表情达意，而且能增加你的社交魅力，突出自己的个性。经研究证明，人们更容易记忆自己亲眼看到的动作，而对听到的声音，则因情、因境、因人各有不同，所以，在说话时巧妙地使用手势，更容易给对方留下深刻的印象，令人对你过目不忘。

恰当地运用手势，可以使你的形象更加生动鲜明，但是，手势的使用应该以帮助自己表达思想为准绳，不能过于单调重复，也不能做得过多。反复做一种手势会让人感觉到你的修养不够，有些神经质；不停地做手势，胡乱做手势，更会影响别人对你说话内容的理解。所以，手势要用得恰到好处，有所节制，否则，就会产生适得其反的作用。

2.谈话时利用记事本，让别人做出“你很成功”的判断

也许，你和同事小王每天做同样的工作，拿同样高的薪酬，取得一样的成绩。可是，不知为什么，小王好像就是比你成功，至少，别人是这样以为的，有时，你也会有同感。为什么呢？原来，“成功”不仅是实质的工作、薪酬和成绩，对别人来说，“成功”更加来自你的社交形象，你在社交中能展示“成功”的一些小细节，而在这些细节表现当中，最具效果的，莫过于随时利用记事本这一道具。

与人约定时间时，我们一般会有两种反应：一种是表示什么时间都可以，而另一种则表示要翻一翻记事本，看看哪个时间可以。常常，对于第一种“友好和善”的人，我们会不置可否；而对于“不近人情”的后者，反而印象深刻，认为对方一定是一个业务繁忙的成功人士。

在人们心目中，成功人士都是很忙的，日理万机，所有的日程一般在几天前就已定好，而且由于所见的人物都非同寻常，要处理的也都是重大事项，不能随便更改。所以，如果你有这些细节表现，人们就会认为你很成功、很能干。

事实上，成功人士就算知道自己某一天有空闲，在与人约定时间时，也会掏出记事本装作要确定自己那天是否有时间，以使对方对他的“业务繁忙”“事业成功”产生很深的印象，而且，边看记事本边约定时间，还可以给对方留下做事谨慎、重约守信的好印象。

当我们看到写满姓名、电话、地址及预定行程的记事本时，往往会被它吓一跳，并自然地产生这个人交际很广、工作能力很强的印象。同样，善用这一道具，我们也可以令别人对我们产生这种印象。需要注意的是，要自然随意地拿出，不能过于做作，让别人看出是在“作秀”。

3.令你魅力倍增的说话方式

急事，慢慢地说。

遇到急事，如果能沉下心思考，然后不急不躁地把事情说清楚，会给听者留下稳重、不冲动的印象，从而增加他人对你的信任度。

小事，幽默地说。

尤其是一些善意的提醒，用句玩笑话讲出来，就不会让听者感觉生硬，他们不但会欣然接受你的提醒，还会增强彼此的亲密感。

没把握的事，谨慎地说。

对那些自己没有把握的事情，如果你不说，别人会觉得你虚伪；如果你能措辞严谨地说出来，会让人感到你是个值得信任的人。

没发生的事，不要胡说。

人们最讨厌无事生非的人，如果你从来不随便臆测或胡说没有的事，会让人觉得你为人成熟、有修养，是个做事认真、有责任感的人。

做不到的事，别乱说。

俗话说“没有金刚钻，别揽瓷器活”。不轻易承诺自己做不到的事，会让听者觉得你是一个“言必信，行必果”的人，愿意相信你。

伤害人的事，不能说。

不轻易用言语伤害别人，尤其在较为亲近的人之间，不说伤害人的话。这会让他们觉得你是个善良的人，有助于维系和增进感情。

伤心的事，不要见人就说。

人在伤心时，都有倾诉的欲望，但如果见人就说，很容易使听者心理压力过大，对你产生怀疑和疏远。同时，你还会给人留下不为他人着想，想把痛苦转嫁给他人的印象。

别人的事，小心地说。

人与人之间都需要安全距离，不轻易评论和传播别人的事，会给人交往的安全感。

自己的事，听别人怎么说。

自己的事情要多听听局外人的看法，一则可以给人以谦虚的印象，二则会让人觉得你是个明事理的人。

尊长的事，多听少说。

年长的人往往不喜欢年轻人对自己的事发表太多的评论，如果年轻人说得过多，他们就觉得你不是一个尊敬长辈、谦虚好学的人。

4.令你魅力倍增的说话主题

谈谈梦想。假如你对别人说："我希望将来能住在国外，最好在澳大利亚买一个农场……"虽然有人会觉得你幼稚无知，但多数人都会觉得你天真可爱，充满了浪漫的生活情趣。

假如你的梦想不只是超现实的幻想，而且是你的人生目标和事业规划，那别人就会觉得你这个人不同寻常，拥有远大目标，总有一天会梦想成真、出人头地。而且，与有梦想的人在一起，人们也会感染他们的积极、乐观和热情，因此，也会乐于和他们接近、交往。

来点幽默。具有幽默感，不仅能给你的事业带来极大的好处，而且会使你的形象更有魅力。幽默可以消除紧张情绪，创造一种轻松愉快的工作氛围，从而使你的事业更为成功。它同样也是塑造完美社交形象的一个因素，每当面临人际选择时，绝大多数人都愿意与那些有幽默感的人打交道。

在当今社会中，竞争异常激烈，人际关系日趋复杂，人们的压力和紧张情绪比任何时候都明显，许多人灰心丧气、心情抑郁。这个时候，幽默感就显得越来越重要。如果你天生就有幽默感，那一定要发扬它，这会令你的社交魅力倍增，人们因此乐于与你共事。

第十一篇

笑融僵局，幽默的语言惹人爱

言语多点幽默，让话语变有趣

幽默是运用意味深长的诙谐语言抒发情感、传递信息，以引起听众的快慰和兴趣，从而感化听众、启迪听众的一种艺术手法。如果我们的言语中能多点幽默，那么我们所说的话将会更加有趣，会吸引更多的人。

一位著名的作家曾经说过：生活中没有哲学还可以活下去，然而没有幽默的话，恐怕只有愚蠢的人才能生存。幽默是一个人的各种学识、才华、智慧在语言中的集中闪现，是一种“能抓住可笑或诙谐想象的能力”，它是对社会上种种不协调、不合理的荒谬、偏差、弊端、矛盾实质的揭示和对某些反常规言行的描述。幽默的语言可以使我们内心的紧张和重压释放出来，化作轻松的一笑。在沟通中，幽默的语言如同润滑剂，可有效地降低人与人之间的“摩擦系数”，化解冲突和矛盾，并能使我们从容地摆脱沟通中可能遇到的困境。

有一对夫妇带着一个6岁的孩子去租房，他们看中了一处房子，可房东不肯将房子租给他们。原因是她喜欢安静，从不将房子租给有孩子的人。夫妇交涉无果，于是6岁的孩子对房东说：“您可将房子租给我呀，我没有孩子，只有爸爸妈妈。”房东真的把房子租给了他们。孩子从成人的视角看问题，构成了独特的趣味思维形式，让人感受到一种自然天成的天真情趣。

由此看来，幽默不是故作天真，而是从多重视角去透视事情或问题，并找出其中富有情趣的一面，对其进行凸现化、集中化的语言处理，从而化紧张、严肃为轻松、谐趣。幽默是人们适应环境的工具，是人类面临困境时减轻心理压力的方法之一。契诃夫说过："不懂得开玩笑的人，是没有希望的人。"可见，生活中每个人都应当学会幽默。多一点幽默感，就会少一点气急败坏，少一点偏执极端。

幽默可以淡化人的消极情绪，消除沮丧与痛苦。具有幽默感的人，其生活充满情趣，许多看来令人痛苦烦恼之事，他们却应付得轻松自如。用幽默来处理烦恼与矛盾，会使人感到和谐愉快，友好幸福。那么，怎样使语言富有幽默感呢？不妨试试以下几种方法：

1.颠倒成趣

把正常的人物关系，或者动机与效果在一定条件下互换位置。

曾风靡一时的舞蹈家邓肯写信向幽默大师萧伯纳求爱，她在信中说："如果我俩结合，生下的孩子，既有我美丽的外表，又有你睿智的头脑，这该多妙呀！"萧伯纳却风趣地回信说："如果孩子的外表像我，头脑却像你，那该有多糟啊！"

2.移花接木

把在某种场合下十分恰当的情节或语言，移植到另一迥然不同的场合中，达到张冠李戴、"荒唐"可笑的幽默效果。

生物学家格瓦列夫在一次讲课中，一位学生突然学起鸡叫，引起一片哄笑。格瓦列夫却不动声色地看了下自己的挂表说："我这只表误时了，没想到现在已是凌晨。不过，请同学们相信我的话，公鸡报晓是低等动物的一种本能。"

3.故意卖关子

首先故意提出一个容易使人产生误解的结论，然后再做出一个出人意料的分析和解释。

作家柯南·道尔在罗马时，一次乘坐出租车去旅馆，途中两人聊了起来。司机问："你是柯南·道尔先生吗？"

"你怎么知道我的名字？"柯南·道尔奇怪地问道。

"啊，简单得很，你是在罗马车站上车的，你的穿着是英国式的，你的口袋里露出一本侦探小说来。"

"太了不起了！"柯南·道尔叫起来，他很惊奇在意大利会碰到第二个"福尔摩斯"。他习惯地问一句："你还看到其他什么痕迹没有？"

"没有，没有别的，除了在你皮箱上我还看到你的名字外。"

可见，司机故意卖关子，先让柯南·道尔误以为他是第二个"福尔摩斯"，然后，司机再出乎意料地解释，造成强烈的幽默感。

4.巧设悬念

当你叙述某件趣事的时候，不要急于讲出结果，应当沉住气，给听众营造一种悬念。假如你迫不及待地把结果讲出来，或通过表情动作的变化透露出来，幽默便会失去效力，只能让人感到扫兴。

美国有个倒卖香烟的商人到法国做生意。一天，他在巴黎的一个集市上大谈抽烟的好处。突然，从听众中走出一位老人，径直走到台前，那位商人吃了一惊。

老人在台前站定后，便大声说道："女士们，先生们，对于抽烟的好处，除了这位先生讲的以外，还有三大好处哩！"美国商人一听这话，连连向老人道谢："谢谢您了，先生，看您相貌不凡，肯定是位学识渊博的老人，请您把抽烟的三大好处当众讲讲吧！"老人微微一笑，说道："第一，狗害怕抽烟的人，一见就逃。"台下听众一片轰动，商人不由得心里暗暗高兴。"第二，小偷不敢偷抽烟者的东西。"台下听众连连称奇，商人更加高兴。"第三，抽烟的人永不老。"台下听众惊诧不已，商人更加喜不自禁，听众中要求解释的声音一浪高过一浪。老人把手一摆，说道："请安静，我给大家解释！"商人格外振奋，催促老人快说："老先生，请您快讲！""第一，抽烟之人驼背的多，狗一见到他认为是在弯腰拾石头打它，能不害怕吗？"台下听众笑出了声，商人心里一惊。"第二，抽烟的人夜里爱咳嗽，小偷以为他没睡着，所以不敢去偷。"台下听众一阵大笑，商人大汗直冒。"第三，抽烟人短命，所以没有机会衰老。"台下听众哄堂大笑。此时，大家发现商人不知什么时候溜走了。

这则幽默一波三折，层层推进，老人在把听众的胃口吊得足够"高"时，才不慌不忙地把真实意思表达出来。这就是巧设悬念的魅力。

在与别人交往时难免会发生一些不必要的磨擦。如果此时从容地开个玩笑，紧张的气氛就能得以缓解，而且对方还会被你的魅力所吸引，被你的宽广胸怀所感动，最后真正乐意地接受你。

幽默是一种智慧的表现，它必须建立在拥有丰富知识的基础上。一个人只有具备审时度势的能力、广博的知识，才能做到谈吐幽默，妙言成趣。因此，要培养幽默感必须不断充实自我，不断从浩如烟海的书籍中汲取幽默的智慧。

用幽默巧解纠纷

幽默而风趣的语言能使当事人体会到说话之人的温和及善意，拉近人与人之间的距离，进而化解纠纷。

人与人之间发生争吵在所难免，一旦有了纷争，即使认为自己在理，也应避免过分地数落、指责别人。这时，最好的方式是用调侃、幽默的语言，轻松浇灭对方的怒气，化解纠纷。

妻子虚荣心很重，当夫妻商量出席友人的婚礼时，她缠着丈夫要买一种昂贵

的花帽。此时家里正闹经济危机，丈夫自然不答应花这笔钱。争吵中妻子赌气地说："你看人家小金的爱人多大方，早就给自己的夫人买了这种花帽，哪像你，小气鬼！"

丈夫不愿争论，只是故意夸张地说："可是，她有你这样漂亮吗？我敢说，她要是也有你这么美，根本就不用买帽子装饰了，你说是吗？"妻子一听笑了，一场争吵也随之止息了。

善用幽默而风趣的语言，往往可以化解纠纷。面对剑拔弩张、针锋相对的当事人，自然得体的风趣言语，往往能调节紧张气氛，避免矛盾激化。

一对中年夫妇婚后近十年双方关系一直不错。但最近在社交应酬问题上，两人发生了矛盾，谁也说服不了谁，面临着离婚的危机。在领导和亲朋好友的劝导和说服下，两人终于心平气和地坐下来相互"交心"，但谁也不愿公开认错，最后还是男方终于先开了口，说："我们是在斗争中求团结、求生存、求发展的。今天，能进入这样一个和平民主、共同协商的新阶段，是我们双方努力的结果，是大家积极促成的结果，它实在来之不易啊！"女方就势接过话头说："是啊！正因为它来之不易，所以我们要倍加珍惜今天这个

安定团结的大好局面！”夫妻两人就这样在亦庄亦谐、妙趣横生的对话中言归于好了。

采用幽默的方式把话说出来，能够缓和当事人心中的不满情绪和现场剑拔弩张的紧张气氛，使其较容易接受幽默的劝解，大事化小，小事化了，矛盾纠纷便可以迎刃而解了。

善用调侃，让自己获得好人缘

拥有好人缘，未必要比他人多付出多少艰辛，未必给他人多少好处。好人缘是在日常生活中通过各种方式不断沉淀和积累而来的，适当的调侃是让自己获得好人缘的有效手段之一。

幽默是人的天性，没有人不向往愉悦的生活。当遇到不如意时，会调侃的人更懂得如何调节。当受到不公平待遇时，他们即使心情郁闷到极点，也会通过独有的幽默和调侃的语言给人传递出快乐的信息。这样的人乐天且幽默，对生活充满激情，浑身洋溢着一种能使人愉悦的气场。

在机关单位上班的老陈人缘极好，无论是领导还是同事，只要提到老陈，没有人会说他的不好。

老陈是个大胖子，行动不便，可是他从未因为胖而自卑。一次，办公室的同事们趁午休的空当闲聊，说到了“胖”这个话题。性格开朗的老陈对同事们说：“你们信不信，其实我是个极具亲和力的男人。当在公交车上让座时，我完全能够让两位老人或三位身材苗条的女士坐下。”老陈的一席话博得在座的同事哈哈大笑，这种轻松愉快的自我调侃表现出他非凡的亲和力。老陈的谈吐给同事们带来了轻松感，使交谈的氛围更加和谐融洽。

其实，适当的调侃不但能在日常社交中起到催化剂的作用，让你获得好人缘，还能帮你获得意想不到的收获呢！

紫欣是个性格挑剔而又感性的女孩，大学毕业后交往过几个男朋友，结果都无疾而终，这令家人和朋友都很不理解。在众人的期盼之下，紫欣终于宣布了自己即将结婚的消息！

结婚那天，紫欣的好多亲友都来了，看着她幸福的样子，好朋友们禁不住问她："你丈夫到底有什么好，能让你义无反顾地选择了他？"因为朋友们都知道，紫欣的丈夫并不是众多追求者中的佼佼者，他既不是最帅的，也不是最有能力的，而紫欣却毅然地接受了他的求婚。紫欣嫣然一笑，说道："其实没有什么特别的，只是和他在一起我觉得很快乐，无论遇到什么情况，他都能用他那恰到好处的幽默来逗我笑！"

原来如此。新郎以幽默的调侃赢得美人的芳心，"侃"到爱人，"侃"出好姻缘。

调侃可以为我们带来正面效应，但我们不要就此认为只要是调侃都会收到理想的效果。适当的调侃的确可以为平淡的生活带来一份美意、一丝涟漪，让生活变得不无聊。但是，调侃千万不能过度，肆无忌惮的调侃会让人觉得自己是在被人开涮，会让人产生误会，更别说获得对方的好感和认可了。

所以，要把握好调侃的度。调侃要分时间、分场合，最重要的是要注意被调侃的对象，说话要分轻重，这样才能避免过度调侃而引发的不快。

出其不意，用幽默制胜

面对别人的指责或挑剔时，出其不意地运用幽默的语言进行反驳，可以扭转不利的局势，化解尴尬的局面。

利用幽默出奇制胜，往往会使你的语言更有说服力，达到奇妙的沟通效果。

德国诗人歌德，有一天在公园里散步。在一条只能通过一个人的小道上，他迎面遇到了一个曾经对他的作品提出过尖锐批评的评论家。这位评论家高声喊道："我从来不给傻子让路！"

"而我则相反！"歌德一边说，一边满面笑容地让路。

歌德运用幽默战术，出其不意地将了对方一军，达到了"反败为胜"的目的。

有一条狗疯狂地向一个农夫扑去，农夫忍无可忍，用粪叉打死了那条狗。于是狗的主人将农夫告到法院，要农夫赔偿损失。法官说："你要是把叉子倒过来，用没有尖刺的那一头，不就没有这事了吗？"

农夫回答说："您说得对，法官先生，要是那狗倒着向我扑过来，我会那样做的！"结果农夫被宣判无罪。

农夫在法庭上遇到急迫而又棘手的问题时，他随机应变，以一句幽默的话使自己立于不败之地。

一个顾客在酒店喝酒，他喝完第二杯后，转身问老板："你一星期能卖多少桶啤酒？"

"35桶。"老板得意扬扬地回答。

"那么，"顾客说，"我倒想出一个能使你每星期卖掉70桶啤酒的方法。"

老板很惊讶，忙问："什么方法？"

"这很简单，只要你将每个杯子里的啤酒装满就行了。"

这位顾客的本意是指责老板卖的啤酒只有半杯，但他利用老板"唯利是图"的心理，设下一个"圈套"，让老板不知不觉地钻了进去，巧妙地指责了老板的恶劣行为。

有一位绅士正在餐馆里进餐，忽然发现菜汤里有一只苍蝇。他扬手招来侍者，冷冷地说道："请问，这小东西在我的汤里干什么？"在这种情况下，无论侍者如何解释、道歉，都只能受到尖锐的批评，甚至会引起顾客更大的愤怒。但是，幽默帮了他的忙，把他从困境中解救出来，使气氛得以缓和。侍者弯下腰，仔细看了半天，回答道："先生，它是在仰泳！"

餐馆里的顾客被逗得捧腹大笑。

恰当使用幽默不但让人愉快，还能扭转不利的局势，化解尴尬的局面。

拿自己开玩笑

犯了错误或者身陷尴尬境地时，不妨自我嘲笑一下，你的失误将随着笑声消减，而你也在他人的心中留下了豁达可爱的形象。

如果你用风趣的思想，轻松地面对自己，你便会发现自己可以完完全全地接受自己的身高、体重或其他身体特征；你也会发现幽默能帮你以新的眼光去看你对经济的忧虑。也许你无法得到真诚的爱，但是你能使你的人际关系充满温暖和谐——与人分享欢乐，甚至和仅仅有一面之缘的人也会有很好的关系。

自嘲是自己对自己幽默，是消除自己在沟通中胆怯的良方。

自嘲是运用戏谑的语言，向别人暴露自身的缺点、缺陷与不幸，说得俗一些，就是把脸上的灰指给对方看。

自嘲有着独到的表达功能以及实用价值。

正如人们喜欢谈论一些关于别人的笑话一样，在适当的时候，也要拿自己开开玩笑，要善于自嘲。

美国著名的律师乔特是最善于讲关于自己笑话的人。有一次，哥伦比亚大学的校长蒲特勒在请他作演讲时，曾极力称赞他，说他是“我们的第一国民”。

这实在是一个卖弄自己的绝好机会。他可以自傲地站起来，一副得意扬扬的神气，仿佛是要对听众说：“你们看，第一国民要对你们演讲了。”

但是聪明的乔特并没有如此。他似乎对这种称赞充耳不闻，却转而调侃自己的“无知”。这种自嘲很快博得了听众的好感。

他说：“你们的校长刚才偶然说了一个词，我有点听不太懂。他说什么‘第一国民’，我想他一定是指莎士比亚戏剧里的什么国民。我想，你们的校长一定是个莎士比亚专家，研究莎士比亚很有心得，当时他一定是想到莎士比亚了。诸位都知道，在莎氏的许多戏剧中，‘国民’不过是舞台的装饰品，如第一国民、第二国民、第三国民等。每个国民都很少说话，就是说那一点点话，也说得不太好。他们彼此都差不多，就是把各个国民的号数彼此调换，别人也根本看不出有什么分别的。”

这实在是一种非常聪明的方法，它使自己与听众居于同等的地位，拉近了自己与听众的距离。他不想停留在蒲特勒所抬举的那种高高在上的地位上。如果他换一种说法，用庄重一点的言辞，比如，“你们校长称我为第一国民，他的意思不过是说我是舞台上的一个无用的装饰品而已。”虽然表达的意思是一样的，但是绝对不能把那种礼节性的赞词变为一种轻松的笑话，也绝对不会取得那样的效果。

无论是在一帮很好的朋友中，还是在一大群听众中，能够想出一些关于自己的笑话，能够适当地自嘲，是赢得别人尊敬与理解的重要方法，远远要比开别人玩笑重要得多。拿自己开玩笑，可以使我们对世事抱有一种健全的态度，因为如果我们能与别人平等地相待，就可以为自己赢得不少的朋友。相反，如果我们为显示自己是怎样的聪明，而拿别人开玩笑，以牺牲别人来抬高自己，那我们一生一世也难以交到一个朋友，更不用说距离成功有多遥远了。

成功的人士从不试图掩饰自己的弱点，相反，有时他们会拿自己的弱点开开玩笑。而现实生活中，我们却经常可以遇到一些专喜欢遮掩自己弱点的人，他们也许脸上有些缺陷，也许所受教育太少，也许举止粗鲁，他们总要想出方法来掩饰，不让别人知道。但这样做以后，他们却于无形中背弃了诚恳的态度，毫无疑问，与之交往的朋友会对他们形成一种不诚恳的印象，这会使人们不敢再与他们交往。

世界上最不幸的就是那些既缺乏机智又不诚恳的人。很多人常常自以为很幽默，经常喜欢拿别人开玩笑，处处表现出小聪明，结果弄得与他们交往的人不敢再信任他们，以前的朋友也会敬而远之，纷纷躲避。

适当地拿自己开玩笑，这不仅是一种机智，更是驱散忧虑、走向成功的法宝。

第十二篇

拒绝的语言要委婉

搬起他的石头砸他的脚

在寻求拒绝的技巧过程中，要知道，拒绝对方的最有力武器，往往是对方自身。

在交际过程中，当自己处于不利态势，为了寻找转机，加强己方的立场，也需要找借口拒绝对方。这时，如果你能灵活机智地用对方的话来拒绝对方，就能使对方不再坚持，从而达到自己拒绝对方的目的。

有一次，萧伯纳的脊椎骨出了毛病，需从脚上取一块骨头来补脊椎的缺损。手术做完后，医生想多捞一点手术费，便说：

“萧伯纳先生，这是我们从来没有做过的新手术啊！”

萧伯纳当然听出了医生的言外之意，但向病人收取额外的手术费，显然是不合规定的，萧伯纳不愿意再给医生“塞红包”，但又不便明确拒绝，便装傻卖愚地顺着另一层意思说下去：

“这好极了！请问你们打算支付给我多少试验费呢？”

医生顿时窘住，只好讪讪离开。萧伯纳的思维是：既然你要强调这是从来没有做过的新手术，那我的身体便变成试验品了！萧伯纳合理地从对方的话里引出了一个合乎逻辑的相反结论，巧踢“回传球”，让对方哑巴吃黄连——有苦说不出。

有很多的问题，我们还可以巧妙地把对方设置在同样的情景，以此来引诱对方作出判断，从而让对方明白自己的处境或意思，巧妙地拒绝对方的要求。

有一个这样的例子：

有一次，一个人问艾森豪威尔将军一个有关军事机密的问题，艾森豪威尔将军做耳语状说：“这是一个机密问题，你能替我保密吗？”于是那个人就连忙说道：“我一定能！”艾森豪威尔将军则回答道：“那我同样也能！”

这样的例子在我们的日常生活中也屡见不鲜。

小李从一个朋友那里借了一架照相机，他一边走一边摆弄着，这时刚好小赵迎面走来了。他知道小赵有个毛病：见了熟人有好玩的东西，非得借去玩几天不可。这次看见了他手中的照相机又非借不可了。尽管小李百般说明情况，小赵依然不肯放过。小李灵机一动，故作姿态地说：“好吧，我可以借给你，不过我要你不要借给别人，你做得到吗？”小赵一听，正合自己的意思。他连忙说：“当然，当然，我一

定做到。”“绝不失信？”小赵还追加一句说：“失信还能叫做人？”小李斩钉截铁地说：“我也不能失信，因为我也答应过别人，这个照相机绝不外借。”听到这，小赵也是目瞪口呆了，这件事也只有这样算了。

通过设问，抛砖引玉，以对方的回答作为拒绝依据，使对方就此作罢。因为通常人不会出尔反尔，自我推翻。

小陈是小杨的一个好朋友。有一天，小陈来到小杨的单位，找小杨帮他一件事：为他的未婚妻报仇。原来小陈的未婚妻被车间主任欺侮了，小陈发誓要为未婚妻报仇，而且还买了一把锋利的弹簧刀，想杀掉那个车间主任，但考虑到车间主任人高马大，自己一个人对付不了他，于是就想请小杨帮忙。小杨听后，心中很明白，尽管那个车间主任不是好东西，应该教训教训他，但如果感情用事，将他杀了，那是会犯罪的。因此，小杨决定拒绝小陈，也不能让他办错事。他问小陈：“你爱你的未婚妻吗？”

“爱，当然爱，如果不爱我才不管这事呢。”小陈回答说。

“这就好，爱一个人不容易，真正爱上一个人，是不管她遇上多么大的不幸，都会永远爱她，相反，在她遇到不幸时还要帮她解脱出来。如果你将主任杀了，只是感情用事，并不是爱她，这是在伤害她，使她更伤心。她也不会为此而感谢你，相反会恨你。坏人总是要受到惩处的，这要靠法律。车间主任的行为是犯法的。这样吧，我帮你和你的未婚妻运用法律的手段来惩处车间主任吧，我相信，法律会给你们一个满意的答复的。”

小陈听了小杨的一番话，放弃了报仇的想法，最终运用法律惩处了那位车间主任。而小陈也非常感谢小杨对他的帮助。

小杨先得到一个肯定的答案：小陈爱自己的未婚妻。既然是爱，那就应该采取一种正确的态度和方式来帮她摆脱困境。然后小杨透彻地阐释了什么才是真正的爱，如果小陈还不放弃报仇的想法，那就说明他并不爱自己的未婚妻。因此，小陈只好放弃了找小杨协助犯罪的念头。

在寻求拒绝技巧的过程中，要知道，拒绝对方的最有力武器，往往是对方自身。我们应该懂得引导对方的谈话，从对方口中拿到自己拒绝对方的理由。

师出有名，给你做的每件事一个说法

很多时候，我们需要为自己所做的事找一个借口，这样，我们所做的事才更容易得到别人的认同。

做任何事情都要有正当的理由，至少是表面上的。古往今来，凡是成大事的人，都懂得为自己做的事找一个能够为人所接受的借口。

人与人交往，我们有时难免要借助善意的借口、美丽的谎言，这对人际关系的和谐大有裨益。如果我们懂得运用这种真诚和善意来处理相互间的关系，我们与他人的交往便更具艺术性。

戴尔·卡耐基在《人性的弱点》一书中，有这样一个例子：

一个妇女应老师的要求，回到家中请她的丈夫给自己列出六项缺点。本来，她丈夫可以给她列举出许多缺点，但是，他却没有这样做。而是借口说自己一时还很难想清楚，等次日想好后再告诉她。第二天，他一起床，便给花店打了一个电话，要求给他家送来六朵玫瑰花，并附了一张字条："我想不出有哪六项缺点，我就喜欢你现在的样子。"结果，他妻子不仅非常感激他那善意的宽容，而且自觉、自愿地改正了以前的缺点。

日常交往中，我们每个人都在有意、无意地用着这样或那样的借口。比如，朋友来家做客，不小心打碎了茶杯，这时，你马上会说："不要紧，你才打碎了一只，我爱人曾经打碎了三只。相比起来，你的战绩平平。"这种幽默的借口，既打破了尴尬的局面，也避免了对方陷入难堪的境地。

可见，在日常生活中，要处理好人与

人之间的关系，做到善解人意、与人为善，有时就需要寻找合适的借口，因为这种善意的借口既能保护对方的自尊心，维护对方的颜面，又可以让自己摆脱不必要的尴尬和难堪。

对领导要这样拒绝

领导委托你做某事时，你要善加考虑，这件事自己是否能胜任？是否违背自己的意愿？然后再作决定。

如果只是为了一时的情面，即使是无法做到的事也接受下来，这种人的心似乎太软。纵使是很照顾自己的领导委托你办事，但自觉实在是做不到，你就应该很明确地表明态度，说："对不起！我不能接受。"这才是真正有勇气的人。否则，你就会误大事。

如果你认为这是领导拜托你的事不便拒绝，或因拒绝了领导会使其不悦而接受下来，那么，此后你的处境就会很艰难。因畏惧领导报复而勉强答应，答应后又感到懊悔时，就太迟了。

领导所说的话有违道理，你可以断然地驳斥，这才是保护自己之道。假使领导欲强迫你接受无理的难题，这种领导便不可靠，你更不能接受。

尽管部下是隶属于领导的，但部下也有他独立的人格，不能什么事不分善恶是非都服从。倘若你的领导以往曾帮过你很多忙，而今他要委托你做无理或不恰当的事，你更应该毅然地拒绝，这对领导来说是好的，对自己也是负责的。

当然，拒绝领导的要求不是一件容易的事。谁都不敢因此而得罪领导。因为领导有可能掌握你一生的前程。然而，如果你知道一些拒绝领导的技巧，就能两全其美，既不得罪领导，又可以表明拒绝之意。不过要强调的是，这些技巧仅限于拒绝领导的非合理要求。

当领导提出一件让你难以做到的事时，如果你直言答复做不到时，可能会让领导颜面有损，这时，你不妨说出一件与此类似的事情，让领导自觉问题的难度而自动放弃这个要求。

当上司要求你做违法的事或违背良心的事时，你要平静地解释你对他的要求感到不安，你也可以坚定地对上司说："你可以解雇我，也可以放弃要求，因为我不能泄漏这些资料。"如果你幸运，老板会自知理亏并知难而退；反之，你可能会授人以柄。但假若你不能坚持自身的观点，不能坚持一定的准则，那只会迷失自己，最终会影响工作的成绩，甚至断送自己的前途。

当上司器重你并将你连升两级，但那职务并不是你想从事的工作时，你可以表示要考虑几天，然后慢慢解释你为何不适合这工作，再给他一个两全其美的解决方法："我很感激你的器重，但我正全心全意发展营销工作，我想为公司付出我的最佳潜能和技巧，集中建立顾客网络。"正面地讨论，可以使你被视为一个注重团体精神和有主见的人。

当领导提出某种要求而属下又无法满足时，设法造成属下已尽全力的错觉，让领导自动放弃其要求，这也是一种好方法。

比如，当领导提出不能满足的要求后，就可采取下列步骤先答复："您的意见我懂了，请放心，我保证全力以赴去做。”过几天，再汇报：“这几天×××因急事出差，等下星期回来，我再立即报告他。”又过几天，再告诉领导：“您的要求我已转告×××了，他答应在公司会议上认真地讨论。”尽管事情最后不了了之，但你也会给领导留下好印象，因为你已尽力而为，领导也就不会再怪罪你了。

通常情况下，人们对自己提出的要求，总是念念不忘。但如果长时间得不到回音，就会认为对方不重视自己的问题，反感、不满由此而生。相反，即使不能满足领导的要求，只要能做出些样子，对方就不会抱怨，甚至会对你心存感激，主动撤回已让你为难的要求。

你也可以利用群体掩饰自己说“不”，这不失为一大妙招。

例如，你被领导要求做某一件事时，其实很想拒绝，可是又说不出来，这时候，你不妨拜托两位同事和你一起到领导那里去，这并非所谓的三人战术，而是依靠群体替你作掩护来说“不”。

首先，商量好谁是赞成的那一方，谁是反对的那一方，然后在领导面前争论。等到争论一会儿后，你再出面含蓄地说“原来如此，那可能太牵强了”，而靠向反对的那一方。

这样一来，你可以不必直接向领导说“不”，就能表明自己的态度。这种方法会给人“你们是经过激烈讨论后，绞尽脑汁才下结论”的印象，而包括领导在内的全体人士都不会有哪一方受到伤害的感觉，从而领导会很自然地自动放弃对你的命令。

对于超负荷工作的要求，你即使是力不能及，也不能马上面露难色。不妨先动起手来做，让事实来证明领导的要求是不可能达到的。

下面是发生在职场中的一件事情：

“小康，请你今晚把这一叠讲义抄一遍。”经理指着厚厚一叠稿纸对秘书小康说。小康听到此言，面对讲义，面露难色，说：“这么多，抄得完吗？”“抄不完吗？那请你另觅轻松的去处吧！”也许经理正在气头上，于是小康被“炒了鱿鱼”。

小康的被“炒”实在令人惋惜。像她这样生硬直接地拒绝上司的要求，给上司的感觉是她在对抗，不服从指示，因而扫了上司的威信，被“炒”也就难免了。其实，她可以处理得更灵活些。她不妨这样，立即搬过那一堆稿子埋头就抄起来，过一两个小时后，把抄好了的稿子交给经理，再委婉地表示自己的困难，那么经理肯定会很满足于自己说话的威力，并意识到自己的要求的不合理处，而延长时限。小康就不至于被解雇。

拒绝上司必须把握以下3点。

1.要有充分的拒绝理由

首先设身处地，表明自己对这项工作的重视；然后再表明自己的遗憾，具体说明自己为什么不能接受。例如说：“我有件紧急工作，必须在这两天赶出来。”充足的理由、诚恳的态度一定能取得上司的理解。

2.不可一味地拒绝

尽管你拒绝的理由冠冕堂皇，但是上司也许仍坚持非你不行。这时，你便不能一味地拒绝，否则，上司可能会以为你是在推脱，从而怀疑你的工作干劲和能力，以致失去对你的信任，在以后的工作中，会有意无意地使你与机会失之交臂。

3.提出合理的接替方法

对上司所交代的事，你不能接受，又无法拒绝，这时，你可得仔细考虑，千万不可怒气冲天，拂袖而去。你可以与上司共商对策，或者说："既然这样，那么过两天，等我手头的工作告一段落，就开始做，你看怎么样？"你也可以向上司推荐一位能力相当的人，同时表示自己一定会去给他出点子、提建议。这样，你一定能进一步地赢得上司的理解和信任，也会为你以后的工作、生活铺开一条平坦的大道，因为上司也和你一样是个普普通通、有血有肉、有感情，也当过职员的人。

把握好以上要点，才能不让自己难堪，也不会失去上司的信任。

幽默拒绝很管用

用幽默的方法拒绝别人，既可以缓解紧张的氛围，又不会影响彼此的友谊。

玛丽抱怨她的丈夫说："你看邻居W先生，每次出门都要吻他的妻子，你就不能做到这一点吗？"丈夫说："当然可以，不过我目前跟W太太还不太熟。"

玛丽的本意是要她的丈夫在每次出门前吻自己，而丈夫却有意地曲解为让他吻W太太，委婉地表达了自己不愿意那样做的本意。

直接拒绝别人很容易伤害对方，甚至造成许多误解，破坏彼此间的友谊。但是，利用幽默，巧妙拒绝，却能使很多问题迎刃而解。

在工作当中，如果不懂得拒绝的技巧，往往会吃亏上当。下面的例子很有借鉴意义。

大个子瑞克是一位被公司冷落的老主任。有一天，某部门经理拍着他的肩膀说：“瑞克，你看是不是要早日把你的职位让给年轻人？”

“好啊！就这么办！”

“唉？你愿意？”

“是啊！不过俗话说，‘鸟去不浊池’，所以我有一个请求，希望能让我把正在进行的工作彻底做好再走。”

“哦！这是理所当然的。不过，你那个工作预计什么时候可以完成呢？”

“我想，大概还要10年。”

在拒绝别人时，采用幽默的方式不但不会伤害到对方，而且还可以避免不必要的尴尬。

第十三篇

有理也要让三分，人人希望有台阶下

体贴别人，给对方台阶下

善于交际的人在交谈中懂得给别人留情面，有时候还会巧装糊涂，体贴别人，给对方一个台阶下。

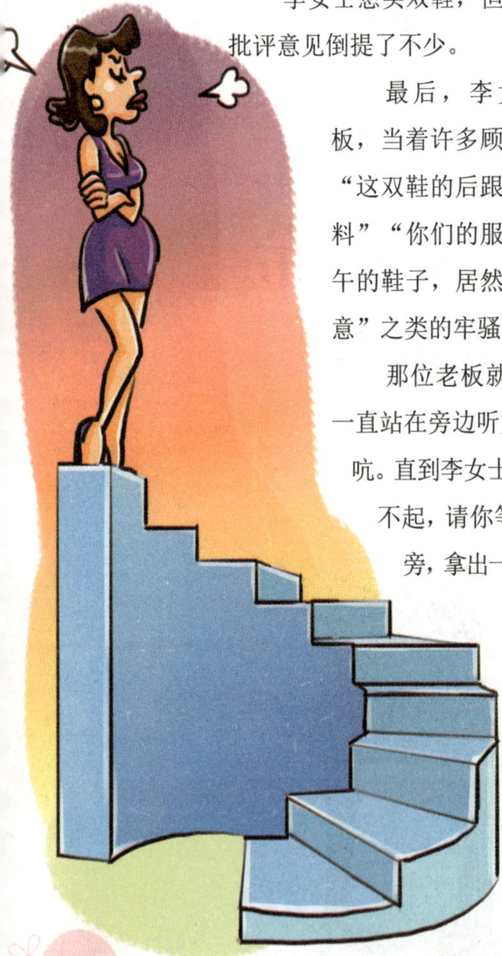

李女士想买双鞋，但一个下午都没挑到满意的，批评意见倒提了不少。

最后，李女士干脆请售货员找来老板，当着许多顾客的面滔滔不绝地说一些如“这双鞋的后跟太高了”“我不喜欢这种皮料”“你们的服务态度真不好，我选了一下午的鞋子，居然没有一个人过来帮我出点主意”之类的牢骚话。

那位老板就像一名听话的小学生一样，一直站在旁边听她发表“高论”，一声都没有吭。直到李女士说完，老板才缓缓地说：“对不起，请你等一会儿。”然后便走到鞋架旁，拿出一双鞋摆在李女士面前说：“我想这双鞋最能衬托你的气质。”

李女士半信半疑地将鞋穿上，结果不但大小合适，而且颜色、样式都令她十分满意。

于是李女士满意地

说：“这双鞋好像是专门为我定做的一样。”最后高高兴兴地付款离开。

做生意，人们都知道秉持“顾客至上”的信条。一般而言，无论顾客说什么，你都不可以反驳，除非顾客有侮辱你人格的地方，否则你就应该像那位鞋店老板一样听她说话，然后再发表你的意见。这位鞋店老板十分懂得顾客的这种心理，也知道用什么话“攻”她的心。

因此，遇到这类不讲理或专门找麻烦的人，不妨学着鞋店老板“顺水推舟”，而不是发脾气或没耐心地应付。

善于交际的人在交谈中懂得给别人留情面，有时候还会巧装糊涂，给对方一个台阶下。因为他们知道，含蓄的言语比犀利的话语更能打动对方的心，从而让对方“软化”。

给人情面，不要咄咄逼人

与人交往，要懂得给人留情面，即使自己有理，也不要咄咄逼人。

失败的人常犯的毛病是：自以为是，逮到机会就指手画脚，把别人批评得脸一阵红一阵白，自己则大呼痛快。其实，这样做最终会让自己吃苦头。事实上，给人面子并不难。尤其是一些无关紧要的事，你更要学会给人面子。

宋朝宰相韩琦在带兵期间，有一天晚上批阅公文到夜深。那位为他举烛的卫兵实在太困了，不小心将韩琦的头发烧掉了一绺。韩琦只是摸了摸头发，一言未发，继续批阅公文。过了一会，他抬头一看发现卫兵换了人，才意识到刚才那个卫兵已被卫队长责罚了。他忙走出去，对卫队长说："他已经知道怎样拿蜡烛了，不要惩罚他。"还好言安慰那位卫兵。

还有一次，韩琦宴请下级官吏，并拿出一个玉杯请大家欣赏。这玉杯价值连城，韩琦十分珍视。不料，一位下级官员喝醉了，不小心将玉杯碰落在地。这位官员吓得酒都醒了，跪在地上连称"死罪"。谁知，韩琦只是淡淡地说："大凡宝物，该有它时它就来了，不该有它时它就走了。天数如此，这不是你的错。"经此一事，朝中上下无不传颂韩琦的度量。

稍加留意，我们就会发现，越是地位崇高的人，越是谦虚待人，处处照顾别人的面子。

与人交往，一定要学会照顾别人的情面，千万不要咄咄逼人。咄咄逼人只会让人厌恶，让人产生刻薄的印象。没有人愿意跟刻薄的人交往。

切忌跟人发生**正面冲突**

天底下只有一种能在争论中获胜的方式，就是避免争论。

第二次世界大战刚结束的一天晚上，戴尔·卡耐基在伦敦得到了一个极有价值的教训。当时他是罗斯·史密斯爵士的经纪人。二战期间，史密斯爵士曾任澳大利亚空军战斗机飞行员，被派往巴勒斯坦工作。欧战胜利缔结和约后不久，他以30天旅行半个地球的壮举震惊了全世界，没有人完成过这项壮举，这引起了很大的轰动。澳大利亚政府颁发给他50万美元奖

金，英国国王授予了他爵位。有一天晚上，卡耐基参加了为推崇史密斯爵士而举行的宴会。宴席中，坐在卡耐基右边的一位先生讲了一段幽默故事，并引出了一句话，意思是“谋事在人，成事在天”。他说那句话出自《圣经》，但他错了。卡耐基知道，并且很肯定地知道出处。为了表现自己，卡耐基很讨嫌地纠正他。那位先生立刻反唇相讥：“什么？出自莎士比亚？不可能，绝对不可能！那句话出自《圣经》。”他自信确定如此！

那位先生坐在戴尔·卡耐基右首，老朋友弗兰克·格蒙在卡耐基左首，格蒙研究莎士比亚的著作已有多年。于是，卡耐基和那位先生都同意向他请教。格蒙听了，在桌下踢了卡耐基一下，然后说：“戴尔，这位先生没说错，《圣经》里有这句话。”

那晚回家路上，卡耐基对格蒙说：“弗兰克，你明明知道那句话出自莎士比亚。”“是的，当然，”他回答，“《哈姆雷特》第五幕第二场。可是亲爱的戴尔，我们是宴会上的客人，为什么要证明他错了？那样会使他喜欢你吗？为什么不给他留点面子？他并没问你的意见啊！他不需要你的意见，为什么要跟他抬杠？应该永远避免跟别人正面冲突。”

卡耐基曾经说：“很多时候你赢不了争论。要是输了，当然你就输了；如果赢了，还是输了。”在正面争论中，并不产生胜者，所有人在正面争论中都只能充当失败者，无论他愿意与否。因为，十之八九，争论的结果都只会使双方比以前更加相信自己绝对正确；或者，即使你感到自己的错误，却也绝不会在对手跟前俯首认输。在这里，心服与口服没法达到应有的统一。人的固执性，将双方越拉越远，到争论结束时，双方的立场已不再是开始时的同一，一场毫无必要的争论造成了双方可怕的对立。所以，天底下只有一种能在争论中获胜的方式，就是避免争论。

口头冲突除了浪费时间、影响感情外，其实也很难争出个输赢来。因为越到最后，双方的理智因素就会越少，成了每人一套理论，各说各的，谁也说服不了谁。与其这样，还不如避免口头上的正面冲突，各做各的事去，不在这上面浪费时间和感情。

宽容让心灵**自由飞翔**

假如你想获得友爱、理解，只有一条道路可以供你选择，那就是学会宽容，哪怕对方是你的敌人。树立宽容别人的形象，敌人也会变成朋友。

有句俗语说得好：“热爱真理，但要宽恕缺点。”

罗斯福和塔夫脱总统曾经发生过一场大的争论，并且由于他们的互相攻击导致了共和党的分裂，而伍德洛·威尔逊借机成功入主白宫。受到抨击的塔夫脱没有想到自己的行为所产生的后果，他含着泪说："我不知道我所做的一切到底错在哪里。"其实，他不能宽恕自己的竞争对手罗斯福，白白地耗费了个人精力，无法去做更重要的事，让第三者收获了渔翁之利。

在我们对仇人心怀仇恨时，就等于给了他们制胜的力量，使他们有机会控制我们的睡眠、胃口、血压、健康和心情。如果我们的仇人知道他带给我们这么多的烦恼，他一定会高兴得手舞足蹈！憎恨伤不了对方一根毫毛，却把自己的形象弄得一塌糊涂，使我们的生活和事业都受到严重影响。

某杂志曾论述过不宽容会毁坏健康这一观点。它是这样说的："高血压患者最主要的个性特征是容易记仇，长期的愤恨造成慢性心脏疾病，导致高血压的形成。"

人非圣贤，要宽容自己的敌人也许真的有点强人所难，但出于自身的健康与幸福、形象与成功的考虑，我们也该学着去宽恕敌人，甚至忘掉所有仇恨。

下面这个例子会很好地告诉你宽容所带来的巨大力量。

乔治·罗纳住在瑞典的艾普苏那。他在维也纳当了很多年律师，但在第二次世界大战期间，他逃到瑞典，一文不名，需要找个工作。因为他能说并能写好几国的语言，所以希望能够在一家进出口公司里，找到一份秘书工作。绝大多数的公司都回信告诉他，因为正在打仗，他们不需要这类人，不过他们会把他的名字存在档案里，等等。不过有封写给他的信说："你对我生意的了解完全错误。你既蠢又笨，我根本不需要任何替我写信的秘书。即使我需要，也不会请你，因为你甚至连瑞典文也写不好，信里全是错字。”

当乔治·罗纳看到这封信的时候，简直气得发疯。于是乔治·罗纳也写了一封信，目的要使那个人大发脾气。但接着他就停下来对自己说：“等一等，我怎么知道这个人说的是不是对的？我修过瑞典文，可是那并不是我家乡的语言，也许我确实犯了很多我并不知道的错误。如果是这样的话，那么我想得到一份工作，就必须再努力学习。这个人可能帮了我一个大忙，虽然他本意可能并非如此。他用这种难听的话来表达他的意见，并不表示我亏欠他，所以应该写封信给他，在信上感谢他一番。”

于是乔治·罗纳撕掉了他刚刚写好的那封骂人的信，另外写了一封信说：“你这样不嫌麻烦地写信给我实在是太好了，尤其是你并不需要一个替你写信的秘书。对于我把贵公司的业务弄错的事我觉得非常抱歉，我之所以写信给你，是因为我向别人打听，而别人把你介绍给我，说你是这一行的领军人物。我并不知道我的信上有很多文法上的错误，我觉得很惭愧，也很难过。我现在打算更努力地去学习瑞典文，以改正我的错误，谢谢你帮助我走上改进之路。”

没几天，乔治·罗纳就收到那个人的信，请罗纳去看他。

罗纳去了，而且得到一份工作。乔治·罗纳由此发现“温和的回答能消除怒气”，他暗自庆幸是自己的宽容让事情得到改观。

众所周知，德国伟大的哲学家叔本华曾经把生命比喻为痛苦的旅程，但在绝望深渊中的他仍说：“假如有可能的话，任何人都不应有怨恨心理。”换句话说，就是要人们学会宽容。

相反，如果一个人不懂得宽容，内心老是怀着对别人的仇恨，那么他的形象便不会好，人生也不会有多大意义。仇恨会让我们即使面对山珍海味也没有丝毫胃口。《圣经》上是这么说：怀着爱心吃青菜要比带着愤怒吃海鲜强得多。

仇恨也最能损害一个人的容颜。

有一位女士去找一个整形美容的权威医生，她请求医生把自己的容貌变得好看些。她告诉医生因为她听说看过她的人都觉得她长着一副“恶相”，因此想让医生帮忙把她变得让人看起来觉得温柔甜美。医生摇了摇头只说了一句话："你只要用一颗宽容的心去接纳别人就能改变自己，而我的手术刀对此无能为力。"

每个人并不是天生就具有超强的容忍力，能够忍许多事情。能够用宽大的胸怀容纳一切是需要一个过程的，它并不是一朝一夕、一蹴而就的。

身在职场，你会遇到各种各样的人，就拿领导来说吧，有脾气古怪、猜忌心重的人，而同事也有钩心斗角、自私自利之人。当面对这些人时，如果你想给自己树立一个好的形象以便继续发展自己的事业，开展好工作让自己有所作为，你就要用一颗宽容之心面对这一切。

老刘任财务科长的第三年，上司给他委派了一名新主任。新主任是老会计出身，没有多少能力，对所管辖的部属，谁工作认真、昼夜加班、出了成绩，他看在眼里，忘在脑后；谁迟到早退，缺席不请假，或者没有给他及时送材料，他却牢牢记在心上，时不时地给点颜色瞧瞧。尤其是对财务科的工作总是挑毛病、找破绽，好像怎么看怎么不顺眼。

面对蛮不讲理的新主任，老刘既没有当面顶撞，也没有逢迎巴结。他经常和本科室的人员开会，定出工作程序，交给主任过目后，再切实执行，并做好系统记录，以便主任翻阅。

这样自行安排工作，既减少了他这个财务科长与新主任的摩擦，也减轻了自己的负担。

有几次，老刘被主任严厉批评，但他没有任何的情绪异常，也没有把这种情绪带到工作中去。相反，老刘每受到委屈，必当机立断，检查自己的工作、处事是否有错误，并且有错必改，或是重新评价自己，进一步做好本职工作。

这样一年下来，主任对财务科长褒奖有加，再也不像以前那样恶声恶气了。又过了半年，老刘被提升为财务部主管。

可见给别人留下一个宽容的形象对工作和前途是多么重要。

宽容别人就是**宽容自己**

宽容大度是一种胸怀，为一点小事斤斤计较，争吵不休，既伤害了感情，也无益于成大事，甚至最后伤害的还是自己。

一位哲人说："人能成全他人，也能毁弃他人；互相帮助能使人奋发向上，互相抱怨会使人退步不前。"工作中同事之间有了不同意见，应以商量的口气婉转地提出自己的看法，尽量避免生硬地使用伤害他人自尊心的言辞。如果遇到不配合的同事，则要表现出你的宽容和修养。学会耐心倾听对方的意见，并对其合理成分表示赞同，这样不仅能使不合作者放弃"对抗状态"，也会开拓自己的思路。

某同事得罪过你，或你曾得罪过某同事，虽说不上反目成仇，但心里总是不愉快。如果你觉得有必要，可主动去化解僵局，也许你们会因此而成为好朋友，也许只是关系不再那么僵而已，但至少减少了一个潜在的对手。这一点相当难做到，因为大多数人就是拉不下脸来！要允许别人犯错误，也允许别人改正错误。不要因为某同事有过失，便看不起他，或一棍子打死，或从此另眼看待，“一过定终身”。

春秋时期的管仲和鲍叔牙是一对好朋友，他们两个人合伙做过买卖，共同谋过事，一起打过仗。后来，他们两人都在齐桓公手下当大官。

管仲年少时家庭穷困，曾经和鲍叔牙合伙做生意，赚了钱，他分给自己的多，分给鲍叔牙的少。鲍叔牙根本不与之计较，也不认为管仲贪财。此后管仲多次为鲍叔牙出谋划策办事情，但“谋事在人，成事在天”，每次事情都办得十分糟糕，鲍叔牙并不因此认为他是愚笨之徒。事实清楚地证明了这段友谊的结果：在管仲落难，被“幽囚”之时，又是鲍叔牙力荐管仲为相，使管仲成就了大业。

同事所犯的错误有时候会给你带来一定的损害，或在某种程度上与你有关。在这种情况下，能否用一种宽容的态度对待这种“过”，就是衡量人的素质的一个标准。原谅别人是一种美德，有时尽管自己心里并不痛快，但却应该设身处地地为同事着想，考虑一下自己如果在他那个位置会如何做，做错了事之后又有何种想法。

其实只要你愿意做，你的风度会赢得对方对你的尊敬，因为你给足了他面子。

宽容大度是一种胸怀，为一点小事斤斤计较，争吵不休，既伤害了感情，也无益于成大事，甚至最后伤害的还是自己。

当你无辜受到伤害或被人欺负时，大部分人都是为了一时之快而选择了憎恨。殊不知，憎恨本身对怀恨者的伤害比被仇恨者还要多。憎恨就是一把双刃剑，伤了别人的同时，也深深地伤了自己。

宽容是要付出痛苦代价的。在办公室中谁都会碰到个人利益受到他人侵害的事情，这时，你要闭住自己的嘴巴，管住自己的大脑，勇于接受宽容的考验，当你表现出了宽容和大度时，机会也就随之而来了。

适可而止，凡事都给自己留条退路

任何时候都要宽厚待人，做事适可而止，不要被一时的冲动蒙住了眼睛，做出令自己以后后悔的事情。

常言道："凡事留余地，日后好相逢。"不管做什么事，都不能走向极端，堵住自己的退路。特别在权衡得失时，务必要做到见好就收。无论对待怎样的人和事都要凭着适可而止的心态对待，这是在社会交往中有效保护自己的最好方法。

许多人说话、做事都喜欢赶尽杀绝，不给别人留余地，批驳就要体无完肤，打击就要置于死地，以此来显示"本事"或者解心头之恨。其实，退一步想，冤家宜解不宜结，何必把原本很小的事弄得越来越大，让彼此之间的怨恨越结越深呢？人生不会尽是得意，也不会尽是失意，得意之时心存仁慈，多帮助他人，失意之时也要不卑不亢，不放弃希望和尊严，这才是健康的人生态度。如果身处得意之时，你就对别人大加挞伐，你有没有想过，日后这样的遭遇或许也会落在自己头上？所以说，说话办事时，眼光要放得长远一些，不要一时得势就骄横跋扈，不给自己留一点退路。

其实，很多事情都是相互的，你给别人不留一点余地的时候，其实你也把自己的退路都截断了。所以，任何时候都要宽厚待人，做事适可而止，不要被一时的冲动蒙住了眼睛，做出令自己以后后悔的事情。

不要一味地**指责别人**

只懂得批评别人而不懂得宽容别人的人，是不会巧妙地指出别人的错误的。其实，在某些时候，宽容比批评更有效，更能让人保住面子，也更能激发人的积极性。

有很多人在说话时，经常只顾自己痛快，过后才发现不小心伤了别人的心。尤其是当别人做了错事，或自己因此而吃了亏，就更觉得自己受了委屈而要说出来图个痛快，于是一些难听的话就不自觉地冒了出来，结果是痛快了一时而伤了和气。自己的形象也因这一时的冲动而毁于一旦。

也许有人认为：下级犯了错误，作为领导应该严厉地训斥才能得到很好的效果。其实，婉转地纠正别人错误的做法会收到更理想的效果。

西雅图波音公司的一个部门经理有一次大发雷霆，原来他看到了一份报告上有一个错别字，那是个拼写错误，有人把“Believe（相信）”写成了“beleive”。

这位经理精明能干，可是他的眼睛里容不得任何一个小错误。于是他叫来了那个写错字的工程师。

整个走廊里都能听得见部门经理的声音：“你这个混蛋，连这么点错误都要犯，你到底读过书没有？‘e’怎么可能在‘i’的前面？记住，‘i’永远在‘e’的前面。”

可是，没过几天，那位经理又发现了同样的拼写错误，而且又是出自同一人之手。

这次，经理被彻底地激怒了，他叫来了那个“屡教不改”

的工程师，怒不可遏地冲他咆哮道：“你耳朵长在头上了吗？为什么我说了你不听？”

那工程师很平静，说道：“你不是说‘i’永远在‘e’之前吗？”

经理说：“看来你是明知故犯了。”

工程师二话没说，随手从桌上拿起一份文件。把上面的“Boeing（波音）”字样一笔勾去，写成了“Boieng”。

可见，在工作中，不要留下一副尖酸刻薄、一味地指责别人的形象，那不仅无助于任何事情的发展，更可能阻碍事情向好的方向发展。当你几乎控制不住想要批评某人之前，有一种方法可以让你的心绪渐渐平静下来，使你重新思考究竟应该怎么做。这种方法就是：在你批评他人之前，先想想自己：“我做得怎么样？是否应该完全怪罪他人？”这样想过之后或许你会完全改变自己的想法和行为。让我们来看看成功学大师卡耐基是怎么做的。

卡耐基的侄女乔瑟芬·卡耐基在19岁高中刚毕业的时候来到纽约担任卡耐基的秘书。“她当时没有任何做事的经验，”卡耐基回忆说，“在刚开始的时候，她十分敏感脆弱。有一次我正准备指责她，但马上对自己说：‘等一下，戴尔·卡耐基，等一下。你几乎有乔瑟芬两倍的年纪，做事经验更是多出好几倍，怎么可以要求她能有你的看法、判断和主动的精神——何况你自己并不十分出色！还有，戴尔，你在19岁的时候是什么德行？记得你像蠢驴一样犯下的错误吗？记得你做过这些……还有那些……吗？’”

“一想到这里，我不得不老实地下个结论：乔瑟芬19岁时比我19岁时要好得多——而实在惭愧得很，我没有称赞过她。”

“于是，一遇到乔瑟芬犯错误，我总是这样说：‘乔瑟芬，你犯下了一项错误。但是，老天知道，我以前也常常如此。判断力并非生来具备，那全得靠自己的经验，何况我在你这个年纪的时候还比不上你呢。我实在没有资格批评你或别人，但是，依我的经验，假如你……做的话，不是好些吗？’”

后来，年轻的乔瑟芬成为最出色的秘书之一。

只懂得批评别人而不懂得宽容别人的人，是不会巧妙地指出别人的错误的。其实，在某些时候，宽容比批评更有效，更能让人保住面子，也更能激发人的积极性。

迪利斯通是加拿大的一位工程师，他发现秘书在口授的信件中有拼写错误，几乎每一面总要错上两三个字。那么他是如何让秘书改正这一错误的呢？他说：

“就像许多工程师一样，别人并不以为我的英文或拼写有多好。我有个维持了好几年的习惯，就是常常随身带着一本小笔记簿，上面记下了我常拼错的字。我虽然常常指正秘书所犯的错误，但她还是我行我素，一点也没有改进的意思。我决定改变方式，等第二次发现她拼错时，我坐到打字机旁，告诉她说：‘这字看起来似乎不像，也是我常拼错的许多字之一，幸好我随身带有拼写簿（我打开拼写簿，翻到所要的那页）。哦，就在这里。我现在对拼写十分注意，因为别人常常以此来评判我们，而且拼错字也显得我们不够内行。’”

“我不知道后来她有没有采用我的方法。但很显然，在那次谈话之后，她就很少拼错字了。”

宽容能维护别人的尊严，给他一种自重感；无礼的命令只会导致长久的怨恨，即使这个命令可以用来改正他人明显的错误。

有个学生把车子停在了不该停的地方，因而挡住了别人的通道。有个老师冲进教室很不客气地问：“是谁的车子挡住了通道？”等汽车主人回答之后，这位教师严厉地说道：“马上把车子移开，否则我叫人把车拖走。”

这个学生犯了错，车子是不该停在那里。但是，从那天开始，不只那个学生对老师心存不满，甚至别的学生也常常故意捣蛋，使那位老师过不好日子。

如果这位老师用不同的方式来处理这件事情，结果会如何？他可以好好地问：“谁的车子挡住了通道？”然后建议这位学生移开车子，以方便别人进出。相信这个学生会乐意这么做，也不致引起其他学生的公愤。所以，无论工作或生活中，当你遇到别人做的事并不顺你意的时候，请先冷静思考一番，不要一味尖酸刻薄地指责别人，给人留下一副坏形象，工作就很难顺利进行。

第十四篇

绝杀形象的禁忌话绝不说

言行一致，说话不要口是心非

做人就要做个真诚的人，要言行一致，待人要诚实，不要两面三刀。

今天，人们有一种普遍的心理现象：不信任彼此。造成这种心理的原因之一大概是生活中口是心非的人太多了。口是心非，毫无疑问，就是表面上说得天花乱坠，而内心则全非如此；嘴里说着对你的赞誉之词，而内心则是恶毒的诅咒……试想一下，如果长期生活在这些人当中，吃过几次亏之后，不论是谁都会增强戒备之心，对他们的话打上几个问号。但是，如果每个人都变成了这样，都像戴着一幅面具交往，生活还有什么意思呢？人与人之间的真诚、友爱都到哪里去找呢？所以，我们要努力去扭转这个局面，要学会真诚，切不可做个口是心非的人。

口是心非的人最善于钩心斗角，他每天都在考虑如何表面上应付别人，行动上又如何去算计别人。与这种人为伍是非常危险的，因为你不知道他心里到底是怎么个想法。在文学史上，《伪君子》中的答尔丢夫就是口是心非的最典型代表，他已成为“伪善、故作虔诚的奸徒”的代名词。他表面上是上帝的使者、虔诚的教徒，而实际上则是个色鬼，是个贪财者；他表面上对奥尔贡一家恭维，而实际上则用最卑鄙的手段去谋害这一家人。可以说他是个表面上好话说尽，实际上则是坏事做绝的最无耻、最卑鄙的小人。但是他最终的结局呢？他的这一套无耻的手段终于被人识破了，西洋镜最终被人揭穿，答尔丢

夫成了万人唾弃的小人。他整天苦心于算计别人，最终倒把自己推进了万丈深渊。

口是心非与虚伪可以说是等同语。因为口是心非的人为了掩饰自己内心的想法，必然要用谎言去应付别人。谎言说多了，被别人识破了，他也就成为了一个虚伪的人。一旦在别人的心目中是个虚伪的人，那他的生活将是很痛苦的，到处是不信任的眼光，到处是不信任的口吻。

总的来说，做伪事、说谎话、口是心非大概出于以下几种目的：其一是为了迷惑对手，使对方对自己不加防备，以便达到自己的目的；其二是为了给自己留一条退路，这也是为了保全自己，以便再战；其三，则是以谎言为诱饵，探悉对手的意图，这种人是最危险的。有一句话：说一个假的意向，以便了解一个真情。也许，这些目的有的可能不能算作太恶。但作为口是心非者，他需要随时提防被揭露，就像一只伪装成人的猴子一样，他要时刻防备被人抓住尾巴。口是心非者也最容易失去合作者，因为他对别人不信任、不真诚，别人也就以其人之道还治其人之身，在梦想实现的时候他却离成功越来越远。

因此，做人就要做个真诚的人，言行要一致，待人要诚实，不要两面三刀。林肯讲过：“你能在所有的时候欺骗某些人，也能在某些时候欺骗所有的人，但你不能在所有的时候欺骗所有的人。”千万不要做一个口是心非的小人，在工于心计、算计别人中度过一生，而要坦诚地做人，用一颗真诚的心去对待别人，这样你说的话你做的事才能被人信任，才会有分量。

对上司的“痛处”**讳莫如深**

想得到晋升，就要处理好与上司的关系，就千万不要伤害上司的尊严，对上司的“痛处”要做到讳莫如深。

俗话说：打人莫打脸，揭人莫揭短。如果你不顾别人的面子，总有一天会吃苦头。因此，一定不要在公开场合说别人尤其是上司的坏话，宁可高帽子一顶顶地送，也不要让他人丢了面子。

被击中痛处，对任何人来说，都不是件令人愉快的事。尤其是他人身上的缺陷，千万不能用侮辱性的语言加以攻击。在中国，有所谓“逆鳞”之说，据说在龙的喉部以下，约直径一尺的部位上有“逆鳞”，如果不小心触摸到这一部位，必定会将龙激怒。事实上，人的身上都有“逆鳞”存在，就是我们所说的“痛处”，也就是缺点、自卑感。如果你不小心触及了对方的“逆鳞”，就会惹祸上身。

明太祖朱元璋出身寒微，做了皇帝后自然少不了有昔日的穷哥们儿到京城去找他。这些人满以为朱元璋会念在老朋友的情分上给他们封个一官半职，谁知朱元璋最忌讳别人揭他的老底，以为那样会有损自己的威信，因此对来访者大都拒而不见。

有位朱元璋儿时的好友，千里迢迢从老家凤阳赶到南京，几经周折才算进了皇宫。一见面，这位老兄便当着文武百官大叫大嚷起来：“朱老四，你当了皇帝可真威风呀！还认得我吗？当年咱俩一块儿光着屁股玩耍，你干了坏事总是让我替你挨打。记得有一次咱俩一块偷豆子吃，背着大人用破瓦罐煮。豆还没煮熟你就先抢起来，结果把瓦罐打烂了，豆子撒了一地，你吃得太急，豆子卡在喉咙里还是我帮你弄出来的，你忘了吗？”

这位老兄还在喋喋不休唠叨个没完，朱元璋却再也坐不住了，心想此人太不知趣，居然当着文武百官的面揭我的短处，让我这个当皇帝的脸往哪儿搁。盛怒之下，朱元璋下令把这个人杀了。

“为尊者讳”，这是官场的一条规矩。一个人，无论他原来的出身多么低贱，有过多么不光彩的经历，一旦当上了大官，就不愿再让人提起以前那些不光彩的事。朱元璋的那位穷哥们儿却不懂得这一点，自以为与他有旧交，居然当众揭了皇帝的老底，触了“逆鳞”，岂不是自找倒霉吗？

在现实生活中，虽然上司不像朱元璋那样对人的性命造成威胁，但如果你想保住工作，想得到晋升，就要处理好与上司的关系，就千万不要伤害上司的尊严，对上司的“痛处”要做到讳莫如深。

广结人缘，不在背后**诋毁他人**

当别人向你诉苦时，你应该既对他表示同情，又能置身事外，切不可随波逐流，诋毁别人。

公司里琐碎的事情比较多，这些事情看上去虽小，但若处理不当，可能会使你处于不利的境地。当你对同事或上司不满时，切不可到处诉苦水，或者背后诋毁别人。当别人向你诉苦时，你应该既对他表示同情，又能置身事外，切不可随波逐流，诋毁别人。否则，你会陷入人际关系混乱的境地，因为没有人敢和一个背后乱说坏话的人在一起，他们都会觉得这样的人十分危险。

如果有的同事在你面前诋毁别人，更不要人云亦云，以讹传讹。为什么这么说呢？首先你要明白，你所知道的关于别人的事情不一定确凿无误，也许还有许多隐情你不了解。要是你不假思索就把你所听到的片面之言宣扬出去，难免会颠倒是非。话说出口就收不回来了，事后当你完全明白了真相时才后悔不迭，但此时已经在同事之间造成了不良的影响。

事实上，人与人之间的关系相当复杂，你如果不知内幕，就不可信口雌黄，以免招惹是非。

某公司企划科李某升为科长，同一间办公室工作了几年，平日不分高下、暗中竞争的同事成了自己的上司，总让人有那

么一点酸酸的感觉。企划科李某的几个同事背后嘀咕："哼!他有什么本事，凭什么升他的官？"内心的不服气与忌妒就都脱口而出了，于是你一句我一句，把李某数落得一无是处。

王新是分配到企划科不久的大学生，见大家说得激动，也毫无顾忌地说了些李某的坏话，如办事拖拉、疑心太重等。可偏有一个阳奉阴违的同事，背后说李某的坏话说得比谁都厉害，可一转身就把大家说李某坏话的事说给了李某听。

李某想：别人对我不满说我的坏话我可以理解，你王新乳臭未干有什么资格说我。从此对王新很冷淡。王新大学毕业，一身本事得不到重用，还经常受到李某的指责和刁难，成了背后说别人坏话的牺牲品。

人与人之间的关系本来就很复杂，特别是在公司里，几个人凑在一起闲聊，话匣子打开就很难合上。很多人因为把持不住，就有可能说别人的坏话，而另一些人就会随声附和，甚至添油加醋地加以传播，那后果将不堪设想。

同事是工作伙伴，不是生活伴侣，你不可能要求他们像父母兄弟姐妹一样真正地包容你、体谅你。很多时候，同事之间最好保持一种平等、礼貌的伙伴关系，彼此心照不宣地遵守同一种"游戏规则"，一起把"游戏"进行到底。更多的时候，你需要去体谅别人，站在同事的角度替他们想一想，也许更能理解为什么有些话不该说，有些事情不该做。

只有做到独善其身，才能使你广结人缘，不会被卷入是非的旋涡里，从而使你在公司里游刃有余，为自己创造更好、更和谐的工作环境。

维护朋友的自尊心，留住友谊

你给朋友面子，朋友自然也会回报你，如果你有什么事需要朋友帮忙，朋友也会鼎力相助。

很多人认为，朋友之间可以毫无顾忌，想说什么就说什么。而实际上，越是要好的朋友，越应该维护对方的面子。说话办事时不要伤害朋友的自尊心，这样，你们的友情才能长久。

陈文进公司不到两年就坐上了部门经理的位置，但是有个别下属不服他，有的甚至公开和他作对，他从小玩到大的朋友钱诚就是其中的一位。自从陈文做了部门经理之后，钱诚经常迟到，一周五天，他甚至有四天迟到。

按公司规定，迟到半小时就按旷工一天算，是要扣工资的。问题是，钱诚每次迟到都在半小时之内，所以无法按公司的规定进行处罚。陈文知道自己必须采取办法制止钱诚这种行为，但又不能让矛盾加深。

陈文把钱诚叫到办公室："你最近总是来得比较迟，是不是有什么困难？"

"没有啊，堵车又不是我能控制的事情，再说我并没有违反公司的规定呀。"

"我没别的意思，你不要多心。"陈文明显感觉到了对方的敌意。

"如果经理没什么事，我就出去做事了。"

"等等，钱诚，你家住在体育馆附近吧？"

"是啊。"钱诚疑惑地看着对方。

“那正好，我家也在那个方向，以后你早上在体育馆东门等我，我开车上班可以顺便带你一起来公司。”

没想到陈文说的是这事，钱诚反而有些不好意思，喃喃地说：“不，不用了……你是经理，这样做不太合适。”

“没关系，我们是朋友啊，帮这个忙是应该的。”

陈文的话让钱诚脸上突然觉得发烧，人家陈文虽然当了经理，还能平等地看待自己，而自己的这种消极行为，实在是不应该。事后，钱诚虽然谢绝了陈文的好意，但他此后再也不迟到了。

知道你的朋友做错了，直接提建议很可能会伤及他的面子，同时会破坏你们的友谊，不如学学陈文的做法，迂回地指出对方的缺点错误。

朋友相交，一定要学会维护对方的面子。你给朋友面子，朋友自然也会回报你，如果你有什么事需要朋友帮忙，朋友也会鼎力相助。

少发牢骚，别把自己弄成“怨妇”

怨天尤人势必损害自己的声誉，它不能博得同情和安慰，反而会招致他人的幸灾乐祸与无礼轻慢。

不停发牢骚的人不见得就不乐于助人，她也可以是尽心尽力为别人服务的心地善良之人，但是这种人总是把自己弄成一个“怨妇”的形象，即使好心也不受欢迎。

“烦死了，烦死了！”一大早就听王宁不停地抱怨，一位同事皱皱眉头，不高兴地嘀咕：“本来心情好好的，被你一吵都烦了。”

王宁是公司的行政助理，事务繁杂，工作是有些烦。可谁叫她是公司的“管家”呢，事无巨细，不找她找谁？

刚交完电话费，财务部的小李来领胶水，王宁不高兴地说：“昨天不是来过了吗？怎么就你事情多，今儿这个、明儿那个的？”抽屉开得噼里啪啦，翻出一个胶棒，往桌子上一扔，说：“以后东西一起领！”小李有些尴尬，又不好说些什么。

一会儿，销售部的王娜又风风火火地冲进来，原来复印机坏了。王宁脸上立刻晴转多云，不耐烦地挥挥手：“知道了，烦死了！先填保修单，”单子一甩，“填一下，我去看看。”王宁边往外走边嘟囔：“综合部的人都死光了，什么事情都找我！”对桌的小张气坏了：“这叫什么话啊？我招你惹你了？”

年末的时候公司民主选举先进工作者，领导们都认为先进非王宁莫属，可一看投票结果，50多张选票，王宁只得12张。

有人私下说：“王宁是不错，就是嘴巴太厉害了。”

王宁很委屈：“我累死累活的，却没有人体谅……”

发牢骚就像传染病一样，不仅自己情绪低落，也让别人感到不舒服，

谁愿意整天和一个满腹牢骚的人在一起呢？

不少人无论在什么环境中工作，总是满腹牢骚，逢人便大倒苦水，像祥林嫂般唠叨不停，让周围的同事苦不堪言。也许你自己把发牢骚、倒苦水看作是与同事们真心交流的一种方式，不过过度的牢骚怨言，会让同事们感到既然你对目前工作如此不满，为何不跳槽，另谋高就呢？

所以说，不管从事什么样的工作，你都要把它当成你个人的兴趣，当成一件喜欢的事去做，不要动不动就发牢骚，影响自己也影响别人。如果觉得实在不能适应，你最好还是换一份工作。

朋友遭遇不幸要**及时安慰**

当朋友遇到不幸时，这种不幸无论是身体上的疼痛还是心理上的失意，你都应该及时出面安慰，这样才算是真正的朋友。

朋友是什么？朋友就是能够一起分享快乐、承担痛苦的人。当对方遭受不幸时，能够一直陪在他身边安慰他的人才是真正的朋友。

一个夏日的傍晚，一位少妇投河自尽，被正在河中划船的船夫夫妇救起。船夫的妻子关切地问道："你年纪轻轻，为什么要寻短见呢？"

少妇哭得很伤心，说："我才结婚一年，丈夫就抛弃了我，活着还有什么意思呢？"

"那我问问你，你一年以前是怎么过的呢？"船夫妻子问道。

少妇回忆起自己一年前的美好时光，她眼前一亮："那时我自由自在，无忧无虑，对生活充满了希望。”

“那时你有丈夫吗？”船夫妻子又问。

“当然没有啦。”少妇答道。

船夫妻子说：“那么你不过是被命运之船送回到一年前，现在你又自由自在，无忧无虑了，你什么也没损失啊。”

少妇想了想，说：“这倒是真的，我怎么会和自己开了这么大一个玩笑呢！”说完，又重新充满了希望。后来，少妇和船夫一家人也成了好朋友。

人在悲伤的时候，总会认为未来的生活毫无希望，从而失去对生活的兴趣，船夫妻子让少妇回忆起过去的美好生活，让少妇明白生活中还是有很多让人快乐的事情，重新点燃了她对生活的希望之火。这就是真正的友谊。

人在生病以后，情绪也会很低落，经常会心烦意乱，胡思乱想。你如果能够将安慰送给他们，他们的心情就会好转些，并对你表示感激。不过，安慰病人时要讲究一些技巧，首先应该对病人的病情、思想状况和实际情况，以及有关疾病的基本医疗卫生知识有所了解，然后根据患者在住院期间的不同状况来进行安慰。

另外，有的人或许身体没病，但他们心理承受能力较弱，遇到一点困难就一蹶不振，这时你也要及时地对其进行安慰并鼓励他尽快振作起来，唤醒他的自我意识。

总之，当朋友遇到不幸时，这种不幸无论是身体上的疼痛还是心理上的失意，你都应该及时出面安慰，这样才算是真正的朋友。

第十五篇

会婉转，少尴尬

说好难说的话，从生活细节开始

要想尽量不置身于尴尬的境地，首先要做的就是注意那些容易出现尴尬的场合和时刻，最好能防患于未然。

说话要注意礼节，避免忌讳。礼貌是文明交谈的首要前提。在交谈中要体现出敬意、友善、得体的气度和风范。要做到礼貌交谈，首先就要使用礼貌用语，如“请”“谢谢”等；其次要注意学习一些礼貌忌语，一语不慎造成的后果可能是很难弥补的。

礼貌忌语是指不礼貌的语言，他人忌讳的语言，会使他人引起误解、不快的语言。不礼貌的语言，如粗话、脏话，是语言中的垃圾，必须坚决清除。他人忌讳的语言是指他人不愿听的语言，交谈中要注意避免使用，如谈到某人死了，可用“病故”“走了”等委婉的语言来表达。

容易引起误解和不快的语言也要注意回避。在议论他人长相时，可把“肥胖”改说成“丰满”或“福相”，“瘦”则用“苗条”或“清秀”代之。参加婚礼时，应祝新婚夫妇白头偕老，避免说不吉利的话。在探望病人时，应说些宽慰的话，如“你的精神不错”“你的气色比前几天好多了”等。

随着语言本身的发展，一些词语的意义也发生了转移，譬如“小姐”等，在使用时要针对不同对象谨慎决定。还要注意，在日常生活中，遇到矛盾冲突时应冷静处理，不用指责的语言，应多用谅解的语言。

在交谈中，每说一句话之前都要考虑一下你要说的话是否合适，不要口无遮拦，想说什么就说什么，给其他人造成不快。

除非是亲密的朋友，否则最好不要对个人的卫生状况妄加评论。如果你直接告诉他，特别是在人比较多的场合，很容易让对方处于尴尬的境地。

许多人不喜欢别人问自己的年龄，尤其对女性而言，年龄是她们的秘密，不愿被人提及。对钱等涉及个人收入这类私人问题的询问通常也是不合适的。

切忌哪壶不开提哪壶。人们在交谈中常有一些失言，如："哎，你儿子的脚跛得越来越厉害了！""你怎么还没结婚？""你真的要离婚吗？"一些别人内心秘而不宣的想法和隐私被这些话无情地暴露了出来，实在是不够理智。

如果你想让人喜欢，就不要对一个腿脚不好的人谈跳舞的好处和乐趣；不要对一个自立奋发的人谈家世的重要性；不要嘲笑和讽刺别人，尤其是别人的缺陷，否则就是一种刻薄。此外，除非是熟识的亲友，不必多谈对方的健康问题，他若身有不适，很可能勾起他的愁绪，一旦他抱怨起自己的疾病和痛苦，你又未必会感兴趣，或你若没表露足够的同情心，则会使对方觉得你冷漠、自私。既然如此，那又何不谈些令人愉快的事呢？

总之，批评别人的话题应尽量避免，而赞美别人所做的工作和本领却是很合宜的，常会使听者感到愉快。

有一位姑娘谈恋爱遇挫，头一回感情旅程就打了"回程票"，心里有点懊恼。这位姑娘性格内向，平时不善言谈，也没有向旁人袒露内心的秘密。单位里一个与她很要好的同事在办公室里看到她愁容不展，就当着众人的面说起安慰话：“这个人有什么好，凭你这种条件，还怕找不到更好的？”没等她说完，这位姑娘就跑出办公室。这时她才感到在这样的地方说这样的安慰话有些不当，这位姑娘当然无法领情。几句安慰话倒成了彼此尴尬的缘由。由此可见，即使说安慰话也要尊重人格，充分考虑到对方的性格和习惯。

对性格内向的人，一般不宜在众人面前直接给予安慰；对不喜欢别人安慰的人，一般不要随意给予安慰。尤其是涉及别人的隐私，万万不可“好心办错事”，不宜在公开场合“走漏风声”。

在语言交际中，我们经常还会遇到一些令人尴尬的问话，比如涉及国家、组织的秘密，涉及个人收入、个人生活以及人际关系等问题。对待这样一些提问，如果我们用“不能告诉你”来回答，那会使你显得粗俗无礼，如果套用外交

用语“无可奉告”来作答，那又会给提问者造成心理上的失望与不快。总之，对待这样一些古怪的问题，我们答得不好，就有可能给自己套上难解的绳索，陷入十分难堪的泥淖不能自拔以致大失脸面。因此，与之相关的话题就要注意避免，以防止出现问题。

有些可以预见的难堪，应该设法去避免它的出现。如果某主管欲将一位不重用的职员降调至A分公司，直接对他说：“我要将你调到某一公司去。”则他的内心必定会有被放逐的感觉。但如果说：“我本想派你到A分公司或B分公司，但我考虑的结果还是认为A分公司较为恰当，因为B分公司对你来说太远了，可能不太方便，所以还是麻烦你到A分公司去。”这样一来对方就不会有被流放的感觉，他的心里只存在如何作选择的问题。

只要平时多注意如何预防尴尬，尴尬出现的概率就会小很多。

紧张时刻用玩笑做掩护

说笑能极大地缓解尴尬气氛，甚至在笑声中这种难堪场面会瞬间消失，以至人们很快忘却。

萧伯纳有一次遇到一位胖得像酒桶似的牧师，他跟萧伯纳开玩笑说：“外国人看你这样干瘦，一定认为英国人都在饿肚皮。”萧伯纳谦和地说：“外国人看到你这位英国人，一定可以找到饥饿的根源。”幽默感是避免人际冲突、缓解紧张的灵丹妙药，不会造成任何损失，不会伤及任何人。

如果活动中出现尴尬局面，说句调笑的话更是使双方摆脱窘迫的好办法。例如，两个班级联欢，男女舞伴第一次跳舞，发生了踩脚的情况，说“没关系”这样礼貌的话可能还会加重对方的紧张，如果用一句“地球真小，我俩的脚只能找一个落点了”，可使双方欢笑而心情放松。

尴尬是在生活中遇到处境窘困、不易处理的场面而使人张口结舌、面红耳赤的一种心理紧张状态。在这个时候，人们感觉比受到公开的批评还难受，会引起面孔充血、心跳加快、讲话结巴等。主动讲个笑话逗大家笑，绝对是减轻该症状的良方，尤其是在很多人看着你的时候。

苏联著名女主持人瓦莲金娜·列昂节耶娃有一次向观众介绍一种摔不破的玻璃杯。准备时几次试验都很顺利，谁知现场直播时竟出了意外，杯子摔得粉碎。而这时，成千上万的观众正看着屏幕。她灵机一动说：“看来发明这种玻璃杯的人没考虑我的力气。”幽默的语言一下子就使她摆脱了窘境。

一位演说家对听众说：“男人，像大拇指（做手势）；女人，像小指头儿……”话未说完，全场哗然，女听众们强烈反对他的比喻，他没法再讲下去了。怎么办？他立刻补充说：“女士们，大拇指粗壮有力，而小手指则纤细、灵巧、可爱。不知哪位女士愿意颠倒过来？”一句话平息了女听众的愤怒，一个个相视而笑。

夫妻之间吵吵闹闹是常有的事，有的小打小闹就过去了，可有的气得决心分家，这个时候，只要你能把对方逗笑，僵局自然就被打破了。

约翰先生下班回家，发现妻子正在收拾行李。“你在干什么？”他问。“我再也待不下去了，”她喊道，“一年到头老是争吵不休，我要离开这个家！”约翰困惑地站在那儿，望着他的妻子提着皮箱走出门去。忽然，他冲进房间，从架上抓起一只皮箱，也冲向门外，对着正在远去的妻子喊道：“等一等，亲爱的，我也待不下去了，我和你一起走！”怒气冲天的妻子听到丈夫这句既可笑又充满对自己爱和歉意的话，就像气球被扎了一个洞，很快气就消了。

当约翰的妻子抓起皮箱，冲出门外之时，我们不难想象，约翰是多么地难堪、焦急！但他既没有苦劝妻子留下，也没有作任何解释、开导，更没有抱怨和责怪，而是说：“等一等，亲爱的，我也待不下去了，我和你一起走！”这哪像夫妻吵架，倒像一对恩爱夫妻携手出游。约翰这番话，以谐息怒，不但会让妻子感到好笑，而且还会让妻子体会和理解丈夫是在含蓄地表达自己对妻子的爱和歉意以及两人不可分离的关系。听到这番话，妻子怎能不回心转意呢？

恐怕谁都有当众滑倒的经历，每每回想起来都还会感到脸

红。摔倒的场面总是很滑稽，难免会引得大家笑，你不妨用一种荒诞的逻辑将这种尴尬变成有利因素，从而自然大方地从困境中解脱出来。

1944年秋，艾森豪威尔亲临前线给第二十九步兵师的数百名官兵训话。当时，他站在一个泥泞的小山坡上讲话，讲完后转身走向吉普车时突然滑倒。原来肃静严整的队伍轰然暴响，士兵们不禁捧腹大笑。面对突发情况，部队指挥官们十分尴尬，以为艾森豪威尔要发脾气了。岂料，他却幽默地说："从士兵们的笑声看来，可以肯定地说，在我与士兵的多次接触中，这次是最成功的了。"

自我调侃帮你走出尴尬

由于我们的过失，造成了在谈话中出现难堪的局面，这时我们不要责备他人，还是找找自己的问题，采用自我调侃的方式低调退出吧。

有一次，十多年没见的老同学聚会，因为大家都是好朋友，所以说起话来直来直去。有一位男同学打趣地问一位女同学说："听说你的先生是大老板，什么时候请我们到大酒店吃一顿？"他的话刚说完，这位女同学有点不安起来。原来这位女同学的丈夫前不久因发生意外去世了，但这位开玩笑的男同学并不知道，因而玩笑开得过了一点。旁边的一位同学暗示他不要说了，谁知这位男同学偏要说，旁边的那位同学只得告诉他真实的情况，这位男同学非常尴尬。不过他迅速回过神来，先是在自己脸上打了一下，之后调侃地说："你看我这嘴，十多年过去了，还和当学生时一样没有把门的，不知高低深浅，只知道胡说八道。该打嘴！该打嘴！"女同学见状，虽有说不出的苦涩，但仍大度地原谅了老同学的唐突，苦笑着说："不知者不怪，事情过去很久了，现在不提它了。"男同学便忙转换话题，从尴尬中解脱出来。

当我们处于类似的由于我们自己的原因造成不好下台时，最好的办法就是不要死要面子活受罪，可以采用自我调侃的办法，真诚一点，像该例中的那位男同学一样，表达自己真诚的歉意，而对方也不会喋喋不休地责备我们，相反，还会因为我们的真诚而一笑置之。

人一生中总会有当众失态的时候，此时我们不妨抢先一步对自己进行调侃，好过别人来嘲笑，使自己难堪。

宋朝大文学家石曼卿，人称"石学士"。一日酒后乘马车去报国寺游玩，突然马受惊乱跑，将石曼卿从车上摔了下来。只见石曼卿站起来，拍拍身上的尘土，拿起马鞭，然后风趣地对围观者说："幸亏我是'石'学士，要是'瓦'学士，一定要摔破了。"石学士把自己的姓做了另外一种解释，妙语解颐，为后人称道。

1915年，丘吉尔还是英国的海军大臣。不知他是心血来潮还是什么原因，突然要学开飞机，于是，他命令海军航空兵的那些特级飞行员教他开飞机，军官们只好遵命。

丘吉尔还真有股韧劲，刻苦用功，拼命学习，把全部的业余时间都用上了，负责训练他的军官都快累坏了。丘吉尔虽称得上是杰出的政治家，但操纵战斗机跟政治是没什么必然联系的。也可能是隔行如隔山吧，总之，丘吉尔虽然刻苦用功，但就是对那么多的仪表搞不明白。

在一次飞行途中，天气突然变坏，一段25.75千米的航程他竟然花了3个小时才抵达目的地。

着陆后，丘吉尔刚从机舱里跳出来，那架飞机竟然再次腾空，一头扎到海里去了，旁边的军官们都吓得怔在那里，一动不动。

原来，匆忙之中的丘吉尔忘了操作规程，在慌乱之中又把引擎发动起来了。望着眼前这一切，丘吉尔也不知所措，好在他并没有惊慌，装作茫然不知似的，自我解嘲道：

“怎么搞的，这架飞机这么不够意思。刚刚离开我，就又急着去和大海约会了。”

一句话缓解了紧张的气氛，也让丘吉尔摆脱了尴尬。

在有些尴尬的场合，运用自嘲能使自尊心通过自我排解的方式受到保护，而且还能体现出说话者宽广大度的胸怀。

当你陷入窘境时，逃避嘲笑并非良方，也不是超脱。相反，你殚精竭虑地力图反击，很可能会遭到对手更多的嘲讽，不如来个180度大转变的超脱。这种超脱既能使自己摆脱狭隘的心理束缚，又能使凶悍的对手“心软”下来。

20世纪50年代初，美国总统杜鲁门会见十分傲慢的麦克阿瑟将军。会见中，麦克阿瑟拿出烟斗，装上烟丝，把烟斗叼在嘴里，取出火柴。当他准备划燃火柴时，才停下来，对杜鲁门说：“抽烟，你不会介意吧？”

显然，这不是真心地向对方征求意见。杜鲁门讨厌抽烟的人，但他心里很明白，在面前的这个人已经做好抽烟准备的情况下，如果说他介意，那就会显得自己粗鲁和霸道。

杜鲁门看了麦克阿瑟一眼，自嘲道："抽吧，将军。别人喷到我脸上的烟雾，要比喷在任何一个美国人脸上的烟雾都多。"

杜鲁门总统以自我解嘲的形式来摆脱难堪的境况，而他自嘲，还包含着深深的责备和不满，无形中给了傲慢的将军以含蓄的训诫。

当然大多数人都不是故意陷人于难堪境地的。如果过分掩饰自己的失态，反而会弄巧成拙，使自己越发尴尬，并且对方会心神不宁、坐立不安。以漫不经心、自我解嘲的口吻说几句取悦于人的话，却可以活跃气氛，消除尴尬。

某次，柏林空军军官俱乐部举行盛宴招待会，主宾是有名的乌戴特将军。敬酒时，一位年轻士兵不小心将啤酒洒到了将军光亮的秃头上，士兵吓得魂不附体，手足无措，全场人目瞪口呆。面对颤抖的士兵，乌戴特微笑着说："老弟，你以为这种治疗会有效吗？"在场的人闻言大笑起来，难堪的局面被打破。

尴尬场合，运用自嘲可以平添许多风采。当然，自嘲要避免采取玩世不恭的态度。具有积极因素的自嘲包含着自嘲者强烈的自尊、自爱。自嘲实质上是当事人采取的一种貌似消极、实为积极的促使交谈向好的方向转化的手段而已。

不好回答的话可以岔开说

某单位一女员工结婚，在单位散发喜糖。刚巧该单位有一位尚未谈对象的33岁的大龄女青年，大家吃着糖，突然一位同事笑着对那位女青年说："喂，什么时候吃你的喜糖？"大家都望着那位女青年。那位女青年脸微微一红，把脸转向邻近的一位女同事，然后指着那位女同事身上的一件款式新颖的上衣问："咦？这件上衣什么时候买的？在哪个商店买的？"两个人便兴致勃勃地谈起了那件衣服。

在大庭广众之下问大龄女子何时结婚确实是件很不礼貌的事情。女青年碰到这个尖锐的问题时处境十分尴尬，回答不好可能会引起大家的闲话，再说这事也没必要让大家来参与。于是她立刻把话题转移到同事的衣服上，借以回避对方的无聊问题。问者受到毫不掩饰的冷落，自然也意识到自己的失礼，没有理由责怪女青年对自己的置之不理。

毫无疑问，直接转移法可以让你立即摆脱刚才那个令你难堪的话题，然而有一点不足的是，这样显得十分生硬。将话题飞快转向与之毫不相干的地方，看似快速甩开了为难局面，可是心理上仍然是有阴影的。因此，我们要学会更含蓄的言他法——岔换。

岔换法是针对对方的话题而岔换新的话题，字面上看是回答了对方的问题，而实质意义却是不相干的两个问题。它给人的感觉通常是干脆利落，能显示出一种较为强硬的表达气息。

比如，有个发达国家的外交官问非洲一个国家的大使：

“贵国的死亡率必定不低吧？”大使接过话题就立即掷出一句：“跟贵国一样，每人死亡一次。”

这位外交官的问题是针对整个国家说的，而大使岔开话题直言不讳地换用“每个人的死亡”作答，显示了一种针尖对麦芒的强硬态度。

大诗人普希金有一次在彼得堡参加一个公爵的家庭舞会，当他邀请一位小姐跳舞时，这位小姐极傲慢地说：“我不能和小孩子一起跳舞！”普希金很礼貌地鞠了一躬，笑着说：“对不起！亲爱的小姐，我不知道你怀着孩子。”说完便离开了，而那位漂亮的小姐无言以对，脸上绯红。

反讽不是气急败坏的叫嚣，也不是黔驴技穷的狂鸣，它应该是偶尔露出的峥嵘，锐利锋芒的一现。

利用语言的双解，普希金巧妙将话题的针对点从自己身上转到了那位漂亮的小姐身上，不露痕迹地就将自己的尴尬转化为了漂亮而又傲慢的小姐的尴尬。所以，我们在采用“顾左右而言他”的解围法时，应尽量把它运用得不露声色，婉转巧妙。

六大台阶帮你说好难说的话

人非圣贤，孰能无错？何况即使圣贤也有错的时候。西奥多·罗斯福承认说，当他入主白宫时，如果他的决策能有75%的正确率，那就达到他预期的最高标准了。像罗斯福这么一位20世纪的杰出人物，其最高希望也只有如此。可是，偏偏有人总是忍不住给别人纠错。

沙斯先生是纽约一位年轻的律师，他参加了一个重要案子的辩论，这个案子牵涉一大笔钱和一项重要的法律问题。在辩论中，一位最高法院的法官对年轻的律师说："海事法的追诉期限是6年，对吗？"

沙斯先生愣了一下，看看法官，然后率直地说："不，庭长，海事法没有追诉期限。"

"庭内顿时静默下来，"沙斯先生后来在讲述他的经验时说，"似乎气温一下就降到了冰点。虽然我是对的，法官是错的，我也据实地指了出来，但他却没有因此而高兴，反而脸色铁青，令人望而生畏。尽管法律站在我这一边，我也知道我讲得比过去都精彩，但由于没有使用外交辞令，我却铸成了大错，居然当众指出声望卓著、学识丰富的人错了。"

沙斯先生确实铸成了大错，在指出法官错误的时候，为什么不能更巧妙、更自然一些呢？为什么不能提供一个恰当的台阶，使法官

免丢面子呢？这样不仅会获得法官的好感，而且也会为沙斯先生自己树立一个良好的社交形象。

在社交活动中，能适时地为陷入尴尬境地的对方提供一个恰当的台阶，使对方免丢面子，也算是处世的一大原则，也是人的一种美德。这不仅能获得对方的好感，而且也有助于树立自己良好的社交形象。否则对方没能下得了台阶而出了丑，可能会对你记恨终生。相反，若注意给人“台阶”下，可能会让人感激一生。是让人感激还是让人记恨，关键在于你是否能在台阶的把握上不陷入误区。

外圆内方的人，不但尽量避免因自己的不慎而使别人下不了台，而且还会在对方可能不好下台时，巧妙及时地为其提供一个台阶。这是因为他们在帮助别人下台时，掌握了正确的方法。

1.顺势是为送台阶

依据当时场上的势态，对对方的尴尬之举加以巧妙解释，使原本只有消极意味的事件转而具有积极的含意。

全校语文老师来听王老师讲课，想不到校长也光临“指导”，这下可使小王犯难了。他既怕课讲得不好，又忧虑有的学生答问题时表现不佳，有失面子。

课上，他重点讲解了词的感情色彩问题。在提问了两位同学并取得良好效果后，接着提问校长的孩子：“请你说出一个形容×××美丽的词或句子。”

或许是课堂气氛紧张，或许是严父在场，也可能兼而有之，孩子一时为难，只是站着不说话。

空气凝固。王老师和校长都露出了尴尬的脸色。瞬间，王老师便恢复正常，随机应变地讲道："好，请你坐下。同学们，该同学的答案是最完美的，他的意思是说这个人的美丽是无法用文字和语言来形容的。"

听课者都露出了会心的微笑。

这一妙解为校长孩子尴尬的"呆立"赋予了积极的意义，使他顺利下了台阶，而王老师和校长也很自然地摆脱了难堪。

2.破除尴尬造台阶

故意以严肃的态度面对对方的尴尬举动，消除其中的可笑意味，缓解对方的紧张心理。

第二次世界大战时，一位德高望重的英国将军举办了一场祝捷酒会。除上层人士之外，将军还特意邀请了一批作战勇敢的士兵。酒会自然是热烈隆重。没料想一位从乡下入伍的士兵不懂酒席上的一些规矩，捧着面前的一碗供洗手用的水就喝，顿时引来达官贵人、夫人小姐的一片讥笑声。那士兵一下子面红耳赤，无地自容。此时，将军慢慢地站起来，端着自己面前的那碗洗手水，面向全场贵宾，充满激情地说道："我提议，为我们这些英勇杀敌、拼死为国的士兵们干了这一碗。"言罢，一饮而尽。全场为之肃然，少顷，人人均仰脖而干。此时，士兵们已是泪流满面。

在这个故事里，将军为了帮助自己的士兵摆脱窘境、恢复酒会的气氛，采用了将可笑事件严肃化的办法，不但不讥笑士兵的尴尬举动，反而将该举动定性为向杀敌英雄致敬的严肃行为。乡下士兵不但将尴尬一扫而尽，而且获得了莫大的荣誉，成为全场的焦点人物。

3.不露声色搭台阶

心理学的研究表明，谁都不愿把自己的错处或隐私在公众面前曝光，一旦被曝光，他们就会感到难堪或恼怒。因此，在交际中，如果不是为了某种特殊需要，一般应尽量避免触及对方所避讳的敏感区，避免使对方当众出丑。必要时可委婉地暗示对方自己已经知道他的错处或隐私，便可对他造成一定的压力；但不可过分，只需点到而已。

4.佯装糊涂赏台阶

装作不理解对方尴尬举动的真实含意，故意给对方找一个善意的行为动机，给对方铺一个台阶下。

一位老师介绍经验时说：“一天中午，我路过学校后操场时发现，前两天帮助搬运实验器材的那几位同学正拿着一个实验室特有的凸透镜在阳光下做‘聚焦’实验。我想：他们哪来的凸透镜？难道是在搬运时趁人不备拿了一个？实验室正丢了一个。是上去问个究竟还是视而不见绕道而去？为难之时，同学们发现了我，从他们慌张的神情中我肯定了自己的判断。当时的空气就像凝固了似的，一分一秒也不容拖延。我快速地构思，终于想出一条妙方，笑着说：‘哟，这凸透镜找到了！谢谢你们！昨天我到实验室准备实验，发现少了一个凸透镜，我想大概是搬运过程中丢失了，我沿途找了好几遍都未能找到，谢谢你们帮我找到了这个凸透镜。这样吧，你们继续实验，下午还给我也不迟。’同学们轻松地点了点头。”

这位老师采用了故意曲解的方法，装作不懂学生的真实意图，反误以为他们帮助自己找到了凸透镜，将责怪化成了感激，自然令学生在摆脱尴尬的同时又羞愧不已。

5.增光添彩设台阶

有时遇到意外情况使对方陷入尴尬境地，这时，外圆内方的人在给对方提供台阶的同时，往往会采取某些妥善措施，及时给对方的面子上再增添一些光彩，使对方更加感激不尽。

6.放低姿态献台阶

有一次，由爱因斯坦证婚的一对年轻夫妇带着小儿子来看他。孩子刚看了爱因斯坦一眼就号啕大哭起来，弄得这对夫妇很尴尬。心胸开阔的爱因斯坦却摸着孩子的头高兴地说：“你是第一个肯当面说出对我的印象的人。”坦诚的妙答并没有使爱因斯坦失去面子，也给了这对夫妇一个情面，活跃了气氛，融洽了关系。

在这里，爱因斯坦向我们显示了他在交际中的宽容和机智。面对孩子大哭给年轻夫妇带来的尴尬，他既没有哄劝孩子，也没有安慰孩子的父母，而是采用了自嘲的方式来帮助对方化解尴尬。爱因斯坦把孩子的大哭理解为孩子对自己的恐惧和不满，然后放低姿态，凭借慈祥的语气表示自己对此态度的认同，一语便缓解了年轻夫妇的难堪。

人人都有下不来台的时候。学会给人台阶下，既可以缓解紧张难堪的气氛，使事情得以正常进行，又能够帮助尴尬者挽回面子，增进彼此的关系。要达到这样的目的，我们应学会使用以上技巧。

这个社会上不乏喜欢中伤他人的人，他们总是扫别人的兴，以别人的难堪为快，品质恶劣至极。我们如果刻意躲闪，反而令自身更加手足无措，使他人得意忘形。因此，我们必须懂得反击。

有时，别人可能用指桑骂槐的方式对你进行猛烈的人身攻击，侮辱你的人格。对此，你如果质问对方，正面回击，可能正中对方下怀，他可以说：“我并没有指你，你为什么要往自己头上硬扯？”要回击这类人身攻击，最好的办法是也采用同样含沙射影的方式，反击对方，取得以隐制隐的效果。

有一伙人从某地火车站出来，到车站广场的摊点上想买几只烧鸡在旅途中吃，买主都很年轻。他们买烧鸡时，对女老板说：“嘿，你这摊上卖得还真全啊！还有野鸡呢，你这野鸡肉香不香啊？想不到你们这地方还出这么漂亮的野鸡，这野鸡的肉多嫩呀！老板，怎么个卖法呀？可不可以送货上门啊？”说完后，他们一伙人都很轻慢地笑了起来。

女老板很清楚这伙人居心不良，把自己比作“野鸡”，如果直接骂他们几句，就会被指责为不文明经商；如果不回敬几句，就很可能有更难堪的场面出现。于是她不卑不亢地说：“我们这里不出野鸡，只加工野鸡，这里的野鸡都是用火车从外地运来的。运来的野鸡都是活的，所以稍不留神就会被野鸡啄着，这些东西毕竟是野物嘛，又不通人性。我们在加工野鸡时，对那些野性大的野鸡先开刀，然后用开水烫，接着把它的毛拔光，趁热就开膛破肚，接下去就是烧烤熏煮。你们问问旁边这两位小妹，她们刚刚尝过了。你们如果吃着好的话，就欢迎多买几只，我可以优惠点。你们除了自己吃，多余的带回去送给亲友，不是也算帮我们送货上门了吗？”

那些恶意挑逗者听了这番滴水不漏的回答之后暗冒冷汗，只好强打精神说：“好！够份儿。老板娘的货漂亮，人漂亮，话更漂亮。”说完以后还真乖乖地买了几只烧鸡走了。

这位老板娘就是采用了含沙射影、以隐制隐的语言技巧，把“野鸡”的雅号送了回去，巧妙地回击了指桑骂槐的发难者。

在社交场合，有时会遇到别人有意无意奚落、挖苦、讥讽你，你该怎么办？有随机应变能力的人，能化被动为主动，使尴尬烟消云散。“兵来将挡，水来土掩”，你可视不同的对象选择不同的应付办法。

来者不善，怀有恶意，故意挑衅，你可以“以牙还牙，以眼还眼”，有理、有利、有节，有礼貌而巧妙地回敬对手，针锋相对，“原物”顶回。

如果有人用过于唐突的言辞使你受到伤害，千万不要息事宁人，要知道，只有反击、进攻才能有效抑制那些人的出言不逊。

孔融10岁那年，有一次到李膺家做客，当时在场的都是些社会名流，孔融应答如流，得到宾客们的称赞。但有一位叫陈韪的大夫却不以为然，讥讽地说：“小时候聪明，长大了未必也聪明。”孔融立刻回答道：“我想先生在小时候一定很聪明吧？”

孔融采用以其人之“法”还治其人之身的语言形式，以问作答，把对方射过来的“炮弹”又原样给弹了回去。作答的语言一般都带有明显的嘲弄味和讽刺味，通常是由对方出言不逊、讽刺挖苦所引起的，这样的语言表达方式一般出现在不友好的两方之间，是答方对不礼貌的问方以牙还牙式的回敬。

有个成语，叫急中生智。要做到这一点，需要灵敏的思维、丰富的语汇、渊博的知识、娴熟的技巧。只有掌握了各种应付尴尬局面的语言技巧，遭人责难时才能使自己立于不败之地。

装作不知道，说得更奇妙

实习期间，一位实习老师在黑板上刚写了几个字，学生中突然有人叫起来：

“老师的字比我们李老师的字好看！”

真是语惊四座。稚幼的学生哪能想到此时后座的班主任李老师有多么尴尬！对这位实习生来说，初上岗位，就碰到这般让人难堪的场面，的确使人头疼，以后怎样同这位班主任共度实习关呢？怎么办？转过身来谦虚几句，行吗？不行！这位实习生灵机一动，装作没有听到，继续写了几个字，头也不回地说：

“不安安静静地看课文，是谁在下边大声喧哗？”此语一出，后座的李老师紧张尴尬的神情顿时轻松多了，尴尬局面也随之消除。

这里的实习老师巧妙地运用了“装作不知道”的技巧，避实就虚，避开“称赞”这一实体，装作没有听清楚，而攻击

“喧哗”这一虚象。既巧妙地告诉那位班主任“我根本没有听到”，又敲打了那位学生的称赞兴致，避免了学生误认为老师没有听见可能再称赞几句，从而再次造成尴尬的局面。

“装作不知道”，就是指对别人的话装作没有听到或没有听清楚，以便避实就虚、猛然出击的处理问题的方式。它的特点是说辩的锋芒主要不在于传递何种信息，而是通过转移对方的说辩兴致使之无法继续设置窘迫局面，化干戈为玉帛，能够寓辩于无形，不战而屈人之兵。当然唯有具有较深阅历的人方能达到这种效果。在人际交往中，这种方式的使用场合很多。

别人的刻薄攻击，不仅可以当作耳旁风，而且还能对其反讽一番，这就叫“装作不知道，说得更奇妙”。

对于一些敏感性问题，提问者一般不直接就问题的本质提出质疑，而是从其他貌似平常的事物着手，旁敲侧击地进行诱导性询问。这时，我们可以故意装作不懂对方的真正用意，而站在非常表面的、肤浅的层次上曲解其问话，并将这种曲解强加给对方，使对方意识到我方的有意误解实际上是在表达委婉的抗议和回避，从而识趣地放弃自己的追问。

在人际交往中，有许多场合都可以使用“装作不知道”的办法，躲开别人说话的锋芒，然后避实就虚、猛然出击。其技巧关键在于躲闪避让的机智，虽是“装作”，正如实施“苦肉计”一样，却一定要表演得自然。

第十六篇

千人千面，对不同的人说不同的话

冲破障碍，说好初见时的第一句话

与陌生人打交道，谁都会存有一定的戒心，这是初次交往的一种障碍。而初次交往的成败，关键要看如何打破这道障碍。如果你能用第一句话吸引对方，或是讲对方比较了解的事，那么，第一次谈话就不仅仅是形式上的客套了。如果运用得巧妙，双方会相处得更加融洽。

一般情况下，我们可以以一种自然的、叙述型的谈话开头，既能给人带来亲切感，同时还能使双方找到共同的兴趣点，进行更深入的讨论。

有时候，从别人的兴趣爱好着手，讨论别人感兴趣的话题就很容易拉近人与人之间的距离。所谓“酒逢知己千杯少”，两个志趣相投的人在一起总觉得有说不完的话。因此，我们在和陌生人交往时，不妨多多寻找彼此在兴趣、性格、阅历等方面的共同之处，使双方在越谈越投机的过程中获得更多关于对方的信息，迅速拉近距离，增进感情。

与完美主义者对话

“世界是不完美的，我要追求完美。”这通常是追求完美的人的座右铭。完美主义者作为九型人格中的头号，他们的性格有一个很显著的特征，即关注细节，力求完美。他们多半不能容忍污点，正义感和责任感都很强，对自己的要求极高，同时对周围的人也会“高标准，严要求”。

完美主义者通常不会注意到自己是否快乐，他们只关注他们“应该”做和“必须”做的事情。他们很少会问自己真正需要什么，只知道去做正确的事情。

完美主义者不论是在生活上、感情上，还是在工作上，都比较冷静，做任何事情也都有条理、有目标，善始善终。

如同一枚钱币的两面，完美主义者是在这个并不完美的世界里追求完美的人，有时候他们的认真与执着会让我们感动。没有他们的严谨和讲求原则的态度，这个世界也许会变得很糟糕。

但是，追求完美的人也有他的缺陷。

例如，一些完美主义的管理者，他们常常喜欢把大小事务揽在自己身上，事必躬亲，从来都不放心把一件事交给下属去做。这样，看起来他们似乎整天忙忙碌碌，实则大多没有做出什么实在的价值。

孔子的学生子贱做过某县的地方官。平日里，大家只见他弹琴作乐，悠然自得，从来没见他走出过公堂。然而在他的治理之下，这个地方生活富足，百姓安定。后来，子贱离开了这里，接替他的官吏每天早出晚归，为了工作，吃不香，睡不好，大小事务无不亲自处理，却还是有很多的问题未解决。

这位官吏非常苦恼，便特意向子贱请教。子贱得知他的来意后，微微一笑，说道："我哪里有什么窍门呀！只不过我在任时凭借大家的力量处理政务。而你用的方法是只靠自己，光靠自己的力量治理当然辛苦了。"

子贱的为官之道告诉我们一个道理：没有人是万能的，你必须学会依靠别人的力量，让别人为你办事，才有可能获得成功。完美主义者很多时候就是缺少这种"依靠他人"的特质，不懂得解放自己双手的管理之道。

与过度老实的人**交谈**

"先天下之忧而忧，后天下之乐而乐"的"大我"精神一直是过度老实的人的人格中最闪耀的地方。过度老实的人作为九型人格中的2号，他们的性格如果用一种颜色来表示的话，最合适的莫过于绿色：温和、不刺激、有希望的力量，还有温暖人心的热忱。他们永远不会咄咄逼人，帮助别人时也是出于一种"责任"。因此可以说2号人格的人是社会责任感最强和最有爱心、同情心的人。

他们从来都是在按照他人的意愿做事，因为他们做事的初衷就是为了"讨好"别人。长大了，他们的性格中就会有隐忍、宽厚的一面，同时还有依赖性太强的特点。过度老实的人不够独立，总是想站在一个强者的背后，希望寻找一棵大树好乘凉，而从来不想着要依靠自己的双手去创造。

对于总是喜欢在他人“授意”之下才有所行动的2号老实人，要他们提出自己的意见并按照自己的意思去办事，可比登天还难。一个人倘若没有自己的主见，就如同木偶一样，被人牵着走。下面故事中的主人公就犯了这样的错误，以致自己坐失良机。

一名喜欢写作的学生苦心撰写了一篇小说，请一位知名作家点评。因为作家正患眼疾，学生便将作品读给作家听。读到最后一个字，学生停了下来。作家问道：“结束了吗？”听语气似乎意犹未尽。这一追问，引发学生的激情，立刻灵感喷发，马上接续道：“没有啊，下部分更精彩。”他以自己都难以置信的构思叙述下去。

到达一个段落，作家又似乎难以割舍地问：“结束了吗？”

小说一定摄魂勾魄，叫人欲罢不能！学生更兴奋，更激昂，更富创作激情了。他不可遏止地一而再，再而三地接续……最后，电话铃声骤然响起，打断了学生的思绪。

有人找作家，而且情况比较急，作家匆匆忙忙准备出门。那么，没读完的小说呢？

“其实你的小说早该收笔，在我第一次询问你是否结束的时候，就应该结束。该停就停，看来，你还是缺少决断。决断是当作家的根本，否则，绵延逶迤，如何打动读者？”

学生追悔莫及，觉得自己恐怕不是当作家的料。

不久，这位年轻人遇到另一位作家，谈及往事，谁知这位作家惊呼：“你的反应如此迅捷、思维如此敏锐，这些正是成为作家的天赋呀！假如正确运用，作品一定能脱颖而出。”

“横看成岭侧成峰，远近高低各不同。”这两句诗用在此处再恰当不过了。每个人对同一个问题的看法通常也是见仁见智的。对于习惯受到他人影响的2号人格的人也因此常会感到迷惘。这一类人就是极易受到他人观点左右的老实人。

牵线搭桥，漂亮地为他人做介绍

在社交场合中，介绍与被介绍都是很重要的一环。通过介绍，新朋友得以相识，彼此间的志趣相投，业务上的接触也从此开始了。

为他人介绍，即第三者为彼此不相识的双方引见的介绍方式。在人际交往中，我们总是能够碰到为他人介绍的机会，如何漂亮地为他人做介绍呢？

当你刚开始介绍的时候，请记住下面这些礼节：

假如有三个人在一起，而其中两个人已经互相认识，第三者却跟其中一个人不认识，那么另一个人就有义务担当介绍人，把第三者介绍给这个人认识。当你招待不止一个客人的时候，如果客人中有互不认识的，做主人的要负起介绍的责任，使这些彼此不认识的人成为朋友。

通常情况下，如果为一位先生和一位女士做介绍，那么在介绍过程中，女士的名字应先提，然后再提男士的名字。如，“李小姐，我来为你介绍一位朋友，这是陈先生。”有时亦有例外。如果你要介绍一男一女认识，而男的年纪比女方大很多时，则应该将这位女士介绍给男士，以示尊敬长者。

未结婚的通常被介绍给已结婚的，除非未结婚的男士（或女士）年龄比已结婚的大很多。

在同性别的两人中，年轻的应被介绍给年长的，亦表示尊敬长者之意。

在年纪相差不大的男士中，并不计较谁被介绍给谁，但当某人在社会上是德高望重，或是有名望、有地位时，别的人自当被介绍给他。总而言之，在介绍过程中，先提某人的名字乃是对此人的一种敬意。

归纳上面的原则，是年轻的或后辈被介绍给年长的或前辈，男士被介绍给女士。但是当介绍家人时，则有另外的规矩。

介绍自己的家人给客人认识时，不应在家人的姓名后面加上“先生”、“太太”或“小姐”等称呼。但是女儿如果已经结了婚，也可以加“太太”两字。介绍的时候，直接称“丈夫”或含蓄点称“先生”也可以，儿子或女儿应称“小儿”或“小女”，兄弟与姐妹应称“家兄”或“家姐”、“舍弟”或“舍妹”，然后，再加上他们的名字。如果是介绍自己的丈夫则姓和名都要加上。

此外，有一些情况应特别注意。

不愿相识的人不可贸然地介绍认识。女子偕男友外出碰到女友或另一对男女，可点头招呼，但无须介绍，除非其中某一方提出这个要求。

在社交场合或有人来家做客时，把自己的妻子或丈夫介绍给初次会面的朋友时，应首先将对方介绍给妻子，然后再将妻子介绍给朋友。而当妻子介绍丈夫给朋友认识时，应首先将丈夫介绍给对方，然后再把朋友介绍给丈夫。

遵从这些介绍原则，才能在社交场中漂亮地为他人牵线搭桥。

面对领袖型人物，**最好先听他说**

能做领导，甚至是领袖人物的人，多少都会有点能力。领袖型人物就像是天生的将军，他们拥有俯视江山的气魄，个性刚强坚毅，不容易屈服。他们的性格像是象征权力、热情、欲望、尊贵的红色。8号人物天生的个性，造就了他们不平凡的一生。

其实，8号的这种强势而独立的个性是从小时候开始养成的。童年的时候我们几乎都玩过“老鹰捉小鸡”的游戏，而8号通常扮演的就是那只“母鸡”或“老鹰”的角色。“母鸡”保护弱者的个性在8号之后的人生中占有相当重要的位置；“老鹰”俯视天下的霸气也一直如影随形地跟着8号。

8号领导者永远像一头雄狮一样威严，尊贵而勇敢，他们是最有勇气、最能捍卫利益的一群人。他们对强权从来不会屈服，而是积极地投入战斗。无论这利益是他们自身的，还是他人的，只要他们认定了，就一定能够坚持到底，孟子所说的“威武不能屈”形容的就是8号领导者的勇猛形象。

8号就像是一棵参天大树，带给其他人独一无二的安全感。他们习惯并且也热衷于提携他人、保护他人。通常情况下，别人都希望能给自己找到一棵大树来庇护，唯独8号并不热衷于此，因为8号自身就是能够给别人保护的人。

因为个性使然，8号常常是领导别人的人。有人羡慕他们的地位和权力，其实他们的内心也常常提心吊胆。因为他们可能是主管或“一把手”，所面临的常常是危机和整个集体的存亡，他们的生活也就注定了不会平淡。有了功劳，他们当然会受益，这是大家都能看到的一面。可是也有人嫉妒，想要自己也尝试一下滋味。就像《红楼梦》中所言“大有大的难处”，可以这样说，权力越大责任越大。身居高位的人，其实每个人的头顶上都悬着这样一把责任之剑，一旦发生重大事故他们就首当其冲。

九型人格中，8号以其卓越的领导力与远见卓识常常成为众人中的核心人物，但也正是因为如此，8号很喜欢用命令的口吻让别人来替他做事，尽管可能是对方的分内之事，但他的语气却会招致不满，因此也常常留给别人一种不够尊重别人的印象。另外，他们又很容易自负，看不清自己的问题所在，而且，他们通常易怒，也不太会听取他人的建议，往往因为太过自信而错失良机。

跟和事佬打交道，**别让他绕过你**

9号和事佬的典型代表人物是刘邦，他们本人的能力可能都不是很强，但是他们都能将最强的人留在自己身边。刘邦就曾经说过他“运筹帷幄不如张良，调兵遣将不如韩信，供需粮草处理政务不如萧何”，但他却是他们的“领导”，这种能力是9号的突出特点。

一个人的胸怀有多大，他的事业往往也就有多大。9号以其大度的胸襟、兼容并包的大气而闻名。他们总是尽力地避免争吵，同时他们能将争执的各方都聚集在一起，用求同存异将大家聚拢在自己周围。他们不会要求别人一定要赞同自己的观点，相反他们认为每个人的建议都有其独到之处。9号的个性中最有魅力的地方正在于此，他们不会为了意见不同而容不下他人的话语权，也不会因为自己不喜欢某种建议而否决他人，更不会为了一点小事而斤斤计较。

9号是非常善于利用“关系”来办事的一群人，他们清楚周围的人的强项与短处，在面临重大问题的时候总是能够找到“能用”的人。同时，他们能够灵敏地探测到各种对解决问题有关的信息，并以其独有的宽厚博大来感染周围的人，将他们的能力变相的化为已有，在需要的时候，“该出手时就出手”。

但是，做自己想做的人，就要求有主见，做事有决断力，而这些也是9号的弱点。

9号的协调能力非常罕见，但是他们的弱点在于，面对那么多人提出的建议他们常常会感到无所适从。他们一方面觉得谁的话都有道理，另一方面又会觉得无法抉择，因为他们谁也不想得罪。

另外，9号平时性格温和，很少发火，但那只是因为他们将不满放在了心里而已，等到合适的机会才会发泄出来，而他们的表达方式就是抱怨。好像谁都对不起他们，他们付出的太多，得到的太少。可以说，9号是最爱抱怨的一族。

温和的9号常常给人一副好脾气的印象，像英国绅士一样礼貌周到，但是你不要被他们这不温不火的个性所迷惑，他们虽然“喜欢”听别人的建议，但是骨子里相当固执，甚至爱钻牛角尖。顽固不化，像一头牛一样固执，这是9号个性中很隐秘却又很突出的特点，因而做起事情来有时候难免不够灵活变通。

第十七篇

瞬间拉近距离的问话技巧

问话热身，消除冷状态

生活中，当我们与某人第一次见面时，不管有多想了解对方，一定不能忽视问话禁语的问题，要耐下心来慢慢述说。

第一次见面，不管出于怎样的目的，总希望尽可能多地了解对方，一个又一个的问题就这样问了出来。殊不知，这样的问话方式会给对方造成不适之感，对你本就不熟悉的另一方，戒心会更重。最开始问话的一方往往觉察不到这种迹象，直到对方表现出明显的回避与提防的情形时，问话方才不得不就自己的问话作一番解释。于是疑云消散，双方的交谈才逐渐融洽。但是，如果在对话的最开始就先讲明自己询问某些事的原因，交流的效果是不是会更好呢？

小超是动漫爱好者，最近又迷上飞机模型的制作，经人介绍认识了一个叫赵彦的模型高手，两人一见面就谈了起来。

小超："听说你是这方面的行家？"

赵彦："也不算吧，只是喜欢玩而已。"

小超："你做这个多少年了？听说这行里的有些人很神秘，之前都是专门做飞机的？飞机的原理是不是

很复杂？有没有什么有意思的事透露一下？”

听了小超的这几句话，赵彦的面部表情突然严峻了起来。

“你问这些干什么？我不知道。”

感到对方有明显的抵触心理，小超连忙说道：

“不好意思，我解释一下，我之所以问你飞机原理的事，是因为我最近在学着做飞机模型，我朋友没跟你说？”

赵彦摇摇头：“他只说你想认识我一下，没说具体是什么原因。”

“噢，那就是我的不对了，我应该提前告诉你我那么问的原因的。除了飞机原理，我还想知道咱们国内制作飞机模型的整个状况，经费啊，材料源啊，等等，毕竟我刚接触这个，这方面的知识还非常缺乏，可以吗？”

“当然可以啊。你一解释我就明白了，不然一见面就问我飞机原理什么的，我以为你是间谍呢。”

“哈哈，是我的问题。”

小超就犯了只顾问而没有解释的错误。他的问题让对方疑虑重重，甚至因为问题的敏感怀疑他是间谍。因为有这样的想法，对方的心就会关闭得更严，而交流自然无法顺畅。在这个过程中，对方还存有戒备心，没有把小超

当作真正的朋友，而小超那样问，也是没读懂对方的表现。

不熟悉的人相见，认知总需要一个过程，切不可因为想急切了解某些问题而忽视了思想“互通有无”的过程。简而言之，就是让对方对你跟他对话的目的有个大概的了解，让他心中有数，他才会对你的问题予以解答。

小超从一开始就问，到后来对问话予以解释，就是感觉到了对方内心的变化：由陌生到抵触。不解释可能更加防备，这样发展下去的后果很可能是不欢而散。小超热情四溢，对方却一直是冷状态。

所以，生活中，当我们与某人第一次见面时，不管有多想了解对方，一定不能忽视问话禁语的问题，要耐下心来慢慢述说。尤其要注意的是，对一些需要解释的问题应提前做出必要的解释，跟对方说明自己这样问的意图。这样才能让他最大限度地敞开心扉说出自己的想法，你也会更加地了解这个人。

潜伏在“醉翁”心里的游戏

有时候，邀请别人赴宴是一件难事。不是因为关系不好，而是因为对方本来就是个不爱赴宴的人，遇到这种情况应该怎么办呢？

有一名年轻人，胸怀大志，他很想自己开一家小公司，资金却是大问题。他想到可以求同学的父亲帮忙，于是千方百计地从同学那里打听到其父喜食海鲜，便决定到附近一家海鲜馆宴请同学的父亲。这位年轻人也从同学口中得知其父不轻易赴宴，于是年轻人就想了一个方法。

月末的一天，这位年轻人很早就给同学打电话得悉其父周末在家休息。于是他在上午10点左右风风火火地跑到那位同学家，当着其父亲的面告诉同学自己投资的一个项目赚了一笔钱，要请同学吃海鲜，同时也大力邀请同学的父亲一起去。

“叔叔，我投资的一个项目赚了一笔钱，我们想坐一起高兴高兴，您作为长辈就更不能缺席了不是？”

刚开始同学父亲有些犹豫，他就对同学说：“让你爸爸跟咱们一起去热闹热闹，也不算什么过分的事吧？”

同学听了这句话，笑着看看爸爸，他爸爸也笑笑说：“好，好，那我也跟着凑凑热闹。”邀请之事就这样办妥了。

在酒桌上，年轻人和同学的父亲谈起自己的生意，并说了自己眼前遇到的困难，希望对方能帮助自己。当时同学的父亲并没有答应，而是说回去考虑一下。没想到，一周之后，同学就告诉他，自己的父亲愿意帮他办公司，那位年轻人自然高兴得不能自已。

很多时候，怎样成功邀请别人赴宴是一门很深的学问，尤其是请别人为自己办事的时候。在上面的故事中，年轻人就遇到了一个不易邀请的人，他之所以能说动对方的心，就在于他巧妙的问话。

同学的父亲有资金，而自己开公司又需要资金。问题的关键是，其父亲并不知道自己缺钱，而且知道了也不一定愿意帮自己。想到这里，他就觉得可以借请同学吃饭的机会，请他的父亲也一同出席。“单约不行，还不允许我一起约出来吗？”有了这种想法，才有了他接下来的巧妙问话。

其实，自己的项目赚了钱，与同学父亲本没有多大关系，但他的真实目的是想借助同学父亲的实力帮助自己，所以就使出了“借花献佛”这一招，邀请同学的同时也将其父一起邀请。看见儿子跟同学的关系那么好，而这个同学又那么热情，一同赴宴也就没有什么不可以的了。

仔细分析，同学父亲之所以能答应年轻人的借款要求，还在于其心态的微妙变化。同学父亲最开始并没有把年轻人看作一个借款者，只看作一个晚辈，也没有想到他请自己吃饭带有某种目的，有了这种心态，同学父亲的心里就没有设防，也间接地促成了对方的借款之举。

借花献佛，醉翁之意不在酒。平时的生活中，我们也可学着这种方法邀请别人，这不是耍心机，而是运用小技巧，达到自己的目的。

锲而不舍，由浅及深问到底

在某些沉闷的环境里，没有人愿意开口跟陌生人说话，那是出于一种防备心理，在这个时候，该怎么办呢？你也要一直沉默下去吗？

假如你正坐在火车上，已经坐了很久，而前面还有很长很

长的路程。你想与他人讲讲话，这是人类的群体性在作祟，而你要尽力使你的谈话显得有趣和富有刺激性。

坐在你旁边的像是一个有趣的家伙，而你颇想了解他，于是你便搭讪道：

“对不起，你有火柴吗？”

可是他一句话也不讲，只是点点头，从口袋里掏出一盒火柴递给你。你点了一支烟，在还给他火柴时说了声“谢谢”，他又点了点头，然后把火柴放进了口袋里。

你继续说：“真是一段又长又讨厌的旅程，你是否也有这种感觉？”

“是的，真讨厌。”

他回答着，而且语调中包含着不耐烦。

“若看看一路上的稻田，倒会使人高兴起来。在稻谷收获之前的一两个月，那一定更有趣吧？”

“唔，唔!”他含糊地答应着。

这时，如果你再也没有勇气问下去，你们的谈话就会到此为止，沉默就会继续。但如果你不再只是问一些表面问题，而是换一个稍微深入的，能引起他兴趣的话题，对方可能就不再沉默了。

“今天天气真好啊，真是适合踢球。今年秋天有好几个大学的球队都很出色，你对这件事有关注吗？”

这时，那位坐在你身旁的乘客直起身来。

"你觉得理工大学球队怎么样？"他问。

"理工大学球队很好，虽然有几个老将已经离队，但那几位新人都很不错，对这个球队你也关注？"

"嗯，是的，你曾听到过一个叫李小宁的队员吗？"他急着问。

或许李小宁这个人你听说过，或许没听说过。这都不是关键，关键是李小宁这个人能引发对方的谈话兴趣。你就可以顺着他的话说："他是一个强壮有力、有技巧，而且品行很好的青年。理工大学球队如果少了这位球员，恐怕实力将会大减。但是李小宁毕业了，以后这个队如何还很难说。怎么，你认识他？"

这位乘客听了这话便兴高采烈、滔滔不绝地谈了起来。

可见，人与人相遇，并不是无话可聊，而是没有找到适合双方的话题。这样的话题常常需要一个试探的过程，而要想把握这个过程，就要有锲而不舍的精神，不能因为一两次的受阻就不再问下去。问得越深、越广、范围越大，就越能找到尽可能多的谈资。挖掘到对方最感兴趣的话题，让原本陌生的两个人逐渐熟悉起来，谈话气氛也会变得融洽。

看透对方心理，掌握谈话主动权

让步不是无谓的退缩，而是在谋划周全后，为了争取最大的利益而做出的举动。

在谈判中，一味地用和气、温柔的语调讲话，一个劲地谦虚、客气、退让，有时并不能让对方信赖、尊敬或让步，反而会使别人误以为你必须依附于他，或者认为你是个软弱的谈判对手，可以在你身上获得更多更大的利益。

相反，如果一开始就以较强硬的态度出现，从面部表情到言谈举止，都表现出高傲、不可战胜、一步也不退让的样子，留给对方的也将是极不友好的印象。这样会使对方对你的谈判诚意有异议，从而失去对你的信赖和尊敬。那么，正确的方法应该是怎样的呢？

故事中的谈判技巧给我们提供了答案。

1923年，苏联国内食品短缺，苏联驻挪威全权贸易代表柯伦泰奉命与挪威商人洽谈购买鲱鱼。

当时，挪威商人非常了解苏联的情况，想借此机会大捞一笔，他们提出了一个高得惊人的价格。柯伦泰竭力进行讨价还价，但双方的差距还是很大，谈判一时陷入了僵局。柯伦泰心急如焚，怎样才能打破僵局，以较低的价格成交呢？低三下四是没有用的，而态度强硬更会使谈判破裂。她冥思苦想终于想出了一个办法。

当她再一次与挪威商人谈判时，柯伦泰十分痛快地说："目前，我们国家非常需要这些食品，好吧，就按你们提出的价格成交。如果我们政府不批准这个价格的话，我就用自己的薪金来补偿，你们觉得怎么样？"

挪威商人听了她的话，一时竟呆住了。

柯伦泰又说："不过，我的薪金有限，这笔差额要分期支付，可能要一辈子，怎么样，同意的话咱们就签约吧？"

柯伦泰的这句话虽然让挪威商人很感动，但也感到了其中某种强硬的意味，要还一辈子？这里面似乎已经没有讨价还价的余地。最后，经过一番深思熟虑，他们最终同意降低鲱鱼的价格，按柯伦泰的条件签订了协议。

本来是紧张的商业谈判，最后却因为一方的示弱发生了意想不到的改变。这种示弱在商业谈判中叫作“软硬兼施”。当谈话陷入僵局，双方各执一词争执不下的时候，要想让谈判继续下去，一方就要做出让步。让步不是无谓的退缩，而是在谋划周全后，为了争取最大的利益而做出的举动。

柯伦泰在双方分歧较大的时候提出用自己的钱买挪威人手中的货物，还言辞恳切地询问对方的意见如何。这些话麻痹了对方的神经，以为她真的会按自己说的去做，没想到这只是柯伦泰的一种策略，而且，她最后说如果是自己付钱，恐怕要一辈子。

通常来讲，谈判双方实际上就是在讨价还价，但柯伦泰的“一辈子”让对方一时语塞，不知道该怎样回答，这就是一种硬。先软后硬让对方无所适从，柯伦泰正是看透了对手的这种心理，才在谈判陷入僵局时，掌握了主动权，最后以较低价格签订合约。

无论是生活中还是谈判桌上，当我们遇到类似局面时，不妨试用一下软硬兼施的谈判方式，熟练掌握，很可能会取得意想不到的好结果。

激将法里的**心理攻防术**

每个人都有不同的性格，不同性格的人说出的话也不尽相同。求人帮助的时候尤其要注意这点。即使在最开始还摸不透对方的秉性，也要在交流一段时间后仔细观察，抓住对方性格里的弱点，以语相激，办事就可以达到事半功倍的效果。

美国房地产商约翰逊打算盖一座写字楼，手里的资金并不是非常充裕。想来想去，他决定先用已有的100万美元开工建设，剩余的300万美元找银行贷款。

100万美元很快就用得所剩无几了，这天，他正好和某著名银行的主管一起吃饭，约翰逊就说起了贷款的事。

“我之前已经和你们银行的高层领导谈过，他们说我的贷款没有问题，不知进展如何了？”

“银行还在考虑，毕竟300万不是个小数目。”

“我现在急着用钱，最好今天就能得到消息。”

“你在开玩笑吧，我们还有很多程序没进行呢。”

他边说边点起一支雪茄，用手指了一下桌子上的一摞纸，眼神里有种居高临下的感觉。

“喏，这些是需要填的申请表，你一张都没填啊。”

听了这话，约翰逊笑了笑：“你不是贷款业务的主管吗？300万对你来说应该不是大数目吧？我只是想知道最新的进展而已，你连这点权力都没有？”

听了这话对方心头一震，他竟然说自己没有足够的权力。约翰逊看出了对方的心理变化，心中暗喜。

“如果你真没有这个权力，我也不为难你了，我还可以找别人是不是？”

“等等，”对方猛吸一口雪茄，“我去给你问问，你在这儿等着。”

过了一会儿，那个高傲的主管微笑着回来了。

“还是主管的权力大，我刚把你的事说出来，那人就说办得差不多了，三天之后应该可以了，怎么样，这次你知道我的能耐了吧？”

“那是，我从来没有怀疑过这点。”

银行主管是个性格高傲的人，自以为坐在权力之位上就可以让所有人按照自己的思维办事，被人求时更是如此。房地产商约翰逊最开始也是好言相求，但效果不佳，之后就变相地说其权力并非想象中那么大，意思是高看了对方。

高傲的人最难以忍受被人轻视，尤其是原本求自己的人。银行主管内心发生极大变化的深层次原因是：他的自尊受到伤害，权力受到挑战。说他不行，他就偏要证明给对方看，而这正是对方所期待的。

激将法是一种心理战术，是用刺激性的言语变相地鼓动对方做某事的技巧。求人帮助的时候，如果遇到难缠、难以说话的人，就可以从尊严、名声、能力等各方面给予必要的刺激，让其“短暂性发怒”，不自觉顺着自己的意思办事，对方可能还不自知，而自己办事的目的早已经达到了。

藏在对方需求里的**劝说术**

有时，说服并不需要正面表达，将对方可能的答案暗含在自己的问话中，用他能接受的选择项引导他，很多事情就会容易很多。

想要说服别人不是件容易的事，当你试图让别人答应某件事或者买下某件东西的时候，他常常会想：我为什么要听你的？遇到这种情况，应该怎么办呢？

小芳是某汽车公司的业务员，因为业绩突出，已经连续三次被评为优秀员工，她到底是怎么做到的呢？以下是小芳和顾客的一次对话。

小芳：请问你需要多大吨位的？

顾客：很难说，大致2吨吧。

小芳：有时候多，有时候少，对吗？

顾客：是这样。

小芳：究竟要哪种型号的卡车，一方面要看你运什么货，另一方面要看在什么路上行驶，你说对吗？

顾客：对，不过……

小芳：假如你在丘陵地区行驶，而且你们那里冬季较长，这时汽车的机器和车身所承受的压力是不是比正常情况下要大些？

顾客：是这样的。

小芳：你们冬天出车的次数比夏天多吧？

顾客：可不是吗，多多了，夏天生意不行。

小芳：有时候货物太多，又在冬天的丘陵地区行驶，汽车是否经常处于超负荷状态呢？

顾客：对，确实是这样。

小芳：从长远的眼光看，是什么因素决定买车型号，是否留有余地？

顾客：你的意思是……

小芳：从长远的眼光看，是什么因素决定买一辆车值不值呢？

顾客：当然要看车的使用寿命。

小芳：一辆车总是满负荷，另一辆车从不超载，你觉得哪一辆寿命更长些呢？

顾客：当然是马力大、载重多的一辆。

小芳：所以，我建议你买一辆载重4吨的卡车可能更划得来。

顾客：好的，我愿意考虑一下。

在以上小芳和顾客的对话中，我们并不能在最开始就准确地判断出小芳能否说服对方接受自己的意见，但有一个强烈的感受就是：小芳的话里似乎总有对方的需求和对方愿意接受的内容。

两个人交谈的时候，当答者对问者的问题没有表现出任何不适和反感，每次回答都能给予正面回应的时候，两人的交流就会呈现出一种良性循环。这里面暗含的意思是：回答问题者正逐渐在内心深处接受向自己提问的那个人，这种接受包括对方的问题和意见。那么，为什么会产生这样的效果呢？

在小芳的问话中，她一直将对方可能接受的答案包含其中，这个答案也是她想让对方接受的内容，这样问出来，会让对方觉得被尊重，他并没有感到自己被引导，虽然事实就是这样。

有时，说服并不需要正面表达，将对方可能的答案暗含在自己的问话中，用他能接受的选择项引导他，很多事情就会容易很多。

第十八篇

说好应酬话，皆大欢喜

说好皆大欢喜的**祝贺话**

当亲朋好友遇到喜事时，我们都会表示祝贺。但倘若我们没有针对性地胡乱祝贺，没有说好祝贺话，那么我们的“热心”换来的很可能就是对方的“白眼”。

祝贺是人们在生活中经常遇到的，是人与人之间交往的一种礼仪。每当我们遇到人生中的大喜事时，如婚姻嫁娶、生儿育女等，亲戚、朋友都会通过某些方式表达祝贺。祝贺时要注意仪表端庄，举止适度，祝词应视对象、场合和内容而定。祝贺送礼要注意三点：

第一，男女之间不可送贴身衣物。

第二，除非对病人，一般不要送药物。

第三，送礼只是表示友情，并不是显示阔气，要量力而行，适可而止。切忌互相攀比，耗财伤情。

从语言表达的形式看，祝贺语可以分为祝词和贺词两大类。祝词是指对尚未实现的活动、事件、功业良好的祝愿和祝福之意，比如某重大工程开幕、某展览会剪彩要致祝词，前辈、师长过生日要致祝寿词，参加酒宴要致祝词，等等。贺词是指对于已经完成的事件、业绩表示庆贺的祝颂，比如毕业典礼上，校长对毕业生致贺词；婚礼上亲朋好友对新郎新娘致祝福词；对同事、朋友取得重大成就或获得荣誉、奖励致贺喜词，等等。祝贺要注意以下几点：

1.情景性

祝贺一定要考虑到特定的环境、特定的对象、特定的目的，使之具有针对性，因为祝贺一般是在特定的情景下进行的。

鲁迅有篇散文叫《立论》，讲到这样一个故事：一户人家生了个男孩，合家高兴。满月的时候，孩子被抱出来给客人们看，大概是想得到一点好兆头。一个说："这孩子将来要发大财的。"于是他得到一番感谢。一个说："这孩子要做大官的。"于是他收获几句恭维。另一个说："这孩子将来是要死的。"于是他得到大家合力的痛打。

在这个故事中，这个说孩子将来是要死的人，他的话从理论上来说是没有错误的，可是他的话不适合此种情景，所以惹人厌恶是必然的事情。不顾当时的特定情景，讲不合时宜的话会招人唾弃。

祝贺总是针对喜庆之事，因此，不应说不吉利的话，应讲使人快慰的话。

2.情感性

祝贺语要达到抒发感情、增进友谊的目的，必须有较强的感染力，因此要求语言富有感情色彩，语气、语调、表情等都要带情感。

3.简括性

祝贺语简洁有力，才能产生强烈的感染力。

有些祝词、贺词是人们的临时发挥，但必须紧扣中心，点到为止，给听众留有回味的余地。

某人主持婚礼。婚礼一开始，主持人上前致辞：

我今天接受爱神丘比特的委托，为这对爱人主持婚礼，十分荣幸。新郎新娘交换礼物。新郎为新娘戴上金戒指，新娘送给新郎英纳格手表。黄金虽然贵重，不及新郎新娘金子般的心；英纳格手表虽计时准确，也不及新郎新娘心心相印永记心间。

主持人的即兴贺词，得体而热情，简洁而明快，博得了阵阵掌声。

4.礼节性

祝贺词一般需站立发言，称呼要恰当。不要看稿子，双目要根据讲话内容时而致礼于祝贺对象，时而含笑扫视其他听众。要同听者做有感情的交流。

点菜是一项“硬功夫”

点菜是摆在众人面前一道严峻的选择题。如果菜安排太少，会怠慢客人；反之安排太多，则会造成浪费，引起他人误解。所以，点菜是一个人饮食文化修养的集中表现，是一项复杂的工作，值得大家探讨。

作为请客者，若时间允许，应等客人到齐之后，将菜单给客人传阅，并请他们来点菜。当然，如果是公务宴请，要控制预算，最重要的是要多做饭前功课，选择合适档次的请客地点非常重要。一般来说，如果由你来买单，客人也不太好意思点菜，都会让你来做主。

如果你的上司也在宴席上，千万不要因为尊重他，或是认为他应酬经验丰富，酒席吃得多，而让他来点菜，除非是他主动要求，否则，他会觉得不够体面。

如果你是作为赴宴者出现在宴席上，点菜时，不应该太过主动，而要让主人来点菜。如果对方盛情要求，你可以点一个不太贵又不是大家忌口的菜，最好征询一下同桌人的意见，特别是问一下“有没有哪些是不吃的”，或是“比较喜欢吃什么”，要让大家有被照顾到的感觉。点菜后，可以请示“我点的菜，不知道是否合几位的口味”“要不要再来点其他什么”，等等。

点菜水平的高低直接影响进餐的心情和氛围，在点菜时一定要做到心中有数，牢记以下三条原则：

1.一定要看人员组成，人均一菜是比较通用的原则。如果是男士较多的餐会可适当加量。同时，要看菜肴组合。一般来说，一桌菜最好是有荤有素，有冷有热，尽量做到全面。如果桌上男士多，可多点些荤菜，如果女士较多，则可多点几道清淡的蔬菜。

2.若是普通的商务宴请，可以节俭些。如果这次宴请的对象是比较关键的人物，则要点上几个够分量、拿得出手的菜。

3.点菜前要对价格了解清楚，点菜时不应该再问服务员菜肴的价格，或是讨价还价，这样会让你在对方面前显得有点小家子气，而且被请者也会觉得不自在。

中餐宴席菜肴上桌的顺序，各地不完全相同，但一般普遍依循下列六项原则：先冷盘后热炒；先菜肴后点心；先炒后烧；先咸后甜；先味道清淡鲜美，后味道油腻浓烈；好的菜肴先上，普通的后上。一般情况下，点菜也要遵循这个顺序。

餐桌上会说话，感情上好沟通

餐桌是交流感情、拉近彼此距离的一个重要场所，聪明的人在餐桌上要巧说话，借由请客吃饭沟通感情，拉近彼此之间的距离。

无论在哪个国家，参加宴会绝不只是为了吃东西，而是交流。既然是交流，就少不了要说话。那么餐桌上应当怎样说话呢？

在正式用餐之前，通常主人会先招待客人喝点餐前酒，吃

些小点心，一方面开开胃，另一方面也可等到客人来齐了再上桌。这是你与其他客人建立联系、交流信息的最佳时刻！不妨趁此机会主动与其他人交流，帮助主人照顾好别的客人，使聚会的气氛更加活跃。

在一场由营销业人士参与的宴会上，幽默的宴会主持人说："我们得先规划一下市场，大家千万不要喝出状况了，请各位先对自己做好定位啊！"宴会上少不了做自我介绍，刘先生第一个开口："我来做一下前期炒作吧！"老朋友李先生也站起来："来来来，我们做个联合炒作，一起推销吧！"其他人一听，乐了："你们蛮会做关系营销嘛！不过，可千万别搞恶性竞争啊！"

并非每个人都有新闻发言人那样的口才，也不可能"上知天文下知地理"，所以在与人交流时，难免会遇到一时答不上来的问题，这时不要感到太难为情，也不要不懂装懂，应该先弄清楚对方的意图，然后尽你所能地帮助对方解疑释惑。

不管是商业交流，还是朋友聊天，都要注意语言表达的得体。同时，要尽量使自己的语言表达具有幽默感，营造一个和谐、轻松、愉悦的氛围。

商务宴会上的不宜话题

有些情况下，不是要你不坦率，坦率是要分人和分事的，从来就没有不分原则的坦率，什么该说什么不该说，心里必须有谱。

不恰当的话题会招来不必要的麻烦，以下话题是在宴会上不宜涉及的：

1.薪水问题

很多公司不喜欢职员之间谈论薪水，因为同事之间工资往往有不小的差别，“同工不同酬”是老板常用的手法，薪水是把双刃剑，用好了，是奖优罚劣的一大法宝，用不好，就容易引发员工之间的矛盾，而且最终会掉转枪口朝上，矛头直指老板，这当然是他不想见到的，所以他对好打听薪水的人总是格外防备。

有的人打探别人时喜欢先亮出自己，比如先说“我这月工资……奖金……你呢？”如果他比你钱多，他会假装同情，心里却暗自得意。如果他没你钱多，就会心理不平衡了，表面上可能是一脸羡慕，私底下往往不服，这时候你就该小心了。背后做动作的人通常是你开始不设防的人。

首先，你不要做这样的人。其次，如果你碰上有这样的同事，最好早做打算，当他把话题往工资上引时，你要尽早打断他，说公司有纪律不谈薪水；如果不幸他语速很快，没等你拦住就把话都说了，也不要紧，用外交辞令冷处理：“对不起，我不想谈这个问题。”有来无回一次，就不会有下次了。

2.私人生活

无论你是失恋还是热恋，都别把情绪带到工作中来，更别把故事带进来。不要说起来只图痛快，不看对象，事后往往懊悔不已。可惜说出口的话如同泼出去的水，再也收不回来了。

商场上风云变幻、错综复杂，把自己的私域圈起来当成商务话题的禁区，轻易不让公域场上的人涉足，其实是非常明智的

一招，是竞争压力下的自我保护。“己所不欲，勿施于人。”如果你不先开口打听别人的私事，自己的秘密也不易被打听。

千万别聊私人问题，也别议论自己公司或客户公司里的是非短长。你以为议论别人没关系，用不了几个来回就会“烧”到你自己头上，引火烧身。

3.家庭财产

不是让你不坦率，坦率是要分人和分事的，从来就没有不分原则的坦率，什么该说什么不该说，心里必须有谱。

就算你刚刚新买了别墅或利用假期去欧洲玩了一趟，也没必要拿到宴会上来炫耀，有些快乐，分享的圈子越小越好。被人妒忌的滋味并不好受，因为容易招人算计。

无论露富还是哭穷，在宴会上都会显得做作，与其讨人嫌，不如知趣一点，不该说的话不说。

得意忘形是应酬大忌

成大事者不会轻易受情绪制约，纵使有厌恶与愉悦的心情，也绝不会轻易流露出来。

人生中有许多得意事，比如事业有成、乔迁升职等，这些当然是值得庆贺的，但这种庆贺应适可而止，切忌得意忘形，切勿无所顾忌地表现出自己的喜怒哀乐。特别是在言辞上，那种“上嘴唇顶天，下嘴唇顶地”的高谈阔论，还是少说一些为妙。因为在你的身边，还有一些失意的人，你的张扬会引起他们的心态失衡，以至于给你带来麻烦。在失意的朋友面前，更要注意自己的言行，只有在言辞上低调，才能融入朋友之中，从而更好地保护自己。

一只野兔被老鹰捉住了，大哭大叫。这时，一只乌鸦飞了过来，得意忘形地对野兔说：“你平时不是跑得挺快吗？这次怎么不跑了？看，还是我们有翅膀的好啊。”接着便大谈自己有翅膀的好处，还手舞足蹈起来。正在这时，另一只老鹰突然飞下来捉住了它，它将有和野兔一样的命运。野兔对乌鸦说：“啊，你方才还在为自己的平安而得意忘形，现在你也该哀叹和我有着同样不幸的命运了吧！”

一个人的心里再怎么高兴，也必须加以掩饰，否则，自己的心意岂不全被别人猜透了。喜怒形于色，易于冲动，思想偏激，生出的古怪念头，稍稍过量便会使我们的心理处于病态，使我们因失控而做出幼稚、肤浅的判断。感情用事不会有好结果，你要做到不管是大顺之时还是大逆之际，都不会有人批评指责你情绪不稳定。

谨慎的人总是试图保持自我控制能力。成大事者不会轻易受情绪制约，纵使有厌恶与愉悦的心情，也绝不会轻易流露出来。对于极端厌恶的人，能把嫌恶之情深深隐藏起来，见面时，仍然显出十分亲善的样子，礼貌而诚挚地问候对方。

在交际中，感情用事，得意忘形，是人生之大忌。踌躇满志、春风得意，是人人向往的人生境界。一个人如果被一时的得意冲昏了头脑，就会故步自封、停滞不前。所以要随时保持清醒的头脑，时刻反省自己，这样才能获得成功。

宴会结尾细节决定成败

俗话说："编筐编篓，重在收口。"宴会也不例外。宴会虽然结束了，但并不意味着你就可以完全放松下来了，你还需要做好很多细节性的事情，才能让你的好形象留在宴请对象的心里。有很多人就是因为不重视宴会结束时的几个小细节，因此使得自己之前费尽心思保持的好形象瞬间崩溃，公关办事也变得一波三折。

那么，宴会结束时应该注意哪些细节呢？

1.宴会结束的时间

一般来说，当主人把餐巾放在桌子上或者从餐桌旁站起身来，即表明宴会结束。只有看到这种信号以后，宾客才可以把自己的餐巾放下，站起身来。

正餐之后酒会的告辞时间按常识而定，如果酒会不是在周末举行，那就意味着告辞时间应在晚间十一点至午夜之间。若是周末，则可晚一些。除非客人是主人的亲密朋友，否则一般都不应该在酒会的最后阶段还坐在那里。

2.离席的先后顺序

当宴会结束，离开餐桌时，不应把坐椅拉开就走，而应把椅子挪回原处。男士应该帮身边的女士移开坐椅，然后再把坐椅放回餐桌边。要注意，有些餐厅比较拥挤，贸然起身，或使手提包、衣服等掉落在地上，或碰到人，打翻茶水、菜肴，失礼又尴尬！离席时让身份高者、年长者和女士先走，贵宾一般是第一位告辞的人。

3.热情话别

当宾客离去时，宴会主人应像迎接宾客一样站在门口与他们一一握别。当宾客成群离去时，也应送至门口，挥手互道晚安，并应致意说："非常感谢各位的光临，真谢谢你们把宴会的气氛维持得这样好。"不要以时间过早为由挽留客人，如果是星期天晚上，你尤其不宜说："现在还早得很，你绝不能这么早走，太不给我面子了！"要知道多数人次晨都要早起。对于迟迟还不离去的客人，他们明显地热爱这气氛，这时你可停止斟酒或停止供糖果瓜子等，以此暗示客人该是离去的时候了。

有的主人为每一位出席者备有一份小纪念品，宴会结束时，主人招呼客人带上。除主人特别示意作为纪念品的东西外，各种招待品，包括糖果、水果、香烟等都不能拿走。

第十九篇

求助的话说得好，别人爱帮忙

求人帮助前，说别人认同的话

要想说好让别人认同的话，就要时刻关心对方的需要，并且想方设法地满足对方的这种需要。只有立足于对方的需要，才能说出获得对方认同的话。

假如你丢了钱包，身无分文，向路人求助时，很容易想象他们脸上惊讶、害怕甚至有点怀疑的表情。在这个信用些许缺失的年代，我们很难相信一个陌生人的求助。所以，如果要获得他人的帮助，必须要获得他人的认同。

亨廷顿曾指出，不同民族的人们常以对他们来说最有意义的事物来回答“我们是谁”，即用“祖先、宗教、语言、历史、价值、习俗和体制来界定自己”，并以某种象征物作为标志来表示自己的文化认同。在这里，认同不仅仅指的是文化和民族方面的认同，更重要的是信任感的认同。如果他人对你连起码的认知和信任都没有，又怎么会帮助你呢？

战国时，水工郑国受韩国派遣，到秦国探听情报，不料被秦国逮捕，准备处置。行刑前，郑国要求参见秦王嬴政。他身戴重镣，被带到秦廷。秦王嬴政喝问：“奸细郑

国，你承认有罪吗？”郑国说：“是的，我的确是韩国派来的奸细。我建议您兴修水利，确实是为了消耗秦国的民力，延缓韩国被吞并的时间。然而兴修水利，难道不是对秦国万分有利吗？”秦王嬴政想了想，觉得此言确实有理。郑国又说：“现在，关中水利工程即将竣工，何不让我将它完成，以造福万民呢？”秦王嬴政沉吟半晌，终于同意了他的要求。在郑国主持下，一项伟大的水利工程郑国渠终于完成了。

秦王嬴政的残暴是闻名于世的，想在他的刀口下活命都不容易，更何况得到他的支持？但由于郑国抓准了他的心理，取得了嬴政的认同，终于打动了他的心，不仅保住了性命，还得以完成自己心中的伟大工程。

信任感是认同的基础。如何获得他人的信任和认同呢？以下几点可供借鉴：

必须注意自我修养，善于自我克制；做事必须诚恳认真，建立起良好的信誉；应该随时设法纠正自己的缺点；行动要忠实可靠，做到言出必有行，与人交易时必须诚实无欺，这是获得他人信任的最重要条件。

必须勤奋刻苦，脚踏实地。夸夸其谈的人给人以不安全感，说得好不如做得好。时间一长，你的浮夸将被人看穿，恐怕原本肯向你伸出援助之手的人也会敬而远之了。

很多人能获得成功靠的就是获得他人的信任。今天，仍然有许多人对于获得他人的信任一事漫不经心、不以为然，不肯在这方面花些心思和精力。这种人可能过不了多久就会失败。

要获得他人的信任，除了要有正直诚实的品行外，还要有敏捷、正确的做事习惯。即使是一个资本雄厚的人，如果做事优柔寡断、头脑不清，缺乏敏捷的思维和果断的决策能力，那么他的信用仍然维持不住。一个人一旦失信于人一次，别人就再也不愿意和他交往或发生贸易往来了。

人类仿佛有一种共同的心理，那就是如果有人能使我们感到高兴喜悦，即使事情与我们的心愿稍有相悖也不太要紧。求人帮助时，你要学会针对别人感情的弱点，与别人产生共鸣，只有这样，你的求助才能达到预期的结果。其实一件事情，能做的人是很多的，但智力水平很高的人往往却做不了，原因在于他们过于相信自己的智力，而忽略了对方的感情。

能博得他人的欢心，获得他人的信任，是求人帮助时必不可少的。要想做到这一点，首先就是要有一种令人愉悦的态度，脸上带着笑容，行动轻松活泼。如果人们从你的脸上看不到一点快乐，那么谁也不会对你产生好感。

软话更容易催人行动

倘若你能站在别人的立场上，设身处地为对方着想，全面分析双方的利弊得失，适时地说一些软话，那么你便能够成功地打动对方，从而达到自己的意愿。

由于说话态度不同，语言既可以成为建立和谐人际关系强有力的工具，也可以成为刺伤别人的利刃。语言可以体现一个人的人格。即使是说话比较笨拙的人，只要具有发自内心的关怀对方的情感，那么这种情感就能在话语间充分流露出来。相反，如果不是发自内心，即使用再多华丽的语言，也会被对方看穿。所以满怀真诚是最重要的。

在洽谈生意或求人帮助时，应用真诚的说话态度，容易招人喜欢，被人接纳。入情入理的话，一方面显示说服者坦诚的态度；另一方面又尊重对方并为对方着想。这样无论在交易原则上，还是在人的情感上都达成了沟通，扩大了双方的共识，促使合作成功。

松下幸之助推销产品时碰到了一位杀价高手。他告诉对方："我的工厂是家小厂。夏天，工人在炽热的铁板上加工制作产品。大家汗流浃背，却努力工作，好不容易制出了产品，依照正常利润的计算方法，应当是每件××元承购。"

对方一直盯着他的脸，认真地听他说话。当松下幸之助说完之后，对方展颜一笑说道："哎呀，我可服你了，卖方在讨价还价的时候，总会说出种种不同的话。但是你说得很不一样，句句都在情理之上。"

松下幸之助为什么会成功呢？其实，这在于他真诚的说话态度。他强调自己是依照正常的利润计算方法确定价格，自己并无贪图非分之财之意，同时也暗示对方无讨价还价的余地。这就使对方调整角度，与其达成共识。

松下幸之助是一个煽情高手，他的语言充满了情感。他描绘了工人劳作的艰辛，创业的艰难，劳动的不易，语言朴素、形象、生动，语气真挚、自然，唤起了对方深切的同情。正如对方所说的，松下幸之助的话"句句都在情理之上"，接受其要求自在情理之中。

一个人是成功还是失败，一个人的命运是一帆风顺还是曲折不断，跟他的处世方式有着极大的关系。只要你会说话，将说话与处世的方法有机地结合在一起，就能建立良好的人际关系。真诚说话不应是一种技巧，而应是人在社会上的立身之本，在这种本位下，说出的每句话都是闪烁着朴实的光泽的，易于被人接受。

我们与人交谈时，必须秉持着一颗“至诚之心”，不要流于巧言令色、油嘴滑舌，要根据时间、场所和对象的不同，将自己最好的一面通过“说话”表达出来，如此才能建立良好的人际关系，使自己融入群体。

许多年以来，奈佛先生一直想把燃料卖给一家大连锁店。但是这家连锁店一直向外地购买燃料，运货的路线正是从奈佛先生办公室的门口经过。奈佛先生有一天在卡耐基的课堂上大发牢骚，并大骂这家连锁店。

当他向卡耐基说出自己的心事后，卡耐基建议他改变战略。首先，他们准备在课堂上举行一次辩论会，主题就是连锁店的广布，对国家害多益少。于是卡耐基建议奈佛先生加入反方，他同意了。由于要为连锁店辩护，奈佛便去拜访他原本瞧不起的连锁店经理，告诉他“我不是来推销燃料的，我是来找你们帮个忙”。他说清来意后，并特别强调：“我来找你，是因为我想不出还有其他人更能提供给我事实。我很希望能赢得这场辩论，无论你提供什么给我，我都十分感激。”奈佛先生后来回忆说：“我原先只要求这位经理腾出一点时间，所以他才同意见我。当我把事实说出之后，他指着一张椅子让我坐下，我们聊了一个多钟头。他还请来另一位主管——这位先生写过一本有关连锁店的专论。他觉得连锁店提供了最真实的服务，他也以自己能够为许多社区服务为荣。当他侃侃而谈的时候，两眼发亮，我也不得不承认他的确让我明白了许多事。他改变了我整个心态。”

“在我离去的时候，经理陪我走到门口，用手揽住我的肩膀，祝我辩论得胜，并且让我再去看他，让他知道辩论的结果。最后，他对我说：‘春天来的时候请再来看我，我很愿意向你买些燃料。’这真是奇迹，他居然主动提起买燃料的事。由于我对他们连锁店的关心，使他也转而关心我的产品，从而能在这两个钟头里，达成十年来所不可能的目标。”

倘若你能够站在别人的立场上，设身处地为对方着想，并且全面分析双方的利弊得失，语气亲切随和、态度真诚、不卑不亢、入情入理，那么你便能够成功地打动对方，从而达到自己的意愿。

用恰当的语言求人办事

求人的话要说得恰到好处。如果你不停地对对方说：“劳你大驾，请你帮忙。”这样只会让对方感到不耐烦。

做任何事都有技巧性，只要掌握一些求人的技巧，并灵活运用它，相信所求之人会按照你的意愿去做，会心甘情愿地帮助你。

你要想把自己的请求向对方说明，就应该先拿出愿意听取对方讲话的姿态来，有倾听别人言谈的诚意，别人才会愿意听你说话。

求人时，说话的话题应该视对方的情形而定，再好的话题，若不符合对方的需要，都无法引起对方的兴趣。最好的办法是引出彼此共同的话题，才能与对方聊起来，然后再设法慢慢地把话题引入自己所要谈论的范围里。

谈话的材料不要总是老生常谈，惹人生厌。也不要夸夸其谈，显示自己什么都懂。所以，你一定要保持谦逊的态度。

我们在平常与人交谈中，一般都是说些身边的琐事，这或许是想向对方表示亲切。但在求人办事时最好不要把妻子、儿女当作说话的材料。有些人习惯在讲几句正经话后，就把话题扯到妻子、儿女的身上，总不免给人一种不务正业的感觉。

求人时，谈话可以从政治、经济等比较严肃的题目开始，然后再涉及文学、艺术、个人的兴趣方面等比较轻松的话题。总之，将自己的观点见解堂堂正正地表达出来，使得彼此都能有共同的思想，才是最好的谈话。

谈话的语言要视对方的修养而选择，做到能雅能俗，才不会让人对你的格格不入感到反感。一个善于求人的人，一定很注重礼貌，用词考究，不致说出不合时宜的话，因为他知道不得体的言辞往往会伤害别人，即使事后再想弥补也来不及了。相反，如果你的举止很稳重，态度很温和，言词中肯动听，双方自然就能谈得投机，分别后也彼此怀念不已。

为了要使对方对你产生好感，必须言语和善，讲话前先斟酌思量。不要不动脑筋，想到什么说什么，以致引起了别人反感而自己还不知道为什么。那些心直口快的人平时要多提醒自己深思慎言。

既然求人，大多是工作生活出现了困难和危机，比如家人生病、婚姻不睦、事业不顺等。这些因素都会使人心力交瘁，丧失信心，不仅影响情绪，而且影响和周围人的交往。在处于情绪低潮，请求别人给予关怀时，千万不要把过度沮丧的情绪展现在别人面前。求人办事，总是一副哭丧脸，会使人感到晦气。

总之，求人办事，说话的技巧有着不可估量的作用，它可以使你更顺利地达到目的。

暗中智取，让他人无法拒绝

学会说话，从而使他人无法拒绝我们的请求。

一个法律系的教授告诉他的学生："当你盘问证人席的嫌犯时，不要问事先不知道答案的问题。"因为辩护律师如果不事先知道答案就盘问证人，会给他自己惹来很多麻烦，同样的情形也适用于向人求助时。因此，绝对不要问只有"是"与"否"两个答案的问题，除非你十分肯定答案是"是"。

例如，金牌销售不会问客户："你想买双门轿车吗？"他会这样说："你想要双门还是四门轿车？"

如果你用后面这种二选一的问题，你的客户就无法拒绝你。相反，如果你用前面的问法，客户很可能会对你说："不。"下面有几个二选一的问题：

"你比较喜欢3月1号还是3月8号交货？"

"发票要寄给你还是你的秘书？"

“你要用信用卡还是现金付账？”

“你要红色还是蓝色的汽车？”

“你要用陆运还是空运？”

面对这样的提问，无论客户选择哪个答案，业务员都可以顺利做成一笔生意。你可以换个角度站在客户的立场来想这些问题。如果你告诉业务员你想要蓝色的车子、你会开票付款、你希望3月8日请货运送到你家之后，就很难开口说：“噢，我没说我今天就要买。我得考虑一下。”

养成经常这样说的好习惯：“难道你不同意……”这样，在求助别人，想要借别人的力量促成我们的事时，我们就可以脱口说出这样的话，让对方难以拒绝。

例如，“难道你不同意这是一部漂亮的车子？”“难道你不同意这块地可以看到壮观的海景？”“难道你不同意你试穿的这件貂皮大衣非常暖和？”“难道你不同意这价钱表示它有

特优的价值？”此外，当客户赞同你的意见时，也会衍生出肯定的回应。

其实，在进行推销活动时，如果能及时问些需要客户同意的问题，将会产生特别的效果。

当某家的先生、太太和2个小孩共乘一辆车子上街买东西时，一位汽车推销员问这位太太：“遥控锁是不是最适合你家？”她通常会同意销售员的看法。

接着销售员继续说：“我打赌你也喜欢四门车。”因为他们是个大家庭，他知道他们只能考虑四门车。而夫人会说：“哦，是的，我只会买四门车。”在一连串对车子性能的探讨之后，这位先生猜想他太太有意买车，因为她对销售员的看法一直表示赞同。

如果你面对的是两个以上的客户或一群生意人时，先说服有支配权的那个人，是非常有效的方法——如此一来，其他人也会跟着点头同意。

其实，你在分析判断谁才是这群人的“领导者”之前，你就应该掂量掂量每个人的分量。一般情况下，他是唯一一个你需要说服的人。当你说服了他时，那么你的生意也就算成功了。

获得帮助后，不要吝于说感恩的话

正所谓：“滴水之恩，当涌泉相报。”当别人给予我们帮助后，我们一定不要吝于说感恩的话，让别人觉得你是一个懂得感恩的人。那么，当你再一次需要帮助时，别人会更愿意伸出援助之手。

中国人重感情，但是很多人又向来是不善于表达感情的，有的人甚至连“谢谢”都不会说。实际上，很多人不是不想表达他们的感激之情，只是不知道该如何开口而只好选择了沉默；还有些人，他们充满感情地表达却让对方感到不自在。其实，表达你的感激之情并不是什么太难的事情，因为这样的表达总是让人感到愉快。“谢谢”能在一瞬间赢得一个人的好感，经常说“谢谢”，不仅能赢得友谊和尊重，更能助人成功。

大学毕业后，小田进入了一家外资公司工作。当初和小田一起参加面试的还有一个同学，但最终只有小田一个人被录取了。

在面试过程中，小田和他的同学都给面试官留下了深刻印象。面试结束后，他们焦急地等待着结果。但两个星期过去了，他们仍然没有接到通知。“即使没录取，也该发封邮件、打个电话说一下啊。”在抱怨中，小田的同学放弃了等待，转而寻找新的工作机会去了。

同学的决定让小田产生了动摇，但思前想后，他还是有些不甘心。于是，小田按照面试官名片上的邮箱地址发了封邮件。在信中，他真诚感谢这家公司给了他面试机会，表示公司再有招聘指标将前去应聘。没想到，第二天，小田就接到了这家公司人力资源部的录取电话。

进入公司半年后，一个偶然的机会，小田问那位面试官：“能告诉我您当初录取我的原因吗？”老板笑了：“你很有实力，但更重要的是，在所有求职者中，你是唯一一个写来感谢信的人，虽然那封信来得有点迟。”

“谢谢”有如此重要的作用，那么在日常交际中应该怎样说“谢谢”呢？

1.直视对方

专家说，在互相注视的时候，交流通常比较容易进行。所以，表达你的感激的时候，最好是专注地注视着对方，这样你的话才显得是出于真心的，你的感情才显得真挚。

2.态度要诚恳

一定要记住：表达你的感激不是表面文章，而是你真的要感激。这种感激应当是来自你的内心。所以，你表达自己的感激之情的时候，一定要真诚。握住对方的手，发自内心的一句“谢谢”，远比你长篇大论的展示语言技巧的演讲更能让人感动。

3.表达要自然

表达你的感激之情的时候，你的话一定要清晰自然，不要吞吞吐吐，含糊其词，那样会给对方做作的感觉。你需要表达感激之情时，一定是别人做了对你有帮助的事，你是受益者，所以你的感情应当是充满快乐的。

4.用上对方的名字

在感激的时候，不要忘记加上对方的名字。“谢谢你！”

和“谢谢你，小张！”的效果是完全不同的，尤其是你们并不是太熟悉的时候。

登门致谢，不同于有事相求，你不必重“礼”相加，多说几句感谢话，温暖到对方就够了。

表示谢意，可以这样做：开门见山地表示谢意，“那件事多亏了你从中帮忙，如今都办成了，我特意感谢您来啦！”一句话，让对方心中阳光灿烂，话题由此发挥。少了丝功利，多了份悠闲，彼此更容易沟通。还可以这么说，“您看，上次让您帮忙，没少麻烦您，如今事情办得差不多了，我心里却总觉得过意不去。这不，今天过来跟您坐一坐，聊一聊……”相信，听了你的话，对方的心会很快被你捕获。

社交中，话怎么好听怎么说，事怎么得体怎么做。成功后的相处更能拉近彼此的距离。说不定，你还常有意外收获。被求者感动之余，有时会不用你相求，主动为你解决困难。

第二十篇

对症下药，人人喜欢的说服术

让引导成为说服的第一手段

要想说服别人，我们就要想办法让别人认可我们的想法，而引导术无疑是让别人认可我们的想法的有力的劝导术。

与他人理论时，你的想法必须得到对方的认可。为了达到成功说服的目的，我们必须采取一些方法及手段，而引导，正是在这一过程中必须采用的手段之一。引导说理，心平气和，步步引导，耐心商讨，别人易于接受。引导技巧的关键在“诱”字，立足在“导”字。要诱得巧妙，导得自然，可参考四点：

1.有目的地引导

要有明确的说明目的，有的放矢，所有的引导内容，都要紧紧地为总目的服务。

古时候，有一位父亲得知儿子染上了赌博的恶习，便给他写了一首戒赌诗，以诗说理规劝。诗曰：“贝者是人不是人，只因今贝起祸根。有朝一日分贝了，到头成为贝戎人。”儿子看后，不解其意。父亲给他一一指道：“贝者是赌，今贝是贪，分贝是贫，贝戎是贼。赌、贪、贫、贼是每一个赌博之徒的必由之路。”儿子听了，立刻幡然醒悟，弃赌从良，自食其力。

这位父亲劝子戒赌的方法巧就巧在：第一，以诗劝子方法新颖，让儿子去思考其中的含义；第二，当儿子百思不得其解时，一语道破诗意，道出“赌博必定贫穷，强盗出于赌博”的道理，使儿子幡然醒悟。这种有目的地引导方法往往能收到较好的劝说效果。

2.有步骤地引导

既有总体设计，又有分步计划。每一步怎样引导，怎样发问，谈话前都要经过深思熟虑，胸有成“话”。这样，环环紧扣，步步深入，最后矛盾突显，诱使对方在无法解决的矛盾面前自我否定。

某饭店服务员小刘捡到顾客遗失在店内的手机，想悄悄据为己有，被领班董大姐发现了，让她上交，可小刘说：“手机是我捡的，又不是偷的，更不是抢的，不上交也不犯法。”董大姐说：“小刘，你知道什么叫作‘不劳而获’吗？”“不知道！”小刘嘟着嘴回答。董大姐：“你看，不劳而获是不经过劳动而占有劳动果实。说得确切点是占有别人的劳动果实！”“你什么时候学会咬文嚼字了？”小刘有点不耐烦了。董大姐耐心地问：“你说，抢别人的东西是不是‘不劳而获’？”“是的。”“你说，偷别人的东西是不是‘不劳而获’？”“当然是。”“那么，捡到别人的东西据为己有是不是‘不劳而获’呢？”“这……”小刘顿时语塞。董大姐顺势教育道：“捡到别人的东西据为己有，和偷、抢得来的东西，在‘不劳而获’这一点上是相通的，除了国家法律约束外，我们还应该有一定的社会公德，再说店里也有工作守则，捡到顾客遗失的物品要交还，你可不能犯糊涂啊！”经过董大姐的教育，小刘终于认识到自己行为上的错误，把手机交了出来。

在这里，董大姐避开小刘振振有词的歪理，而是有意和她弄清楚一个看似与论题无关的“不劳而获”的意义，再引导她由大及小，从面到点，步步推进，最后才切入实质性问题：捡到东西据为己有，同偷、抢一样是“不劳而获”，是同样可耻的行为。一席话使小刘受到了教育。

总之，说服的过程是说服者对被说服者攻心的过程，也是被说服者心理渐变的过程。运用“层层递进”的说服技巧，从理论上讲，符合心理学的基本规律，从实践中看，只要运用得恰当巧妙，就能取得理想的说服效果。

3.有预料地引导

在引导之前要考虑到对方会怎样讲，可能有几种讲法，怎样随机应变。这样才能使自己的引导不会变成“哑炮”，一个人唱独角戏。要使自己的引导能引出对方的话，开启其思路，就要作通盘打算。

新转入某班的方方同学，做作业马虎、字迹潦草。老师把他叫到办公室，拿出一本字迹工整的作业递给他说：“你看这位同学的作业写得怎么样？”方方看了一眼，没说什么。老师又拿出一本字迹潦草、错误较多的作业给他看，并说道：“你看这本作业怎么样？”方方看了一眼，说：“跟我的作业差不多。”“你再看看这两个作业本上的名字。”老师温和地说。这一回，方方疑惑了：“都是李林的？”老师抓住时机，耐心地说：“差的一本是李林同学去年的作业，这一本是他现在的作业。你现在的作业和李林同学去年的作业差不多，但这不能说明你永远是这样。李林同学经过半年的努力，能写出工整漂亮的作业，老师相信你一定会像李林一样。用不了多长时间就能将作业写好。”老师这段谈话，言此意彼，既维护了学生的自尊，又起到了指出其不足，勉励进步的目的。

方方的老师已经预测出他的每一句问话方方会怎样去回答，然后，他根据方方的回答顺势劝导，起到了较好的说服效果。

4.有诚意地引导

诚恳开导，不讽刺，不挖苦，这样才能使得对方心悦诚服。此法的好处是容许被说服者在接受说服的过程中，存在一个认识过程，获得一些全新的知识。

用引导技巧说服人，要认真构思，事先把各个环节想清楚，谈话中又要针对实际情况，灵活应变。

设身处地，说服时要站在对方的立场上

很多双输者的教训都是因为当事人一味地打自己的算盘，寸土不让，结果导致两败俱伤。而要想实现双赢，方法其实很简单，就是站在别人的立场上想问题。

琼斯是芝加哥一位富有的慈善家，他把大量的时间和金钱都花在心脏病的研究上，这是他最热心的一桩事业。国会参议

院的一个委员会正在就建立全国心脏病基金会的可能性进行调查，要求琼斯到会作证。为了准备发言，琼斯请教了一些最优秀的专家。民间的心脏病研究组织配合他的工作，为他准备了递交给参议院的呼吁书和简明翔实的文件。

当他带着准备好的发言材料去出席听证会时，发现自己被安排在第六个发言作证，前五位都是医生、科学家及公共关系专家，这些人终生从事这方面的工作，委员还会对他们每个人的资格一一加以盘问，甚至会突然问道："你的发言稿是谁写的？"琼斯看出，缺乏医学专业知识的议员，对专家们内容高深的演讲半信半疑。轮到琼斯发言了，他走到议员们面前，对他们说：

"先生们，我准备了一篇发言稿，但我决定不用它了。因为我不能同刚才已发表过高见的那几位杰出人物相比，他们已向你们提供了所有的事实和论据，而我在这里，则是要为你们的切身利益而呼吁。你们是美国的优秀分子，肩负重大的责任，决定美国的沉浮，现在你们正处于生命最旺盛时期，处于一生事业的顶峰，你们日夜为国家呕心沥血，工作十分紧张和辛劳。正因为如此，你们的心脏最有可能受到损害，你们最容易成为心脏病的牺牲者。为了你们自己的健康，为了你们家庭中时常祈祷你们安康的妻子和儿女，为了千千万万个把你们送进这个大厅的选民们，我呼吁和恳请你们对这个议案投赞成票！"

琼斯面带感情，慷慨陈词，一口气说了三个小时，议员们被彻底地征服了。不久全国心脏病基金会就由政府创办，琼斯成为首任会长。

琼斯站在议员们的立场上，直接指出了心脏病对议员本身的威胁，使对方不得不通过这项有利于自身的法案，这是这篇演说词成功的关键。

有一位先生，辛辛苦苦赚了十几年的薪水后，终于买得一块理想的地皮，并着手修建房屋。他整天都笑逐颜开，在城市里生活，谁不想拥有一栋属于自己的房子呢？谁知事情发生了变化，他突然接到公司的命令，要他到欧洲某个国家主持分公司的工作。这下他乱了阵脚，简直不知道该如何是好。

他想去又放心不下正在动工的房子，想留下又怕影响自己的事业，真是左右为难。不过，他很快就拿定主意，立刻与建筑公司取得联系，通知对方要停止后续工程并解约。

建筑公司负责人认真地听了他的理由，然后从容不迫地说："哦！这确实是件大事，事情既然这么突然，那就得尽快解决。不过，先生，我想提醒你一句，建造这样一栋房子，是你这一生中的一件大事，或许你一生就只修建一次房子，况且工程都已经过半，停工将会有很大的损失，是否应该考虑清楚后再作决定呢？"

那位负责人的话似乎在说，这件事如果处理不当，将会影响自己的一生，千万不能因眼前的某件事而改变终生长远的计划。

本来已经决定解除房屋修建契约的人，最终放弃解约的念头。

这位建筑公司负责人是说话的高手，虽然短短几句话，却在其中深藏着高明的策略。

首先，他先站在对方的立场考虑，这样一来，对方在心理及认知上，就会把他当成同路人。

接着，他强调盖房子不是开玩笑的，每个人一生或许就只有一次机会盖房子，千万不能儿戏。

再者，他又回到现实，强调如贸然停工，费用上有极大的损失。综合这两个重要且不利于当事人的结果，再下结论，请当事人三思而行，自然会让对方心中一震，如大梦初醒，心中感激这位老板，要不然他可能就做错了决定。

一位哲人说过：婚姻没有你赢我赢，只有双赢或双输。不光是婚姻，在人生的其他方面，这句话同样有效。很多双输者的教训都是当事人一味地打自己的算盘，寸土不让，结果导致两败俱伤。而要想实现双赢，方法其实很简单，就是站在别人的立场想问题。这是一种逆向思维，需要拿出过人的眼光、勇气及大度的心胸，还要做好舍己为人的准备。

很多时候，如果我们及时调整心态，站在对方的立场思考问题，就会变被动为主动，迅速博得谅解与认同。实践证明：对善于“投桃”的人，现实总会对他“报李”，从而实现双赢。

先声夺人可为说服对方赢得主动权

先声夺人的说服技巧是指说话时为了赢得整个局面的主动权，可以用先声夺人的策略，给对方造成一种声势，让整个局面向着有利于自己的方面发展。

先声夺人说服技巧可灵活应用，有时，放在说话开头，达到一语定乾坤的效果；有时，放在打破僵局上，起到峰回路转、柳暗花明的作用。

在西方某国有一家制造电灯泡的公司，由于该公司处于初创阶段，新产品销路不畅，价格也不理想。他们的董事长到各地去做旅行推销，希望各地的代理商能积极配合，使他们生产的电灯泡能够打入各级市场。

董事长召集了各个代理商，向他们介绍这项新产品，并进行买卖谈判。在谈判中，董事长对参加谈判的各代理商说："经过多年来的苦心研究和创造，本公司终于完成了这项对人类有巨大贡献的产品。虽然它还称不上是第一流的产品，只能说是第二流的，但是，我仍然要拜托各位，以第一流的产品价格向本公司购买。"

听了董事长这先声夺人的话，在场的人都不禁哗然："董事长没有说错吧？谁愿意以一流产品的价格来买二流的产品呢？既然你本人都已经承认它是二流的产品了，那当然应该以二流产品的价格来交易才对啊！"大家都以怀疑和莫名其妙的眼光看着董事长。

"各位，我知道你们一定会觉得很奇怪，不过，我仍然要再三拜托各位！"董事长对大家说。

"那么，请你把理由说出来听一听吧！"各个代理商都想知道这个谜底。

"大家都知道，目前制造灯泡的企业中可以称得上第一流的企业只有一家。该企业垄断了整个市场，即使他们任意抬高价格，大家也仍然要去购买，是不是？如果有同样优良的产品，但价格便宜一些的话，对大家不是一种福音吗？”

经过董事长这么一说，大家似乎明白了一点儿。然后，董事长接着说：

“就拿拳击赛来说吧，不可否认，拳王阿里的实力谁也不能忽视。但是，如果没有人和他对抗的话，拳击赛就没有办法举办了。因此，必须要有个实力相当、身手不凡的对手来和阿里打擂台，这样的拳击才精彩，不是吗？

现在，灯泡制造业中就好比只有阿里一个人，因此你们对灯泡业是不会产生任何特别兴趣的，但也赚不了多少钱。如果这个时候能出现一位对手的话，就有了互相竞争的机会。换句话说，把优良的新产品以低廉的价格提供给各位，大家一定能得到更多的利润！”

“董事长，你说得不错，可是，目前并没有另一位阿里呀！”

董事长认为摊牌的时机已经到了，他接着说：“我想，另一位阿里就由我来充当好了。为什么目前本公司只能制造二流的灯泡呢？这是因为本公司资金不足，所以，无法在技术上有所突破。如果各位肯帮忙，以一流的产品价格来购买本公司二流的产品，这样我就可以筹集到一笔资金用于技术更新改造，相信不久的将来，本公司一定可以制造出优良的产品来。”

“这样一来，灯泡制造业等于出现了两个阿里，在彼此的大力竞争之下，毫无疑问，品质必然会提高，价格也会降低。到了那个时候，我一定会好好地谢谢各位。此刻，我只希望你们能够帮助我扮演‘阿里的对手’这一角色。但愿你们能不断地支持、帮助本公司渡过难关。因此，我恳求各位以一流产品的价格购买本公司的二流产品！”

话音刚落，一阵热烈的掌声掩盖了嘈杂声。董事长这种先声夺人的说话方式产生了极大的回应，收到很好的说服效果，代理商纷纷表示：“我们很了解你目前的处境，所以，希望你能赶快成为‘另一个阿里’，因为以一流的产品价格购买二流的产品，这种心情是不会太好的。”

“谢谢！谢谢！我真是太感动了！各位的好意我永远都不会忘记的，总有一天我会好好地报答各位……”就这样，谈判在愉快而感人的气氛中达成协议。

按照常理，一流的价格应该用于购买一流的产品，怎能使谈判者以一流产品的价格去购买二流的产品呢？可是，董事长一开始就先声夺人，奠定谈判基础，然后有条不紊地加以论述，最后把自己的想法变成了现实，代理商们也愉快地接受了他的建议。

可见，先声夺人可以为说服对方赢得主动权。

深入了解对方才能找到说服的突破口

“知己知彼，百战不殆”，我们要说服别人，就要先了解别人，只有了解了别人才能对症下药，找准说服对方的突破口。

说服他人是生活中常见的一种现象，需要说服的对象有很多，他可能是你的父母、你的上司、你的顾客、你的朋友、你应聘的主考官等。由于每个人经历不一，性格不一，学识不一，专业不一，与之相对应的心态、兴趣、处世、为人，当然也不一样。因此，要想在最快的时间内寻找到说服别人的最佳突破点，可以从深入了解对方找到说服别人的突破口。

1.了解对方的性格

不同性格的人，接受他人意见的方式和敏感程度是不一样的。是性格急躁的人，还是性格稳重的人；是自负又胸无点墨的人，还是有真才实学又很谦逊的人。了解了对方的性格，就可以按照他的性格特征，有针对性地进行说服。

2.了解对方的长处

一个人的长处就是他最熟悉、最了解、最易理解的领域，如有人对部队生活比较熟悉，有人对农村生活比较熟悉，有人擅长文艺，有人擅长体育，有人擅长交际，有人擅长计算等。

在说服人的时候，要从对方的长处入手。第一，能和他谈到一起去；第二，在他所擅长的领域里，谈论起来他容易理解，因此容易说服他；第三，能将他的长处作为说服他的一个有利条件，如一个伶牙俐齿、善于交际的人，在分配他做推销工作时可以说："你在这方面比别人具有难得的才能，这是发挥你潜在能力的一个最好机会。"这样谈既有理有据，又能表现领导对他的信任，还能增加他对新工作的兴趣。

3.了解对方的兴趣

有人喜欢绘画，有人喜欢音乐，有人喜欢读书，还有人喜欢下棋、养鸟、集邮、书法、写作等，人人都喜欢从事和谈论其最感兴趣的事物。从这里入手，打开他的"话匣子"，再对他进行说服，便较容易达到说服的目的。

4.了解对方的想法

一个人坚持一种想法，必定有他自己的理由，而且他讲的道理一般都符合他的利益。尽管有时这也许不是他想要坚持的，只是不愿承认，难于启齿罢了。如果说服者能真正了解他的"苦衷"，就能有针对性地加以解决。

5.了解对方的情绪

一般来说，影响对方情绪的因素有以下三方面。一是谈话前对方因其他事所造成的情绪仍在起作用；二是谈话当时对方的注意力还未集中；三是说服者的看法和态度。因此，说服者在开始说服之前，要设法了解他当时的思想动态和情绪，这对说服的成败，是一个至关重要的环节。

凡此种种，我们都要悉心研究，才能够有针对性地采取有效的说服方式。另外，了解对方是有许多学问的。许多人不能说服别人，就是因为他不仔细研究对方，不研究该用怎样的表达方式就急忙下结论，还以为“一眼看穿了别人”。这就像那些粗心的医生，对病人病情不了解就开药方，当然不会有好的效果。

婉言相劝，妙语激将

俗话说：“良言一句三冬暖，恶语伤人六月寒。”在日常交际当中，一般说来，直言快语可以体现一个人的直率和真诚，但有时效果并不见佳，轻者会损害人际关系的和谐，重者会给自己造成很大的麻烦，“祸从口出”便是由此而来。

有的时候，我们需要委婉地表达，或直话曲说，或巧用譬喻，通过含蓄的语言，把自己的意见、思想暗示给对方，旁敲侧击，实话“巧”说。这样，曲径也能通幽，让“良药”不再苦口，“忠言”也能顺耳，以达到劝告对方的目的。

传说郑板桥早年家贫，一年除夕赊了一只猪头，刚下锅，又被屠户要回去转手卖了高价。为此他一直记恨在心。直到后来到山东范县做官，还特别规定杀猪的不准卖猪头，自己吃也要交税，以示对屠户的惩罚。郑板桥夫人听说此事，感到不妥。一天，她捉到一只老鼠，吊在房里。夜里老鼠不住地挣扎，郑板桥一宿没睡好觉。郑板桥埋怨夫人，夫人说她小时候好不容易做了件新衣裳，被老鼠啃坏了。郑板桥听后笑了：

“兴化的老鼠啃坏了你的衣裳，又不是山东的，你恨它是何道理？”夫人说：“你不是也恨范县杀猪的吗？”郑板桥恍然大悟，随即吟诗一首：

贤内忠言实难求，
板桥做事理不周。
屠夫势利虽可恶，
为官不应记私仇。

郑板桥的夫人运用类比的方法，巧用譬喻，旁敲侧击，委婉劝说，让丈夫领悟到自己话里蕴涵着的言外之意，从而促使丈夫醒悟过来，明白了自己的错误。

除了婉言相劝，有时不妨走另一个极端“激”他一下。

人们常常说：“树怕剥皮，人怕激气。”其中的“激”就是指激动，心有所感而表露于外者，不管是言语的挑拨或事情的刺激。孟子说过：“一怒而天下定。”这怒因刺激而起，勇气也从胆中生，许多事业的成功就靠一怒而成，也有无数坏事起于一怒之差。

在一定的条件和环境下，当有些人的自尊心遭受挫折、犯了错误而缺乏信心时，为了使之接受意见，而用语言故意贬低他、刺激他，从而激发起他强烈的自尊心。

什么是激将法呢？激将法就是在一定的条件和环境下，当有些人的自尊心由于遭受挫折、犯了错误因而缺乏信心时，为了使之接受上司的意图或意见，而用语言故意贬低他、刺激他，从而激发起他强烈的自尊心的方法。

常言说：“请将不如激将。”在人才的运用中，如能够使用巧言激将法，将会收到意想不到的效果。

唐天祐年间，叛臣朱全忠用计诱骗五路兵马反驻守太原的唐晋王李克用，叛军中一员猛将名叫高思继，他相当勇猛，而且善用飞刀，后来被晋王李克用的十三太保李存孝生擒。本意留他在帐前听用，可高思继却执意要回山东老家过田园生活，弃恶从善。后来李存孝被奸臣康立君、李存倍所害，朱全忠闻李存孝已死，又发兵来犯，其帐前王彦章不仅勇猛盖世，且智谋过人。晋王将士皆哑然相对，无人请战，晋王见状，痛哭一场。李嗣源说道：“昔日降将高思继闲居山东郓州，何不请他迎敌？”晋王听后大喜，立即命李嗣源去山东求将。

李嗣源到了山东后，找到了高思继。提起前事，高思继说道：“自勇南公李存孝饶了我性命，回到老家，与世无争，今已数年，早把兵家征战之事置之身外。今日相见，别谈这些。”李嗣源见高思继已无出山之意，心想，自古道：文官言之，武将激之。对高将军好言相求，难以收效，必须巧用激将之法，激其就范。于是，他编出一通谎言，说道：“天下王位，各镇诸侯，皆闻将军之名，如雷贯耳，称羡不已。我与王彦章交战被他赶下阵来，我对王彦章说：‘今来赶我，不足为奇，你如是好汉，且暂时停战，我知道山东浑铁枪白马高思继，盖世英杰，有万夫莫当之勇。待我请来，与你对敌。’王彦章见我阵营前夸耀将军，愤然大叫：‘就此停战，待你去请他来，不来便罢，若到我宝鸡山来，看我不把他剁成肉酱！’”高思继听此一说，不由得心头火起，口中生烟，大叫家丁：“快备马来，待我去生擒此贼！”于是披挂上马，跟随李嗣源往宝鸡飞驰而去。

高思继和李嗣源快马加鞭，日夜兼程，赶到唐营，不仅唐晋王见了高思继喜出望外，就连三军的将士也是精神抖擞。第二天，王彦章又来挑战，唐晋王引高思继出马迎战，高思继与王彦章厮杀起来，连斗300回合，难分胜负，直战到天黑。双方见天色已晚，才鸣金收军。但却是唐营军民出师以来的第一次战了个平手，军威大振，信心大增，等待来日再战。

高思继本来已经没有再出山的念头，决定弃武从耕，安度田园生活。李家虽然对他有无限的恩情，但正面动员他出山，重返军旅时，他却以“与世无争”拒绝了。然而，当李嗣源借用谎言激他时，他却毅然披挂上马，重返战场，一斗就是300回合。可见，激将法在求人办事的过程中是一个多么重要的手段。

有一个橡胶厂进口了一套价值200万元的现代化胶鞋生产设备，由于原料与技术力量不够，搁置了4年也无法使用。

后来，新任的李厂长决定将这套生产设备转卖给另一家橡胶厂的王厂长。

正式谈判前，李厂长了解到两个重要情况：

一是该厂经济实力雄厚，但基本上都投入了再生产，要马上挪200万元添置设备，困难很大。

二是该厂厂长年轻好胜，几乎在任何情况下都不甘示弱，甚至经常以拿破仑自诩。

李厂长对对方的情况有所了解后，决定亲自与王厂长谈判。

李厂长：“昨天在贵厂转了一整天，详细了解了贵厂的生产情况。你们的管理水平确实令人信服。你年轻有为，能力非凡，真让我钦佩。”

王厂长：“哪里哪里，老兄过奖了！我年轻无知，恳切希望得到老兄的指教！”

李厂长：“我向来不会奉承人，实事求是嘛。贵厂今天办得好，我就说好；明天办得不好，我就会说不好。”

王厂长：“老兄对我厂的设备印象如何？不是说打算把你们进口的那套现代化胶鞋生产设备卖给我们吗？”

李厂长：“贵厂现有生产设备，在国内看是可以的，至少三五年内不会有什么大的问题。关于转卖设备之事，只是有两个疑问：第一不知贵厂是否有经济实力购买这样的设备；第二，即使有能力购买，贵厂也未必有能力招聘到管理、操作这套设备的技术力量。”

王厂长听到这些后，不免有些不快，觉得对方轻视了自己的实力。于是，他用炫耀的口气向李厂长介绍了本厂的经济实力和技术力量，表明本厂有能力购进并操作管理这套价值200万元的设备。经过一番周旋，李厂长巧妙地将闲置了4年的设备转卖给了王厂长。

李厂长就是利用王厂长自尊心的积极的一面，从相反的角度激起其“不服气”的情绪，使其

产生一种奋发进取的“内驱力”，将自己的潜能充分发挥出来，从而巧妙地达到自己的目的。

现在，有许多人都是在为面子而打拼。在大多数情况下，很多人信奉“不蒸馒头蒸（争）口气”的道理，到了一些场合，宁愿咬牙出血，拿出平日里根本没有的慷慨。利用人们爱面子的心理，施以激将法，就可以顺利地达到自己的目的。

在生活当中，往往有些人非常自负，你用正常的方法，他会懒得理你，这时不妨采用一下激将法。

但对于那种性情急躁、老奸巨猾的人，最好是不要用，就算用了也不一定会有效。像曹操这类人千万勿以此计去激他。善疑的人，绝无可相信之人，可能会弄巧成拙。即使不能全盘把握，也要有个大略评估，这是决定激将成败的关键。面对那些明白事理，却因为偶尔的犯错或突然受挫以致暂时迷失方向、产生自卑感或自暴自弃的人，使用激将也可以产生意想不到的效果。

在运用激将法时一定要注意区分对象，根据性格特征因人施法，犹如对症下药，方能于病有益，否则，只会白费唇舌、枉费心机。运用激将法还要看准时机。

如果出言过早，时机不成熟，就很容易使人泄气；如果出言过迟，又成了“马后炮”。除注意把握时机外，还要注意把握分寸，运用激将法，不痛不痒的语言犹如隔靴搔痒；但言语过于尖刻，也会使人反感。因而，语言激将要灵活运用。这里介绍几种用法：

直激法。就是面对面直截了当地来刺激对方，羞辱他、激怒他，把他的自尊心激发起来。

有一个纺织厂改革用人制度时，让中层干部实行互相举荐。能力技术俱佳的技术员小王乃众望所归。然而，不知何故小王迟疑难决。在厂领导的暗示下，一位老工人找到他，言辞激烈：“小王，你不也是一位大学的高才生吗？大家都对你寄予厚望，没想到你这么没出息，连个车间主任的位子都不敢接，真是窝囊废！”

“我是窝囊废？”小王腾地站起来，说，“我的大学白上了，连个车间主任也当不了吗？”说完就激情满怀地走进厂领导的办公室。

暗激法。有意识地褒扬第三者，暗中贬低对方，运用人们争强好胜的心，激起他压倒别人、超过别人的强烈愿望。

东汉末年，诸葛亮为了抗曹来到江东，他深知孙权骄傲自负。诸葛亮故意说曹军有100万，其实曹兵有150万，兵多势大，所向披靡。孙权对曹军人数表示怀疑。诸葛亮说：“我只讲100万，怕吓坏你们江东的人呀。”孙权中计，忙问：“那我是战，还是不战？”诸葛亮乘机说：“如果东吴人力、物力能与曹操对抗，那就战；如自觉不敌，那就投降！”孙权不服，反问道：“依你之言，刘豫州缘何不降呢？”此话正在诸葛亮预料之中，于是进一步激他说：“田横乃齐国一壮士，尚能坚守气节，何况刘豫州乃皇室之后，盖世英才，众望所归如百川入海，岂能屈膝投降、屈于他人旗下呢？”孙权被激得勃然大怒，发誓要与曹军决一死战。

在这个故事中，诸葛亮旁敲侧击，刺中对方不甘落后于他人的自尊心，使他萌发一种非要超过第三者，以胜利者的姿态昂然屹立的念头。

导激法。面对不同的被激对象，有时简单的否定、贬低收效甚微，还需要“激中有导”，用明确的或引导性的语言，把对方的热情激发起来。

某学校有一个差生黄刚总是喜欢与人打架。一次，他打了一位同学还自诩为英雄。老师批评他说：“打架算什么英雄，学习超过他，那才是真正的英雄。”那个学生从此发愤学习，在后来的期末考试中果然取得了可喜成绩。

作为一个公司老板，倘若在言谈中使下属心服口服，必然能在日常工作中达到彼此融洽，上下一心，产生良好的效益。

以言谈“俘虏”对方靠的是聪明才智和日常生活经验的积累。主要方法有以下两个：一个方法是强调责任。每个人都希望获得他人的依赖和尊敬，当你抓住这一点而强调其能力时，就能够轻易“俘虏”他。即使明知是奉承话，也乐于接受。自我感觉越好的人，越有这种倾向。

有一个聪明的老板想派他的一名下属去边远的地方主持业务。他是这样说的：“那里的业务已乱如一团麻，整个企业都已受到影响，如不及时整顿，必将一败到底。因而我首先考虑到了你，相信只有你才能力挽狂澜，起死回生，使那里的业务蒸蒸日上。”

这位职员被派驻边远地区，心中原本不悦，但听到领导如此信任自己，赋以如此重任，顿时有一股激情自心中腾起，没有理由不去好好干一番。

另一个方法是笼络感情。当你提出的问题对对方不利时，或者会让对方难过时，你最好的办法就是笼络其感情。在开始谈话之前，尽量抢先占领对方的感情空间。譬如在谈正题前可以这样说：“当然，我明知你会不满意，还是要说……”“可能你听了会不愉快……”如果你会学类似上面的话，那么对方就能消除大半的不快，对你的怨言也会烟消云散，这样，就把对方牢牢地笼络在你的麾下。

第二十一篇

讨人喜欢的演讲方式

当众演讲时，让勇气和信心为你保驾护航

没有谁是天生的大众演说家。要获得自信、勇气和面对公众时冷静而清晰思考的能力，并不像大多数人所想象的那么困难。

当众说话，并不是一件容易的事。没有信心，就容易把话说得结结巴巴，前言不搭后语。一旦晕场，就容易把那些记得熟练的观点、词汇忘得一干二净。然而，无论参加会议还是当众演说，都必须当着大家的面说出自己的观点，证明自己的观点，还要让别人接受自己的观点，甚至要在他人反驳之际站稳自己的立场、感染听众，这一切的工作，最基础的是必须树立自己当众演讲的勇气和信心。

众多成功的演说家并非一开始就是成功的，多数人在登台之初都产生过恐惧和焦虑，而且不少人还有过失败的经历。但是，他们最终却成功了，他们能从失败之中找到成功的梯子。很多人是从一次次当众说话的实践中获得的信心。其实，每当你取得了一点点胜利时，你的身心就会充满着胜利感，带着这面目一新的胜利感，你会更有信心和勇气迎接生活中的困难和挑战。即使是那些难解的境况，也会给你的生活增添情趣和挑战的愉悦。

在人类社会中，没有人天生就能够战胜恐惧。当我们对自己有了充分的认识、足够的自信时，恐惧便会离我们远去。在生活中，有许多人在平时能说会道，处理起事情来亦干净利

落、毫不拖泥带水，可是，一旦上台演讲，却有如泄气皮球，往昔的睿智与锐气瞬间消逝得无影无踪，前后判若两人。无论是重要会议上的演说，或亲朋知交前的意见表达，或董监事会上的报告，只要是站在众人面前谈话，许多人往往两腿发软，高举白旗。

人之所以畏惧害怕，大多都源于内心深处的自卑感，认为自己才疏学浅，或认为职位卑微，或自认没有站到台上演讲的资格。事实真是如此吗？绝对不是！切勿太低估自己的能力与存在价值，你被邀请上台演讲，正表示你有此资格与才气，亦正是对你价值的肯定。

哥尔特是一位成功的企业家。在卡耐基的培训班中学习了一段时间后，有一天他与卡耐基共进午餐。吃饭时他说："卡耐基先生，我曾经有许多在公众面前说话的机会。但在潜意识中，我总是试图躲避与人的正面交流。现在我是大学的董事会主席，这个职务要求我必须经常地主持各种会议。你看我已这么大年纪了，能学好吗？"当时在班上有很多像他这样的人，卡耐基向他们保证：经过一段时间的训练，你们一定会成功。

三年后，在一次企业家俱乐部吃饭的时候，哥尔特与卡耐基遇上了。当时他们又说起以前的话。当卡耐基问哥尔特的保证是否实现时，他微微一笑，从口袋里掏出一个小笔记本，上面安排着近几个月来他的演讲日程。他边让卡耐基看，边自豪地说："我现在最高兴和满足的事就是：我已经有能力获得演讲的成功，并且能为社会做更多有意义的事了。"同时，他还得意地告诉卡耐基，他负责的教区已经邀请英国首相前来公开演讲了，而负责向听众介绍这位杰出政治家的人就是他本人。

哥尔特如此成功，是否有什么秘诀？没有。并且像哥尔特先生这样的成功事例还有很多很多……

几年前，劳伦斯大夫到佛罗里达州度假。度假地离著名的巨人棒球队的训练场地不远，他是一位铁杆球迷，于是经常去看他们练习，渐渐地就和球员们成了好朋友。一天，他被邀请参加球队的宴会。吃饭前，一些著名的客人被请上台讲话。在毫无心理准备的情况下，他只听见宴会主持说：“今晚有一位医学界的朋友在场，我们欢迎劳伦斯先生就棒球队员的健康问题谈一谈自己的想法。”

劳伦斯是专门研究卫生保健的，他行医也已三十多年。本来，主持人提的这个问题，他完全不用任何准备就可以侃侃而谈。可是，当听到主持人提自己的名字时，他的心跳就加速了，他简直不知所措。他努力想使自己镇静下来，可于事无

补，他的心脏仿佛就要跳出胸膛。这时参加宴会的人都在鼓掌，全都注视着他。怎么办？思虑再三之后，他摇摇头，表示拒绝。但却引来了更热烈的掌声，听众也自发地呼喊起来："劳伦斯大夫，演讲！演讲！"

劳伦斯心里清楚，在这种极其沮丧的情绪支配下，自己一旦站起来演讲，肯定会失败。他站起来，背对着朋友，默默地走了出去，心中充满了难堪和耻辱。

一回到布鲁克林，他马上就去了卡耐基的培训班。他再也不愿陷入这种哑口无言的困境中了。

老师最喜欢求知欲高的学生，就像劳伦斯一样，因为他迫切希望提高自己的公众演讲能力。正是这种迫切性，使他毫无怨言地刻苦学习。一个月的训练结束了，他的紧张情绪就消失了。两个月后，他已成为班上的演讲名家，并开始接受邀请，到各地去演讲。

劳伦斯告诉别人，自己非常喜欢演讲时的那种感觉以及所获得的荣誉，更让他高兴的是，在演讲中结交到了更多的朋友。

能自信地站在台上面对很多听众，并且清晰而有逻辑性地公开演讲并不难。只要有信心和恒心，人人都能发挥出自己的潜力。只要你积极进取、不断努力，就一定会取得成功。你必须对自己在大众面前说话的努力结果持轻松乐观的态度。要在每个句子，甚至每个词语上都烙上决心的印记，并且竭尽全力地来培养这种能力。无论任何人，如果他希望迎接语言的挑战，使自己能言简意赅地讲话，就必须具备坚定的决心。

克劳莱斯·毕拉德在读大学时，有一次正在进行老师规定的五分钟演讲，可他还没讲到一半，就脸色发白，匆匆走下讲台。这是他人生中的第一次公开演讲，结果失败了。但他不甘心被这次失败击倒，于是立下决心，一定要做一个优秀的演讲家。他没有失言，最终他成为了美国政府的经济顾问，为世人所仰慕。在他写的《自由的信念》一书中，提到了他当众演讲的情形："我的演讲时间安排得非常紧。要参加商务部、商协会、基金募捐会、校友会以及其他团体举办的各种集会。我曾在密歇根州的艾斯肯纳发表爱国演讲，让自己慷慨激昂地投身一次世界大战；我曾和米吉·劳尼做慈善演讲，与哈佛大学校长詹姆斯·布朗特·柯南和芝加哥大学校长罗伯特姆·侯欣斯下乡宣传教育；我甚至还用极糟糕的法语做过一次演讲。我想，我十分了解听众想要听什么，也知道他们喜欢听到它被如何讲出来。我之所以知道这些，是因为我更知道：只要自己愿意去学，就没有学不会的。"

确实，演讲成功的关键是要有成功的决心。要想获得演讲成功，一定得有强烈的欲望保持热忱，有坚定的毅力解除困难，最重要的是相信自己一定会成功。

一般情况下，大部分人上台之时，都会面临"一堵高墙"，那就是紧张。有了紧张这根导火索，就开始对自己不自信起来，心里会一遍遍地问："台下那么多双眼睛齐齐地看着我，我能行吗？"很多问题接着就会出现：心跳加速、呼吸沉重、结巴忘词、语速过快等。卡耐基非常注意培训人们当众说话，经过多年的训练工作，总结出了一些行之有效的办法，来克服人们上台时的恐惧。

1.自己问自己：害怕当众说话，是我一个人的心理吗？

当自己在问自己的时候，你就发现，你害怕当众说话并不是特例，你给自己的答案就是：害怕当众说话，是再正常不过的事情了。就在自己的一问一答之中，你的信心开始探出头来跟你的恐惧较劲。

紧接着你可以鼓励自己：一定程度的登台恐惧感对我来说反而有用，因为我们天生就有能力应对环境中不同寻常的挑战。当你想到第二步的时候，你的信心就会增加。

再接着，你就藐视一下你的“同行”：许许多多的职业演说家，从来就没有完全去除登台的恐惧。这是你的第三步，从“打击”你的“同行”中找到一些勇气。

第一次登台，你可以会因为紧张而言辞不畅、肌肉痉挛，这个时候你不要恐惧，只要当众演讲的次数多了，这种登台的恐惧程度就会很快减弱。

2.在充分的准备中强化自己的信心和勇气

在准备中，用不着逐字逐句地记忆，记住几个“关键词”“主题词”“概念词”就可以了。

在准备中，将自己将提及到的观点、理念进行逐条的整理。这个工作有助于理清自己的思想。

当你脱离了那些准备用的纸张，对要演讲的内容了然于胸时，你的自信心就产生了，勇气也就跟着出来了。

如果还对自己没有把握的话，对着镜子，自己为自己讲演一遍，欣赏一下自己的风采，自信心就更强了。

3.上台前为自己打气

上台前在心里不停地告诉自己："你准备得很好，一切尽在掌握中，完全没必要紧张。"上台前深呼吸，紧握自己的拳头然后松开，这样重复几次可以转移自己的注意力。

只要自己准备充分，完全可以做一次出色的演讲。你所要做的就是要控制你的紧张，记住是控制而非消除。

4.在演讲台上表现得信心十足

上台时，要注意仪表着装，好的仪表让人自信。如果现场灯光较暗，最好选择亮色衣服，这样可以吸引听众注意力。

演讲时正面面对你的听众，不要侧身或者背身。将身体站直，用眼光和你的听众交流，然后开始信心十足的讲话。演讲的语速要适中，不能过慢，也不能过快，过快和过慢都是不自信的表现。同时，演讲时加进一些手势或身体语言能让你的演讲更有感染力，当你听到台下的掌声时，你的信心和勇气就彻底战胜恐惧了。

5.精心准备一个引人注目的开场白

演说一开始，一下子就能吸引听众，这样的想法不切实际。然而，开场之时，如果不能尽快地吸引听众，对刚刚鼓起来的那一点信心将是一个致命的打击。因此，准备一个漂亮的开场白，尽可能于演说伊始就让听众凝神谛听。

其实，这样的开场白并不是没有，基本的技巧就是设计一个别出心裁、语出惊人的开场。

一般来说，戏剧性的事件作为演讲的开场白能迅速吸引听众的注意力；亲身经历的离奇故事也能播动听众的心胸。

如果你能在演说的开端就做到有声有色，你的信心就会越来越强，你的演说就会越来越精彩。

第一句话就充满悬念，引起听众的好奇心

把握好了最初的10秒钟，你就掌握了有利的情势。如果演讲者想引起听众的兴趣，有一点必须记住：开始便进入故事的核心，制造一个充满悬念的开头，在演讲之始就抓住听众的好奇心。

经常有这种情况：本应获得听众兴趣的开头，往往成了演讲中最枯燥的部分。比如说这样一个演讲："要信赖上帝，并且相信自己的能力……"这样的开头就像开水煮白菜，说教意味太重。演讲者接着说："1981年我的母亲新寡，有三个孩子要养育，但却身无分文……"这第二句话就渐渐有意思了。演讲人为什么不在第一句就叙述寡母领着三个嗷嗷待哺的幼儿奋斗求生的故事呢？

正如一位演说家所说，我们开始说话的前10秒钟最能吸引听众。原因是：在这最初的10秒钟内，每个人都会有意无意地来表达自己的真实感觉。所以，你如果抓住了这10秒钟，整个说话的场合就会形成一种有利于你的情势。那么，演讲时怎样做才能把握住这最初的10秒钟呢？

1.用吸引人的故事或幽默开头

感人的故事（尤其是真人真事）或能够使听众们发出会心

一笑的幽默言语，能够一下抓住观众的心，即使前面发言者已使观众思绪分散，也仍然能起到把握全局情绪的作用，引起听众的兴趣，从而使自己很快被听众接受。

罗素·凯威尔的著名演讲《怎样寻找机会》进行了6000多场，收入多达百万美元。他的这篇著名的演讲是这样开头的：

“1870年，我们到格利斯河游历。途中我们在巴格达雇了一名向导，请他带领我们参观波斯波利斯·尼尼维和巴比伦的名胜古迹。”

他就是用了这么一段故事来做他的开场白。这种方式最能吸引听众。这样的开场白几乎万无一失。它向前推进，听众紧随其后，想要知道即将发生的事情。

即使是缺乏经验的演讲者，只要运用这种讲故事的技巧，那么同样也能成功地制造出一个精彩的开场白，引起听众的注意力。

2.用一些物品吸引听众

一张图纸、一个战场上带回的实物或是一张相片，因其能直观地反映一定的主题，因而能很快地把听众吸引过来。如果讲者乐意，他还可能将自己的话题抽象成一幅画——根本不必去追究它的艺术性，或者随便写几个有趣的大字。别出心裁的举动也能一下集中听众的注意力，只要物品有助于谈话者借题发挥就行。

3.不妨用提问来开头

提问，是有趣的开头法。在问题提出以后，几乎所有感兴趣的人都会去思考，并产生一种要求知道正确答案的欲望，而这将使听众的注意力迅速地集中——他们等着用你说出的答案去验证自己的判断。但是要注意，提出的问题不要过于简单，要能引起思考，或能给听者以收获。

4.制造悬念

可以通过听众的求知欲而造成悬念，采用此种开头方法时可能需要一些“内幕”消息。无疑，这也是一种很好的吸引听众的方法。

弗兰克·彼杰就是这样做的。他写了《我怎样在销售行业中奋起成功》一书。在美国商会的赞助下，他曾经在全美做巡回演讲，谈论有关销售的事情。他总是能够在第一句话就制造悬念，简直堪称“悬念大师”。他演讲“热心”这个题材的开始方式，真是高妙无比，叫人佩服得五体投地。他一不讲道、二不训话、三不说教、四无概括的言论，一开口便进入核心。

“在我成为职业棒球选手后不久，我便遇到了一生中最使我感到震惊的一件事。”

现场的听众听到这个开头后，立刻就来了兴趣。每个人都迫切地想听听他遇到了什么事，他为什么会震惊，他是怎么办的……

5.从听众的利益和关心的焦点出发

有经验的谈话者往往善于将自己的谈话与听众的切身利益联系起来，即使牵强一些。为了吸引听众，谈话者有时不得不有策略地绕个弯子，待听众兴趣已起时再转入正题。

6.从与听众的共鸣说起

共同的经历或遭遇，共同的研究专业和方向，共同的希望和展望等，都是能够引起听众共鸣的话题，以此种方式开场，常常更易于使自己被听众“认同”。

7.用一句名言开场

名人名言是很好的开场白。心理学研究认为，公众具有崇拜权威（名人是人们自认的权威）的共同心理。名人的话对听众来说总是具有一种特殊的魅力，因而也最易于将听众的注意力集中起来。

8.先赞扬听众

世人都爱听赞颂之辞。因此，具体的赞扬会使听众认真聆听，同时，讲话者也会被认为是和蔼可亲的人而被听众接受。

适量的实例和数据让演讲更真实

演讲越真实就越容易征服听众，那么究竟怎样做才能让你的演讲更真实呢？毫无疑问，适量的实例和数据会把抽象的说教转化为具体，使听众产生共鸣。

演讲最忌的是空洞。空洞的说教或口号，没有多少感染力，很难调动听众的激情，很难吸引听众的注意力。演讲者提出某种看法，听众会期待着他能提出有力的事实加以证实。演讲中，人们普遍能够接受的事实论据可以是个人亲身经历的事实、调查研究的报告、权威机构的数据等。

演讲的力量来自哪里？是演说者提出的理论，还是现实中存在的事实？不少人认为，说理比事实更重要，然而，事实却比理论更有分量。

丘吉尔任首相之后，首次对英国百姓发表公开演说。他说道：

“我在此首次以首相身份对各位发言，我要对各位说，现在是我们国家、我们民族、我们盟邦，还有自由信念的危急存亡之秋。”

为了说明如何处于危急存亡的关键时刻，唤起民众对投入战争的动员准备，丘吉尔紧接着用了一连串的事实：

“德军已经突破法国的防线；德国的轰炸机、战车和其他装甲车队正在往英国逼近；在这些机动部队后面，他们的步兵正踢着正步往前迈进。”

在列举一连串事实的基础上，丘吉尔指出要保持对德国高度的警戒：“若想掩饰此刻的严重情况，那就太愚蠢了。”

丘吉尔拿出来的一连串的事实让过惯了太平日子的英国人顿时警醒过来。他没有用空洞的说教号召英国人抵抗敌军的进攻，他让事实站出来说话，事实让他的演讲更有力，一下子揪住了英国人的心。

既然事实对于演讲的成功有着如此大的作用，那么究竟怎样的事实才有说服力，才能引起听众的兴趣？首选是自己身边发生的事实。就地取材的事实，既形象又生动，使现场的听众不由自主地投入到演讲中来。

需要注意的是，选用的事例中，讲远的不如讲近的，讲别人的不如讲亲身经历的。

其次，一连串的事例比单个的事实更有说服力。多个看上去不相关的事例，被演说者摆放在一起，就形成“社会现象”，会引起听众的关注。

1838年5月16日，美国的安吉莉娜·格里姆凯在费城的演说里就引用了一连串的事实来说明奴隶制的罪恶。她说道：

“作为南方人，我感到今晚我有责任站出来为奴隶制作证。这是我亲眼所见的，这是我亲眼所见的！我知道它是如何无法形容地令人毛骨悚然。我是在它的羽翼下长大的。多年来，我是目睹了它是如何使人道德沦丧、如何毁灭着人间的快乐。我从来没有见过一个快乐的奴隶。诚然，我见过奴隶戴着镣铐起舞，但他们并不快乐。”

在安吉莉娜·格里姆凯的演讲里，人们的眼前似乎出现了一群又一群的奴隶，他们之中没有一个人是快乐地生活在这个世界上。这是一副多么悲惨的情景。

在演讲里，数字也有着神奇的威力，运用得好，能达到一般的事例达不到的效果。

1972年，来自纽约的一位女国会议员贝拉·伯朱格发表了一场呼吁给予妇女政治生活中平等地位的演讲，她说道：

“几个星期前，我在国会倾听总统向全国发表讲话，在我周围落座的有700多人。我听到总统在说，‘这里云集了美国政府的全体成员，有众议员、参议员，还有最高法院的成员和内阁成员’。我环顾四周，在700多名政府要员中，只有17人是女性；在435名众议员中，只有11位是女性；100名参议院员中，只有一个是女性；内阁成员中，没有女性；最高法院中也没有女性。”

不能不佩服，国会议员贝拉·伯朱格用身边的事例，用了一连串的数据，深深地揭露了美国的政治生活中女性地位与男性严重不平等的现实。

在运用数字作论据论述观点时，首先要了解事实的真相，否则一切就会成为空话，一旦有听众提出异议，可能会让自己处于尴尬的境地。

要提醒注意的是，列举事例是为了说明问题，不是点缀，不是卖弄学问，不是故弄玄虚，也不是典故用得越多越好，太多的事例，太多的数据，反而会让听众觉得不知所云，无论数据还是事例，一切要做到“恰到好处”。

让结尾回味无穷

精妙的结尾既是收束又是高峰；既水到渠成，又戛然而止；既铿锵有力，又余音袅袅；既别开生面，又来得自然。

一个好的结尾能给人留下深刻的印象，久久不能忘怀，这对于演讲来说十分重要。较为常用的结尾方式有以下几种：

1.总结式结尾

演讲结束时，演讲者在分析论证了问题之后，对所述内容作简洁扼要的概括总结，一则加深听众印象，二则进一步突出主题。这种方式有利于听众对演讲主题进行把握。

2.号召式结尾

在听众情感激发的基础上，运用具有鼓动力、感召力的语句向听众发出呼吁。这种方式适用于不仅要“使人信”，而且要“使人动”的目的明确的演讲。

3.赞颂式结尾

利用人一般都喜欢听赞扬话的心理，选用合适的赞颂词语，来作为演讲的结束语。这种演讲感染力强，容易与听众产生情感上的共鸣，也利于把演讲推向高潮。在双方关系融洽的氛围中，使演讲的内容在听众心中留下更为深刻的印象。这种方式要注意适度，不要给人留下矫揉造作的印象。在使用时一定要有感而发，情之所至，不要凭空赞颂，更不要无病呻吟。

4.诗词、格言式结尾

引用名人的话语或诗句、格言作结尾。这类方式用好的关键在于：所引语句必须与所述内容相吻合；引句的内容确实高度凝练、精辟，且为人熟知。这种结尾使演讲在生动、经典的语言中结束，而且极富节奏感，可以增加演讲的艺术感染力。

5.幽默式结尾

以一句幽默诙谐的话来结束演讲。在生动、活泼的气氛中结束演讲，对加深印象无疑是有益的。但这种方式的运用，须特别注意场合的适应性。

6.激发高潮式结尾

激发高潮是很普遍的结束方法。这通常很难控制，但是如果处理得当，效果就会好得出乎意料。整个演说逐步向上发展，在结尾时达到高潮，句子的分量也愈来愈重。

林肯在一次有关尼亚加拉大瀑布的演说中，运用了这种方法：

“这使我们回忆起过去。当哥伦布首次发现这个大陆，当基督在十字架上受苦，当亚当首次自其造物者手中诞生时，那时候和现在一样，尼亚加拉瀑布早已在此地怒吼。已经绝种但其骨头塞满印第安土墩的巨人族，当年也曾以他们的眼睛凝视着尼亚加拉瀑布，正如我们今天一般。尼亚加拉瀑布与人类的远祖同期，但比第一位人类更久远。今天，它仍和一万年以前一样声势浩大。早已死亡，而只有从骨头碎片才能证明它们曾经生存在这个世界上的史无前例的巨象，也曾经看过尼亚加拉瀑布。在这段漫长无比的时间里，这个瀑布从未静止过一分钟，从未干枯，从未冻上过，从未合眼，从未休息。”他的每一个比喻都比前一个更为强烈，他把他那个时代拿来分别和哥伦布、基督、亚当等时代相比较，因而累积了效果，达到了高潮。

所以，精妙的结尾既是收束，又是高峰；既水到渠成，又戛然而止；既铿锵有力，又余音袅袅；既别开生面，又来得自然。

让幽默助你演讲成功

演讲者一定要尽力发挥幽默的作用，让幽默助你演讲成功。

演讲中，为了吸引更多听众的注意，根据表达主题的需要运用风趣、幽默而意味深长的语言来活跃气氛、融洽感情，一般都能收到较佳的效果。

美国著名作家马克·吐温于1879年11月13日在芝加哥田纳西军团宴会上发表的《婴儿》演讲，就充分体现了这种风格：

所有的军人都知道，当这个小家伙来到你的家中时，你就得呈递“辞职书”，而他则完全掌管了全家，你变成了他的仆人、随从，随时要站在旁边听候命令。他不是那种按照时间、距离、天气或者其他事情付给你薪水的指挥官，但你不管在任何情况下都得执行他的命令，而且在他的战术手册中，行军的方式只有一种，就是跑步。他用各种最粗野无礼的态度对待你，但即使你们中间最勇敢的人也不敢说一句违抗的话。你可以面对死亡的风暴并予以还击，但他用手紧抓你的胡子、扯你的头发、拧你的鼻子时，你只得忍受。当战争之雷声在你耳际响起时，你面对炮弹以稳健的步伐向前迈进；当他发出惊吓的呼叫时，你却掉头向他冲去。当他要吃能安慰他的糖果时，你敢不立即服务吗？不！你会马上去拿他需要的东西！如果要喝奶，你敢反抗吗？不会的，你一定是立即把奶热好，甚至还会吸一吸这热好的、甜甜的奶水，看看温度是否适当，成分是否弄对了——3匙水、1匙奶粉、一点糖。我现在还没有尝过这个东西呢……

如今世界上的三四百万摇篮中，有些是我们国家将世世代代视为神圣之物而保存起来的，如果我们知道是哪几个的话。因为在这些摇篮里，未来的栋梁此时正在长牙；未来闻名的太空人正望着银河以一种无精打采的神情眨着眼睛；未来的历史学家正躺在那里，直到他的这一任务完成；另一个未来的总统正忙着烦恼他的头发还没有长齐之类无聊问题。其他大约六万个摇篮里装着未来的官吏，还有一个摇篮在旗子之下的某个地方，篮内躺着未来的有名的美国陆军部长，因为此时负担的责任和荣耀极少，于是他把整个富于战略的心思都用来寻找能把他的大脚趾放入口中的方法。

在整个演讲过程中不时地充满了听众会心的大笑，以及听众在被融化于演讲所编织的氛围时而出现的不可遏制的震天大笑，以至于在演讲结束时，掌声仍然久久不断。在这样一个如此和谐地进行着信息和情感双向沟通的演讲过程中，演讲者天才般的幽默激活了听众的心理情感，而听众以其激活的心理情

感的全部投入，又反转过来促成了马克·吐温的幽默天才淋漓尽致地发挥。马克·吐温演讲的成功，正是在这样一种双向沟通和交流中而获得升华的。

所以，作为演讲者一定要尽力发挥幽默的作用，让幽默助你演讲成功。

掌握“煽情”的技巧

演讲时要时刻牢记演讲的主题，时刻把握感情的阀门，注意控制感情的流量。

演讲要达到宣传育人的目的，要使人思想有所触动，首先，必须有动人的情感，即所谓“通情才能达理”。对于演讲者来说，要怀着强烈的、带爆发性的情感，实在有话要说，非说不可，不吐不快，才能讲好。激情上来了，思想和语言往往便“浩荡其沛然矣”。

那么，演讲者该如何传达自己充沛的情感呢？

1.语意传情

演讲者要抒发的情感，首先包含在演讲内容之中。从演讲的命题到演讲的观点，从演讲的叙述到演讲的议论，以至演讲中直抒胸臆之处，都浸透着演讲者的感情，只不过是表达感情的手段不同，有的直接，有的间接罢了。

说话是一个信息传播的过程，你只有在机械的语言中加入了真情，听众才可能被你的一番话感动。如果没有丝毫感情地说一件事，听众就无法感受到信息流中的特质。听众希望自己能被感动，所以，就让我们动情地来说吧。

看看列兰·史多是如何利用自己动情的讲演来打动听众，让他们支持联合国儿童救援行动的。

“我但愿自己再也不会目睹此情此景——一个孩子和死亡之间只差一颗花生。还有什么比这更凄惨的呢？我希望各位永远不会看到这一幕，也不必在事后永远活在这种悲惨的记忆里。如果一月里的某一天，在雅典被炸弹炸成一片废墟的工人区里，你曾听到他们的声音，见到他们的眼睛……可是，我所能留下的一切，只是半磅重的一罐花生而已。当我费力地打开它时，成群衣不裹体的孩子把我团团围住，疯狂地伸出他们的小手。更有许多的母亲，怀抱着婴儿你争我抢……她们都把婴儿伸向我，皮包骨头的小手抽搐地伸向我。我尽力使每颗花生都发挥最大的用处。

“在他们疯狂的拥挤之下，我几乎被他们撞倒。眼前只见几百只手：渴望的手、挥动的手、无望的手，全是瘦小的可怜的手。这里分一颗花生，那里分一颗花生。再在这里一颗，再在那里一颗。数百只的手伸着，乞求着；数百双眼睛闪着希望的光芒。我无助地站在那里，手中只剩个蓝色的空罐子……哎呀，我希望这种悲惨永远不会发生在你们身上。”

在列兰·史多动情的叙述中，听众的内心深处受到了巨大的震撼。

2.语音传情

演讲中传情达意，首先，以意义要素为内容，没有内容，就没有演讲的思想和感情。但是，演讲的语言又是以声音为载体的，没有声音，无所谓演讲；虽有声音，但没有感情变化，同样称不上演讲，因为不能准确地表达思想内容，因此不能感动人。

演讲是要感染人的，其重要手段之一就是通过语调流露真情。坚定的、犹豫的、高兴的、哀痛的、期待的、失望的、昂扬的、颓废的等复杂的感情，都可以通过语音语调的高低快慢、抑扬顿挫表现出来。

演讲中的情感抒发固然十分重要，但感情是受理智支配的，这个理智，就是要表达演讲的主题。演讲时要时刻牢记演讲的主题，时刻把握感情的阀门，注意控制感情的流量。有的演讲者不懂得控制自己的感情，一到伤心处就痛哭流涕，泣不成声；一到愤慨时就语不成句；一到高兴时又笑得前俯后仰、手舞足蹈。结果，听众只觉你在台上喜怒无常，根本听不清、弄不懂你在哭什么、气什么、笑什么。这样，又怎么能与听众产生感情上的共鸣呢？

所以，演讲需要尽情倾诉时，可开大阀门，让感情如潮水般一泄而出。但高潮过后，就要立即调节，绝对不可以放纵情感，信马由缰。

当众演讲的话要**有根有据**

说话有根有据，才能让别人信服。要想让听众对于你的演讲产生共鸣，让听众相信你所说的话，演讲的话更要有根有据。

“立屋要有梁，说话要有根据。”知识是口语表达的意识基础，上至天文，下至地理，乡土人情、风俗习惯、历史典故、轶闻趣事，信手拈来，皆成妙趣。另外，本行业的专业知识也要熟悉。那么，如何增长演讲时所需的知识呢？

多看书看报。世界动向、国内形式、科学动态、影视作品等皆可从书报中了解到。它们可以扩展你的谈话内容和谈话题材。

勤做读书摘录。阅读时，随时随地把遇见的名言警句、好词华章记录在摘抄笔记上，久而久之，这些经验与知识将成为你说话的本钱。

必要的写作训练。要想口中有，一定不能胸中无。俗话说：“胸有诗书气自华。”“胸中墨”来源于阅读和写作的积累。巧妇难为无米之炊，劣等稿怎么能展示优秀演讲者的风采呢？

勤学苦练。多向生活学习，多揣摩有经验人士的讲话，分析其优点，取其长克己短。相信经过一段时间的训练，展现在大家面前的一定是个全新的你。

有了一定的知识储备后，演讲者在演讲时要保证所说的话有根有据，还必须掌握一些能够体现演讲有根有据的讲话方式和技巧。统计数字通常能给听众留下深刻的印象，并且极具说服力。然而，数字本身是很让人厌烦的，所以使用时要明智而审慎。

演讲时，如果演讲者把统计数字和我们熟悉的事物放在一起进行比较，能收到加强印象的效果。

如果只提起数字、数量本身，是不会给人留下深刻印象的，它们必须辅以实例。倘若可能，还必须加上我们自己的经验来讲述，比如可以使用类比的技巧。

在南北战争期间，林肯为回答批评他的人，做了一次演讲。在演讲中也使用了类比的手法。

“各位先生，我想让各位来做一番假设。假设你所有的财产都是黄金，你把它交到著名的走索家帕罗丁手中，让他从绳索上带过尼亚加拉瀑布去。当他走在瀑布之上时，你会不会摇动绳索，或是不断地对他喊：‘再俯低些！帕罗丁，走快些！’相信谁都不会这样做。你肯定会屏住呼吸，肃立一边，直到他安全地通过。现在美国政府就是这种情况。它正背负着极大的重量，越过波涛汹涌的海洋，它手中有数不尽的财宝，请不要打扰它，只有我们都保持安静，它才能安然渡过。”

我们都知道，支持演讲要点的方法，就是凭借故事或是自己生活的经验，使听众去做演讲人要他们去做的事。事件或意外是一般演讲者最常用的方法，但不是可以支持要点的唯一方法。演讲者还可以使用专家的证言，这样权威的力量会增加你的说服力。

第二十二篇

懂点说话技巧，少一些生活磕绊

倾听对于别人来说就是赞美

倾听不仅是一种对别人的礼貌与尊重，也是对讲话者的高度赞美。每个人都希望获得别人的尊重，受到别人的重视。当我们专心致志地听对方讲话，努力地听，甚至是全神贯注地听时，对方一定会有一种被尊重和重视的感觉，双方之间的距离必然会拉近。所以，是否懂得倾听可能会直接决定你要办的这件事能否成功。

经朋友介绍，重型汽车推销员乔治去拜访一位曾经买过他们公司汽车的商人。见面时，乔治照例先递上自己的名片："您好，我是重型汽车公司的推销员，我叫……"

才说了不到几个字，该顾客就以十分严厉的口气打断了乔治的话，并开始抱怨当初买车时的种种不快。例如，服务态度不好、报价不实、内装及配备不对、交接车的时间等待得过长……

顾客在喋喋不休地数落着乔治的公司及当初提供汽车的推销员，乔治只好静静地站在一旁，认真地听着，一句话也不敢说。

终于，那位顾客把以前所有的怨气都一股脑地发泄了。当他稍微喘息了一下时，方才发现，眼前的这个推销员好像很陌生。于是，他便有点不好意思地对乔治说："小伙子，你贵姓呀？现在有没有一些好一点的车种，拿一份目录来给我看看，给我介绍介绍吧。"

当乔治离开时，已经兴奋得几乎跳起来，因为他的手上拿着两台重型汽车的订单。

从乔治拿出产品目录到那位顾客决定购买，整个过程中，乔治说的话加起来都不超过10句。重型汽车交易拍板的关键，由那位顾客道出来了，他说："我是看到你非常实在、有诚意又很尊重我，所以我才向你买车的。"

只是几分钟的倾听，就做成了一笔业务，这就是倾听的魅力。

玫琳凯·艾施在《玫琳凯谈人的管理》一书中，就曾对倾听的影响做了如此说明："我认为不能听取别人的意见，是自己最大的疏忽。"

玫琳凯经营的企业能够迅速发展成为拥有20万名美容顾问的化妆品公司，其成功秘诀之一就是她相当重视每个人的价值，而且很清楚地了解员工真正需要的除了金钱、地位外，还有一位真正能"倾听"他们意见的知心人。因此，她严格要求自己，并且让所有的下属铭记这条金科玉律：倾听，是最优先的事，绝对不可轻视倾听的能力。

所以，当你说话办事时，不要一味地只顾着表达自己的想法和观点，留一点时间给别人，沉静下来听别人说一会儿话，你的倾听会给你带来更多的收获。

大大方方，说话不要羞怯

一说话就脸红，一笑就捂嘴，一出门就低头，这是许多天性羞怯者的共同表现。虽然屡下决心，却总是不能够大见成效，怎么办呢？

想象自己是完美的化身。面对大客户或提案，先静坐，心中默想曾有过的愉悦感受，比如曾经聆听的悠扬乐章，越具体效果越好。以拥有者的态度走入每间屋子，昂首阔步，抬头挺胸，仿佛一切都在你的掌握之中。

大胆表现自我，把自信心视为肌肉，需要持之以恒的定时锻炼，如果稍有懈怠，它很快会松弛。改善外表，换一套新洗过的衣服，去理发店吹个发型，这些办法会使你焕然一新，增强自信。

进行想象练习。想象你正处在你最感到羞怯的场合，然后设想你该如何应付。这样在脑海里把你害怕的场合先练习一下，有助于临场表现。

逐渐接近目标，可以减少你的焦虑。掌握害怕的根源和知道害怕时会有的生理反应，如冒冷汗或呼吸急促，当它们出现时你就可以通过一些放松的小技巧来克服它。说话时语气要坚定。没有自信的人都有说话过于急促、细声细气的毛病。说话的诀窍在于音量适中、语调平稳、速度不缓不急，此举显示你对说话的内容信心十足。利用呼吸换气时断句，内容则显得流畅有条理。切忌以疑问句作为结束陈述事实的语句，以免影响语气的坚定。

专心倾听别人的讲话。在轮到你讲话之前，先专心听别人怎么讲。一来可以分心，不再一心只顾着紧张；二来当你讲话时，别人也会专心听你的。

多找一些你不认识的人谈话，例如在排队买东西时，多与人攀谈，这可以增加你的胆量和技巧，又不至于在人前出丑。

要避免不利的字眼，与其对自己说“我感到很紧张”，不如说“我感到很兴奋”。

确信一个事实：其实在别人的心目中，你并不像你想象的那样害羞。设法避免紧张时的动作，例如你演讲时手会发抖，就把讲演稿放在讲台上。

事情做好了，不忘自己庆祝一番，这样有助于增进你的自信。

平常不要拘泥，要多参加活动，多与人接触，这对克服羞怯心理很有帮助。

委婉地表达自己的意思更易被人接受

委婉是一种修辞手法，是指在讲话时不直陈本意，而用委婉之词加以烘托或暗示，让人思而得之，而且越揣摩，含意越深远，因而也就越具有吸引力和感染力。委婉含蓄是说话的艺术，它体现了说话者驾驭语言的技巧。生活中有许多事情是“只可意会，不可言传”的，如果说话者不考虑当时的情境不顾及别人的感受，把想说的话直接地表达出来，不仅起不到应有的作用，还会引起对方的不悦，破坏相互之间的和谐关系。而委婉地表达自己的意思，即使是批评，别人也会很容易接受。

传说汉武帝晚年时很希望自己长生不老，一天，他对侍臣说："相书上说，一个人鼻子下面的'人中'越长，命就越长；'人中'长一寸，能活百岁，不知是真是假？"侍臣东方朔听了这话后，知道皇上又在做长生不老梦了，不觉哈哈大笑。皇上见东方朔似有讥讽之意，面露不悦之色，呵道："你怎么敢笑话我！"东方朔脱下帽子，恭恭敬敬地回答："我怎么敢笑话皇上呢！我是在笑彭祖的脸太难看了。"汉武帝问："你为什么笑彭祖呢？"东方朔说："据说彭祖活了800岁，如要真像皇上刚才说的，'人中'就有八寸长，那么，他的脸不是有丈把长吗？"汉武帝听了，也哈哈大笑。这种委婉含蓄的批评，汉武帝却愉快地接受了。

现代文学大师钱锺书先生，是个自甘寂寞的人。居家著读，闭门谢客，最怕被人宣传，尤其不愿在报刊、电视中扬名露面。他的《围城》再版以后，又拍成了电视剧，在国内外引起轰动。不少新闻机构的记者，都想约见采访他，均被钱老执意谢绝了。一天，一位英国女士，好不容易打通了他家的电话，恳请让她登门拜见钱老。钱老一再婉言谢绝都没有效果，他就对英国女士说："假如你看了《围城》，像吃了一个鸡蛋，觉得不错，何必要认识那个下蛋的母鸡呢？"那位女士终于被说服了。

从上面的事例我们可以看出，委婉含蓄主要具有以下三个方面的作用：

第一，人们有时表露某种心事，提出某种要求时，常有种羞怯、为难心理，而委婉含蓄的表达则能淡化这种羞怯。

第二，每个人都有自尊心。在人际交往中，对对方自尊心的维护或伤害，常常是影响人际关系好坏的直接原因；而有些表达，如拒绝对方的要求，表达不同于对方的意见，批评对方等，又极容易伤害对方的自尊。这时，委婉含蓄的表达常能达到既能完成表达任务，又不伤害对方自尊心的目的。

第三，有时在某种情境中，如碍于第三者在场，有些话就不便说，这时就可用委婉含蓄的表达。

但是，使用这种表达方式时也要注意，委婉含蓄不等于晦涩难懂，它的表达技巧首先是建立在共同语境中对方能够明白的前提下，否则你的表达是没有意义的。另外，委婉含蓄并不适合任何场合，需要直白的时候就不要委婉含蓄，否则反而会引起别人的反感。

开玩笑时**不要信口开河**

不难发现，生活中那些会开玩笑的人特别受欢迎。他们凭借一个得体的玩笑，不仅给他人带来了欢乐，而且能迅速获得别人的好感。但是，开玩笑也要有分寸，并不是所有的场合都适合开玩笑，并不是所有的话题都可以用来开玩笑，如果把握不好开玩笑的“度”，不仅会得罪人，甚至会酿成悲剧。

莉莉是一家公司的外勤人员，是个聪明伶俐的女孩。她脑子快，言辞犀利，还有丰富的幽默细胞，无论到哪儿都是个

“开心果”。但如此可爱的莉莉小姐，却得不到老板的青睐。原来，她不仅跟同事开玩笑，还会和平易近人的老板开玩笑，而且不注意开玩笑的分寸。

一次，莉莉带着刚刚谈好的客户和协议来找老板签字。看到老板龙飞凤舞的签名，客户连连夸奖说：“您的签名可真气派！”莉莉听了却调皮地说：“能不气派吗？我们老板可是暗地里练了三个月了！况且这是他写得最多的文字。”此言一出，老板和客户都陷入了尴尬。

开玩笑也要分对象，如果双方都是同事，莉莉的话也许并不会引起反感，但是在客户面前开老板的玩笑却是大忌，这会让老板觉得很没面子，客户也不知道该怎样继续下去，这就是莉莉为什么得不到重用的原因。

开玩笑时，务必要考虑这个玩笑带来的后果，绝不要信口开河，随意开玩笑。不然，发生意外时，只会让我们后悔莫及。

首次见面，自我介绍要**别出心裁**

在向陌生人做自我介绍时，首先要做的就是自报姓名，但许多人在这方面却做得不太好，在介绍时只是简单地报出自己的姓名：“我姓×，叫××。”自以为介绍已经完成。然而这样的介绍肯定算不上有技巧，也许过了三五分钟，别人已经把他的姓名忘得一干二净了，无法给别人留下深刻的第一印象。

一个人的姓名，往往存有丰富的文化积淀，或折射凝重的史实，或反映时代的乐章，或寄寓双亲对子女的殷切厚望。因此，自我介绍时在个人名字上做文章能令人对你印象深刻，有时也会令人动情。

1.利用名人式

在新生见面会上，代玉自我介绍时说：“大家都很熟悉《红楼梦》里多愁善感的林黛玉吧，那么就请记住我，我叫代玉。”

再如王琳霞：“我叫王琳霞，和世界冠军王军霞只差一个字，所以，每次王军霞获得世界冠军时，我也十分激动。”

利用和名人的名字相近的方式来介绍自己的名字，关键是选的名人应是大家都知道的，否则收不到效果。

2.自嘲式

如刘美丽介绍自己时说：“不知道父母为何给我取美丽这个名字。我没有标准的身高，也没有苗条的身材，更没有漂亮的脸蛋，这大概是父母希望我虽然外表不美丽，但不要放弃对一切美丽事物的追求吧。”

3.自夸式

如李小华：“我叫李小华，木子李，大小的小，中华的华。都是几个简单的字，就如我本人，简简单单、快快乐乐。但简单不等于没有追求，相反，我是一个有理想并执着追求的人，在追求的路上我快乐地生活着。”

4.联想式

如一个同学叫萧信飞，他便这样做自我介绍：“我姓萧，叫萧信飞。萧何的萧，韩信的信，岳飞的飞。”绝大多数人对“萧何月下追韩信”的典故和南宋名将岳飞都是熟悉的，这样一来，大家对他的名字当然就印象深刻了。

5.姓名来源式

如陈子健：“我还未出生，名字就早在我父亲的心中了。因为他很喜欢这样一句古语‘天行健，君子以自强不息’，于是毫不犹豫地给我取了这个名字，同时希望我像君子一样自强不息。”

6.望文生义式

与其他方法相比，望文生义式有更大的自由的发挥余地，例如下面这几例：

夏琼——夏天的海南，风光无限。

杨帆——一帆风顺，扬帆远航。

皓波——银色的月光照在水波上。

秀惠——秀外慧中，并非虚有其表。

7.释词式

即从姓名本身进行解释。如朱红：“朱是红色的意思，红也是红色的意思，合起来还是红色。红色总给人热情、上进、富有生命力的感觉，这就是我的颜色！”

8.利用谐音式

如朱伟慧：“我的名字读起来像‘居委会’，正因为如此，大家尽可以把我当成居委会，有困难的时候来反映反映，本居委会力争为大家解决问题。”

9.调换词序式

如周非：“把‘非洲’倒过来读就是我的名字——周非。”

10.摘引式

如任丽群：“大家都知道‘鹤立（丽）鸡群’这个成语，我是人（任），更希望出类拔萃，所以，我叫任丽群。”

但是，自我介绍中光介绍名字显得有些单一，应该再加入更多的信息量，这样会使你的自我介绍更加出彩，给人留下深刻的印象。你完全可以把自己的经历编成一个小小的故事，说给听众听，这样或许他们更有兴趣。

总之，自我介绍有很大的发挥余地，我们应该想方设法把它丰富起来，不要放过这样一个吸引人注意的机会。

多准备一些话题，易于和陌生人交谈

当你面对一个从未谋面的陌生人，第一个问题就是如何与他开始交谈，这个时候选择什么样的话题就十分重要，你选择的话题要能引起对方的兴趣，让对方有与你交谈下去的愿望。但是，经常发生这样的情况，当我们见到陌生人时，内心的紧

张会压倒表达的欲望，我们呆呆地站在那里，忘了该怎么开始……其实，交谈是一件很自然的事情，能够用来交谈的话题也有很多，你完全可以多准备一些话题，从中选择几个与对方交谈。

比如，对方可能感兴趣的事，衣、食、住、嗜好、娱乐，令人感动、感伤的事，家人、家庭、气候变化，旅行及有价值的话题，利益及有关赚钱的事，新闻、时事问题，一些人生经验、人生经历的话题，关于对方工作的话题等。

另外，在话题的选择下，还有一些讲究必须注意。例如，不谈对方深以为憾的缺点和弱点；不谈上司、同事以及一些朋友们的坏话；不谈人家的隐私；不谈不景气、手头紧之类的话；不谈一些荒诞离奇、黄色淫秽的事情；不询问妇女的年龄、婚否、家庭财产等事情；不说个人恩怨和牢骚；不说一些尚未明辨的隐衷是非；避开令人不愉快的疾病详情，忌夸自己的成就和得意之处等。

把抱怨收起来，认真做事才不会吃亏

在工作中，你给上司的印象应该是踏实的、低调的、不争功倨傲的，如果你给上司的印象恰好与此相反，你张扬、浮躁、总是不停地抱怨……这对你来说不会有任何好处。所以，为了你的前途，你还是把抱怨收起来，认真踏实地做好自己的事吧。

有一位在网络公司做美编的年轻人讲述了自己的一段亲身经历：

半年过去了，我的薪水依然没有提高。于是，我开始在上司面前隐约地提到这个问题，上司一直装傻。我有点急了，那天办公室就我和上司两个人，我故意抱怨，这个月的房租又涨了，饭票也涨了……言外之意，我的工资什么时候涨呀？

上司笑着说："别抱怨了，好好工作吧！大家的工资都是一样的！"

"是吗？真的一样吗？"我生气地脱口而出。怎么可能一样呢？我好像比同事少了好几百块呢！至于上司的工资，更不知道比我多多少倍呢！接下来，我把长久以来积聚的怨气都宣泄出来了："大家做的工作都是一样的，凭什么拿的工资不一样呢？要说工作经验，我也已经在这里工作半年了，什么经验没有呀？"

上司看了我半天，就像看一只怪物。当时我觉得自己理由充分，所以一点也不心虚。但是我错了！

第二天，办公室里的同事相继对我说："我们刚来的时候比你的工资还少呢，到现在才一点点提升上去。"我心里一惊，肯定是上司找我的同事谈话了！

我跑进上司的办公室，直接对上司说："你对我有什么意见可以告诉我，不要让同事来告诉我，我觉得你这种做法未免太卑鄙了！"

上司瞪了我一眼，说："没有哪个老板会喜欢一个总是喜欢抱怨的员工，如果觉得我这里的待遇不平等你完全可以另谋高就。"

我无话可说了，到这时我才知道自己错了，向上司抱怨是我不该做的，而和上司说这些偏激的话，更不是我该做的！

工作中对上司说抱怨的话，是最愚蠢的做法。即使你对上司有什么意见，也应该采取一种比较委婉的说法，而不是用偏激的话说出来，毕竟对方是你的上司，你应该对他有基本的尊重，也要注意维护他的面子。否则，吃亏的只能是你自己。

抓住时机，巧妙消除与同事的隔阂

同事之间由于工作问题产生矛盾是在所难免的。因为人与人之间的观念、工作作风方面的差异必然会产生一些冲突。但出现冲突之后，双方一定要抓住各种时机，巧妙地消除彼此间的隔阂，和好如初，否则就会影响以后工作的开展。

1.产生隔阂后主动改正自身错误

俗话说："一个巴掌拍不响"。双方产生矛盾隔阂后，不要一心想着是对方的错，要多从自己身上找原因，看是否自己哪句话说得有失分寸，或者哪件事办得有失偏颇，主动改正自身的错误，这才是消除隔阂的有效方法。

一个懂得说话办事之道的人，能够清醒地认识自身缺点与不足，在发生错误后，能够及时自省，而不是一味紧盯别人的不足。

改正自身错误，首先要直面自身的以及外界的问题，然后再拿出热情与诚意，将这些问题一一解决。不要担心别人看不到你的努力，只要你做了，别人就会感受得到。这样，不管是与同事相处，还是与其他人相处，你都会是受欢迎的一个。

2.积极接触，适当补救

对你进行非议的同事，可能根本就不了解你，这时你如果针锋相对，会让他更加确定对你的不好印象，他会认为对你的非议是最正确的评价。其实，要想改变这些非议，最好的方法就是积极地与同事多接触，让他明白你到底是一个怎样的人。

大科学家富兰克林，在参加一个地区的议会选举时，遇到了极大的困难。原来有一个新的议员，对他发表了一篇很长的反对演说，在那篇演说里，竟把富兰克林批评得一文不值。遇到了这样一位出言不逊的同事，是多么棘手的事呀！那该怎么办才好呢？富兰克林做得很漂亮。他记得曾经有人讲过，这位新议员的藏书室里有几部很名贵且珍稀的书，他就写了一封简短的信给这位新议员，说希望借他的书看几天。议员立刻就把书送来了，大约过了一个星期，富兰克林就将那些书送去还他，另外附上一封信，很热烈地表达了自己的谢意。这件事彻底改变了新议员对他的态度，当他们再一次在议院里遇见的时候，那位议员竟然跑上前来，主动和富兰克林握手谈话了，而且非常客气。后来，他们逐渐成为知己，有了美好的友谊。这就是富兰克林主动接触对方的结果。

所以，当你因为某些原因与同事之间产生隔阂时，就要积极地想办法迅速消除这种隔阂。只有这样工作才会更顺利，人缘也会更好。

第二十三篇

旁敲侧击，巧用暗语

巧妙类比，言在彼而意在此

人们为了各自的利益难免会陷入紧张或对立的状态。此时若用轻松的方式去解决，就可以巧妙地化解矛盾，比如用类比的方法。

战国时期，齐国有个出身卑微的人叫淳于髡。他虽然身材矮小但口才很好，尤其善于讲笑话，使听者在笑声中受到启发。于是齐威王派他做齐国的使臣，出使各国。由于他有一副雄辩的口才，因而每次都非常出色地完成了使命，深得齐威王的器重。

一次，楚国发兵进攻齐国，齐威王派遣淳于髡带着黄金百斤、驷车十乘的礼物，前往赵国求救兵。淳于髡接到命令之后，放声大笑，直笑得前仰后合，浑身颤动，连帽子缨带都迸断了。齐威王问他道：“先生是不是嫌我送给赵王的礼物太轻了？”

淳于髡回答说：“不敢，我怎么敢呢？”

齐威王又问：“那么，你为何这样大笑呢？”

淳于髡答道：“不久

前，我从东面来，看见路上有一个人正在向土地神祈祷。他拿着一只猪蹄，捧着一杯酒，嘴里念念有词：‘高地上粮食满筐，低地上收获满车，五谷丰登，全家富足。’我看见他奉献给土地神的少，而向神索取的多，所以觉得好笑。”

齐威王听到此处明白了，淳于髡是在用隐语来劝谏自己增加礼物，于是决定把礼品增加到黄金一千斤、白璧十对、驷车一百乘。

淳于髡带着礼物前往赵国，说动了赵王。回国后齐威王便置办宴席庆贺，见淳于髡颇有酒量，就问他：“先生最多能饮多少酒才会醉呢？”

淳于髡回答说：“我饮一杯酒也会醉，饮一石酒也会醉。”

齐威王很惊奇，问他说：“先生既然饮一杯酒就醉了，怎么还能饮一石酒呢？其中的道理可以说给我听吗？”

淳于髡说：“如果在大王面前饮您所赐之酒，执事官吏在旁边看着，御史在后边监督，我心情恐惧，伏地而饮，这样的话，不过一杯就醉了。如果父母在家中接待贵客，我卷起袖子，陪侍于前，不时捧杯敬酒，恭敬陪侍，这样的话，不过两杯就醉了。如果朋友间一起游乐，由于很久没有见面，现在突然相逢，便互诉衷情，这样的话，大约饮五六杯才会醉。如果乡里相聚，男妇混杂在一起，细斟浅酌，一边饮酒，一边下棋、投壶，做各种游戏，随便与女郎握手也不受处罚，目不转睛地注视她也没有顾忌，前面掉有妇女的饰物，后面有姑娘遗落的发簪，我心中一高兴的话，便可饮八九杯。如果日暮酒残，将残席合并在一起，男女同席，促膝挨肩而坐，靴鞋交错，杯盘狼藉，一会儿堂上蜡烛尽熄，主人送走客人而独独把我留下，她敞开了罗袄的衣襟，我隐隐闻到一阵微香，当此之时，我心中最快乐，就能喝到一石。所以常言说‘酒极则乱，乐极则悲’，一切的事情都是这样的。”

齐威王听了淳于髡这一番话语，明白了淳于髡是用幽默的隐语进行讽谏，从此不再作长夜之饮。

在一次新闻界的餐会上，美国总统艾森豪威尔应大家的要求站起来讲话。

他说：“大家都知道，我不是善于言辞的人。小时候我曾经去拜访过一个农夫，我问这个农夫：‘你的母牛是不是纯种的？’他说不知道。我又问：‘这头牛每个星期可以挤出多少牛奶呢？’他也说不知道。最后，他被问烦了就说：‘你问的我都不知道，反正这头牛很老实，只要有奶，它都会给你。’”

艾森豪威尔笑了笑，对在场所有的新闻界人士说：“我也像那头牛一样老实，反正有新闻，一定都会给大家。”

说话兜圈子，绕道而行；用比喻、影射的方法举例说明；说故事，讲寓言，用幽默及双关语开开玩笑；采用游击战术，不正面冲突；拖延时间，爱理不理，静观其变……这些都叫迂回策略。

防止“弦外之音”伤人

“弦外之音”有时可以在不经意间起到暗示别人的作用，但有时也会在不经意间伤害别人。

我们常常夸奖别人说话含意丰富、深刻，有“言外之意”“弦外之音”。

一般来说，我们说话要求简单明了，不要烦琐含糊。同时，还应该知道，有时候把话说得太直白会伤人，不如在话语中隐藏“弦外之音”。然而，有些人并不懂得如何运用“弦外之音”，从而在不经意间伤了他人。

一群人在看电视剧，剧中有婆媳争吵的镜头。张大嫂便随口议论道：“我看，现在的儿媳真是不知好歹，不愿意和老人住在一起，也不想想以后自己老了怎么办。”话未说完，旁边的小齐马上站了起来，怒声说：“你说话干净点，不要找不自在，我最讨厌别人指桑骂槐！”

原来，小齐平素与婆婆关系失和，最近刚从家里搬出自己住。张大嫂由于不了解情况，无意中揭了对方的短而得罪了小齐。

聪明的人善于把批评的意思压缩在一句貌似赞扬的话里，让人在体味“言外之意”的同时，意识到自己的错误。

某厂有一栋宿舍，一楼住着老工人，二楼住着年轻工人。一天夜晚，一些年轻工人喝酒猜拳，大吵大闹，到了凌晨1点还不罢休，影响了楼下老工人的休息。

一位老工人气愤地走上楼去，大声斥责说：“安静！”

可这些年轻人连理也不理，吵闹得更凶了。

过了一会儿，另一位老工人也走了上去，笑着对他们说：“小伙子们，你们辛苦了，该休息了。”

听了这位老工人的话，这伙年轻人很快静了下来。

这两句话表达的意思是一样的，但表现形式不一样导致结果迥然不同。我们分析一下：第一位老工人的话语直接，火药味十足，它让听者产生了逆反心理，所以，闹腾得更欢了。

第二位老工人则不同，他运用了隐含判断，话语中隐含着对这些年轻人“闹得太久，影响了他人休息”的批评，但话说得委婉含蓄。这些年轻人因第一位老工人的话而激起的反抗心理此时被击溃了，心悦诚服地改正了自己的过失。

不管什么人，都不喜欢别人说自己的坏话。因此，当他听到对方说自己坏话时，就会不高兴、生气，甚至想找机会报复。

因此，有些想说人家坏话的人，就选择了说“弦外之音”。

说话的目的在于交流思想和感情，但万不能用“弦外之音”去伤害别人。有些人说话含蓄，爱卖弄，如果对方听懂了倒没关系，若是没听懂甚至听错了，不但起不到交流的目的，反而可能引起误会。

说话要**隐晦些**

直言直语固然好，但说话还是要隐晦一些。什么话该摊开来说，什么话该隐晦地说，我们要做到心中有数。

在表达一些意愿和请求时，如果能够合理地把握说话时的分寸，暗藏在话语背后的真意一样可以传达给对方。

1.以退为进，让人主动接受

暑假时，某高校决定组织青年志愿者到孤儿院献爱心。

班主任向所有志愿者提出一项要求：“希望每位成员能带

一名孤儿到自己家中共同过暑假，让他们感受家庭的温暖。”把好不容易盼来的假期全部花在照料孤儿上，这的确有些勉为其难，当时，就遭到了大家无声的拒绝。

短暂的冷场后，班主任微微一笑，说：“我知道这样可能使大家为难了。这样吧，我尊重大家的选择，把原计划改为每周抽出一天时间陪孩子一起逛逛公园、做做游戏，这样总可以了吧？”这一提议获得了大家的一致通过。

其实，这只不过是班主任的一个策略而已。他的真实用意实际上就是希望志愿者每周能抽出一天时间陪陪孤儿，不过他明白，在暑假里即使这样一个请求，实践起来也是有一定难度的。于是在提出这样一个请求前，他干脆提出了一个更大的请求——让他们整个暑假照料孤儿，这一请求不出所料地遭到大家的拒绝。只不过，在已经拒绝一次的情况下，再提出一个请求，大家也就不好意思再拒绝了。而且两次请求相权衡，大家自然会选择后者。

2.满足需要，让人自动回避

19世纪，在维也纳上层社会的妇女中，时兴一种高筒、宽檐的帽子，帽檐上装饰着五颜六色的羽翎。当这些女士进入剧场时，坐在她们后面的观众就只能看到她们的帽子而看不见舞台，于是不少观众向剧场经理提出抗议。

剧场经理起初只是一味地请求女士们脱帽，但女士们谁也不理睬。后来，经理眉头一皱，计上心来，对女士们说：“本剧场照顾年老的女士，只有她们可以不脱帽。”此言一出，剧场中所有的女士都摘下了帽子。

上面这个故事中，剧场经理抓住女士们都希望自己年轻貌美的心理需求而说出的话，让女士们乖乖地摘下帽子。因为剧场经理激起了她们维护自己年轻形象的心理需求。

以退为进，满足需求都是为了使隐晦的语言能够更好地发挥效用。因此，我们在说话时完全可以借助上面的表达方式，该明说的话要明说，不适宜明说的话要用隐晦的方式说出来。

用不经意的话暗示别人

在日常交际中，当需要批评或提醒他人而又不便直接向他提出时，便可考虑使用侧面暗示法，从而达到启示、提醒、劝阻、教育他人的目的。

会说话的人知道哪些话可以说，哪些话不可以说。他们懂得用委婉含蓄的话语，不经意地暗示别人，在坚持自己原则的同时又不会令对方太过难堪。

有一次，小王家里来了客人，聊了几个小时后，这位客人还无意离去。

小王因还有其他事情要做，屡次暗示客人，但是那位客人却“执迷不悟”。小王无奈之中心生一计，对他说：“我家的菊花开得正旺，我们到园子里去看看？”

客人欣然而起，于是小王陪他到花园里观赏菊花。看完后，小王趁机说：“还进去坐坐吗？”

客人看看天色，恍然大悟地说：“不了，不了，我该回家了，要不就错过末班车了。”

小王没有直接说明自己有其他事情要做，而是用不经意的话暗示对方，不仅没有让对方感到尴尬，而且也达到了自己的目的。

一天，几位青年人去拜访某教授。不知不觉已谈到深夜，教授接着其中一位青年人的话题说："你提的这个问题很值得研究，明天我去A城参加一个学术会，准备就这个问题找几位专家一块聊聊。"听完教授的话，几位青年立刻起身告辞："很抱歉，不知道您明天还要出差，耽误您休息了。"

如果遇上了一位不知情的客人，你让他走也不是，不走也不是，这可是件很让人尴尬的事情。这时，你不妨采取一些巧妙的暗示。诸如看看钟表，或者随意地问他忙否，然后再告诉他你最近都很忙。一般稍微敏感点的客人肯定就会起身告辞，但若是"执迷不悟"的客人于此"无动于衷"，我们就可以巧妙地转移一下地点，像小王那样用一下"调虎离山"之计，这样既维护了彼此的情感，又不至于拖延自己的事情，可谓两全其美。

在日常交际中，当需要批评或提醒他人而又不便直接向他提出时，便可考虑使用侧面暗示法，从而达到启示、提醒、劝阻、教育他人的目的。

在一家高级餐馆里，有一位顾客把餐巾系在脖子上，餐馆经理对此很反感。于是，他叫来了一个女服务员说："你要让这位绅士懂得，在我们的餐馆里，那样做是不允许的，但话要说得尽量委婉些。"女服务员来到那位顾客的桌旁，很有礼貌地问："先生，您是刮胡子，还是理发？"话音一落，顾客立即意识到自己的失礼，赶快取下了餐巾。

这位聪明的女服务员没有直接指出客人有失体统之处，却拐弯抹角地问两件与餐馆毫不相干的事——刮胡子和理发，表面上看来似乎是女服务员问错了，而实际上她通过这种风马牛不相及的事情来提醒这位顾客，不仅使顾客意识到自己失礼之处，又做到了礼貌待客，不伤害顾客的面子。

侧击迂回，举重若轻显真功夫

迂回就是一种拖延战术，目的是要争取更多的时间促进沟通的进行。如果沟通不畅，可以考虑用迂回的方式寻求外界支援或是跳离原来的沟通模式，以特殊方法突破沟通障碍，让沟通顺畅。

说话迂回虽然给人啰唆的感觉，但是它却能更好地突破沟通障碍，让沟通顺畅。

一次，德皇威廉二世派人将一艘军舰的设计图交给一个造船界的权威人士，请他评估一下。他在所附的信件上告诉对方，这是他花了许多年，耗费了许多精力才研究出来的成果，希望对方能仔细鉴定一下。

几个星期之后，威廉二世接到了权威人士的报告。这份报告附有一叠以数字推论出来的详细分析，文字报告是这么写的：

“陛下，非常高兴能见到一幅绝妙的军舰设计图，能为它作评估是在下莫大的荣幸。可以看得出来这艘军舰威武壮观、性能超强，可说是全世界绝无仅有的海上雄狮。它的武器配备可说是举世无双，舰内设施豪华。这艘举世无双的超级军舰只有一个缺点，那就是如果一下水，马上就会像只铅铸的鸭子沉入水底。”

威廉二世看到了这个报告，不但没为设计失败而气恼，反而禁不住笑了起来。

说话高手并不是指那些会说好听的话、使用华丽辞藻的人，而是善于运用迂回婉转说话技巧之人。

善用闲谈，化解尴尬境地

生活中难免会碰上尴尬的事情。这个时候，我们完全可以随机应变，巧妙地说一下闲话，使气氛得到缓和。

面对尴尬的窘境，如果置之不理，会有损自己的尊严；如果斤斤计较，又会有损自己的风度；如果无所适从，会有损自己的形象；如果处理不当，又会激化矛盾。可是，若你懂得用巧言妙语回答，不但能够很好地化解尴尬，而且会使气氛变得温馨。那么，化解尴尬的方法都有哪些呢？

1.自嘲式化解

自嘲，顾名思义，就是自我嘲解，调侃自己。自嘲是一种幽默，一种智慧。处理好复杂的人际关系可不是件容易的事，一旦陷入尴尬境地，不妨自我嘲解一下，既给自己找个台阶下，又能巧妙地缓和气氛。

某著名诗人应邀到某大学中文系作家班做学术讲座。诗人讲到自己的诗作时，准备朗诵一段，可诗稿却放在一个学员的课桌上，诗人便走下讲台去拿。但诗人在上台阶时，一不留神跌倒在第二级台阶上，学员们顿时哄堂大笑。诗人稳住身子，转向学员，指着台阶说："你们看，要升一个台阶多么不易，生活是这样，作诗亦如此。"这一哲理性的话语顿时赢得了热烈的掌声。诗人笑了笑，接着说："一次不成功不要紧，再努力！"说着，装作用力的样子走上讲台，继续他的讲座。

2.反话式化解

林肯是一个富有幽默感的总统。有一次，林肯自己在擦皮靴，某外交官问道："总统先生，您总是擦自己的靴子吗？"林肯不动声色地回答说："是啊，那你是经常擦谁的靴子呢？"

林肯的高明在于他巧妙地绕开对方所提出的一个判断性问题，进而找出破绽，给对方回敬了一个特指性的反话。

3.自圆式化解

一位主持人在主持一次知识问答类节目时，问道："国外公园里常常有武士模样的人摇着铃铛走东串西，请问这人是干什么的？"

参赛者的回答各种各样，可结果都是错的。最后主持人告诉大家谜底："是卖茶水的人。"此时主持人见参赛者情绪有些低落，赶快补上一句："看来这地方的水真是太宝贵了，卖茶水的人也穿戴得这么漂亮，把我们都迷惑了。”

这句话看来很平常，可句中的“我们”拉近了双方的距离，化解了参赛者由于回答错误可能带来的尴尬。

面对尴尬时，如果我们能够巧妙地说一些闲话，不仅可以化解尴尬的境地，还可以转移对方的注意力。因此，面对尴尬的局面时，幽默地说一些闲话是非常必要的。

淡化感情色彩，间接地表达你的不满

旁敲侧击，比喻说话、写文章不从正面直接点明，而是从侧面曲折地表明观点或加以讽刺、抨击。

在公众活动中，可能经常遇到让人尴尬而不满的情景。在这种情景下是不该强硬地表达不满的，而应该淡化感情色彩。

英国前首相丘吉尔在他执政的最后一年，出席一个政府举办的仪式，在他身后不远的地方有几个绅士窃窃私语：“你看，那不是丘吉尔吗？”“人家说他现在已经开始老朽了。”“还有人说他就要下台了，要把他的位子让给精力更充沛、更

有能力的人了。”当这个仪式结束的时候，丘吉尔转过头来，对这几个绅士煞有介事地说：“唉！先生们，我还听说他的耳朵近来也不好用了。”

丘吉尔知道，自尊自爱就要以适当的方式来表达自己的思想感情，他在这里的幽默一语，既淡化了感情色彩，给自己解了围，表达了不满，又使那些绅士自讨没趣。

美国前总统威尔逊在一次竞选演讲中，遭到一个捣乱分子的挑衅。演讲正在进行，捣乱分子突然高声喊叫：“狗屁!垃圾!臭大粪！”这个人的意思很明显，是骂威尔逊的演讲臭不可闻，不值得一听。威尔逊对此感到非常生气，但只是报以微微一笑，安慰他说：“这位先生，我马上就要谈到你提出的环境脏乱差的问题了。”随之，听众中爆发出掌声、笑声，为威尔逊的机智幽默喝彩。

社交场合碰到别人的不恭言行，还真不能发作，但憋在心里也不好受。海明威曾说过：“告诉他你不高兴，但在话中别出现‘不高兴’这个词。”把表示不满语言的感情色彩淡化一下，让对方知道你不高兴，又不致破坏友好气氛，是个不错的方式。

第二十四篇

在面试中脱颖而出的说话技巧

逗笑考官算你赢

考官一般都欣赏有自信的人才，况且还能把他逗笑，也许这就是风趣让面试者无往而不利的原因所在。

为了应付人生大大小小的挑战，你需要一种力量——幽默。不论你是为人父母或是为人子女，是教师或是学生，是售货员或是消费者，是老板或是职员，是上司或是下属，幽默都能赋予你战胜困难的力量。

幽默的力量体现在沟通上，就像我们打开电灯开关，电流便沿着电线输送到机器上一样，只要按下幽默的按钮，也能促使一股特别的力量源源而来。我们可以把这股幽默的力量导向他人，并与他人直接沟通。

有了幽默，我们可以学会以笑来代替苦恼；借着幽默的力量，我们能使自己和他人超越痛苦。

大多数人刚进入面试时大都表现得略显紧张，不少有能力、有才华的人为此痛失机会。对于面试官来说，紧张慌乱的应聘者，意味着在工作中也不能胜任。此时，你可以在此发挥，调节一下气氛。会说笑可以说是一种优美的、健康的品质；幽默也是人与人之间的润滑剂，是一个敏锐的心灵在精神饱满、热情洋溢时的自然流露。每个人都喜欢有幽默感的人。幽默在某种时刻扮演着通向事业坦途的一盏明灯。

幽默的谈吐，既清楚表达了自己的中心意图，又语出惊人、新颖、不落俗套，因而获得了成功。

到达成功彼岸的路有千万条，而幽默是助你马到成功的一条阳光大道，风趣的语言是你潇洒走一回的必然选择。

在紧张的面试中，幽默是自信的最佳表现。考官一般都欣赏有自信的人才，况且还能把他逗笑，也许这就是风趣让面试者无往而不利的原因所在。

一位大学毕业生走进一家报社问道："你们需要一位好编辑吗？"言下之意自己当然就是"好编辑"，语言很是自信。

"不。"拒绝却是那么干脆。

"那么，好记者呢？"语言还是那么自信。

"不。"拒绝还是那么干脆。

"那么，印刷工如何？"依然是坚忍不拔。

"不。"看来是没戏了。

可是——

"那么，你们一定需要这个东西。"这位大学生从公事包里拿出一块精美的牌子，上面写着："额满，暂不雇用。"

报社主任笑了，但也开始用一种新的眼光来审视面前这位年轻人了。最后，这位年轻人被录用为报社销售部经理。

自信的语言应答不但有助于受试人吻合招聘者既定的聘用期望，而且可能重新塑造招聘者的聘用愿望。

有的人不仅利用幽默风格表现出了自信，而且幽默中还有些内涵，这样的面试者无疑会受到考官的青睐。

有一位同学，他在面试时，老板问他：评价一下罗纳尔多和乔丹，说说哪个更厉害。

“我觉得他俩都没我厉害！”他很是得意地说。

“啊？！”老板一头雾水。

“我要跟罗纳尔多打篮球，跟乔丹踢足球，看看到底谁更厉害！”

他的回答不仅幽默，而且很富哲理，后来他果真被老板录用了。

幽默是自信的表现，是善于处理人际关系的反映。可以说，哪里有幽默，哪里就有活跃的气氛；哪里有幽默，哪里就有笑声和成功的喜悦。为此，面对非常严肃、紧张、决定前途的面试，不妨来点幽默，不仅使自己放松，也使考官记住你，甚至还会使你在面试中脱颖而出。

讨价还价不难启齿

在谈及薪酬时，不要以为面试官第一次所报出的数目就一定是他们决定付给你的最终价格，如果觉得不满意，不妨适当表达自己的意见。

在中国人的传统思想里，谈钱是一件很俗气的事，尤其是在求职面试这样的情景之下，开口谈钱更是一件左右为难的事。主动问吧，怕被人看成是斤斤计较，只顾追求金钱利益的人，弄不好还要得罪招聘方；不问吧，自己心中又过不去，万一等到最后才发现薪酬低得令自己难以接受，岂不是竹篮打水一场空？很多大学生在求职面试时由于缺乏社会经验，对于用人单位提出的薪酬要求更是难以启齿，通常支支吾吾半天仍是词不达意。其实，如俗话所说："谈钱很俗气，但是很实际。"工作的最终目的也是为了生存生活，薪酬问题也并不是一个那么潇洒的、无关紧要的问题。

我们必须明白，在求职过程中，求职者总是要面临薪水问题的，总免不了有一场讨价还价。有经验的求职者，把讨价还价同展示自己的智慧与实力有机地结合起来，通过谈判，既争取了预期的待遇，又展示了自己的能力，可谓是一举两得。

但是，目前有一种说法，即在择业过程中，最好不要问自己的薪酬，否则可能引起招聘者的反感。甚至有的人事经理更加绝对地说，如果应聘者主动问薪酬，我肯定让他走人。

这就给应聘者出了一道难题。其实，问题的关键并不在于该不该问薪酬，而在于你问这个问题要把握好什么时间、什么地点和怎样发问。

在人才交流会上，当你递交应聘资料时，可以不失时机地问一声：这个岗位的收入大约是多少？由于交流会人多嘴杂，招聘者忙得焦头烂额，很可能在不经意中露出真相。如果他不愿回答甚至有反感，由于此时乱哄哄的，他也不大可能耿耿于怀地记住你。

但正式面谈时又另当别论了。情况要比这种时候复杂些。

一些求职者，尤其是应届毕业生，初次面对求职，由于不知道如何回答薪酬问题，对于招聘方提出的此类问题常常不知所措。如果招聘方是在面试初期提出这个问题，通常可能是对你的试探，千万不要轻易开口，最好的回答是："我很愿意谈论这个问题，但是能不能先请你谈一下工作内容？"或者说："在你决定雇用我、我决定在这儿工作之前讨论这个问题还为时过早。"大多数情况下，这样的说法都是得体而奏效的。

但在面试后期，即使你一再避免谈及薪水，也仍然会有面试官要求你正面回答这类问题。这时，你就要有技巧地回答。

薪酬问题一定要说，但是说多少呢？这时的难题是：要价太高，会"吓"跑老板，让人产生"狮子大开口""自视过高"等不够谦虚的负面印象；要价低，则很可能将来进了公司发现跟自己同等职位的同事们都比自己拿得多，觉得委屈不说，往往还会影响工作的热情，吃哑巴亏。因此，这个时候给自己"算"出一份合理的薪水是很重要的。那么，究竟该怎样算出自己的"定价"？

一般来说，大多数职位在市场中都会有一个比较公认的薪酬价格，当然，这些行情价也会因公司的性质、规模大小、行业的不同等而有弹性。比如，同是文员，外企和中小型公司相比，薪酬就会相差很远。因此，在求职前你首先需要做的就是把你要应聘的职位在同等类型、规模的公司里的行情价打探清楚。

行情价只是大致标准，弄清楚后，你要做的就是考虑怎样去讨价还价，为自己争取尽可能多的利益。在这里面，你所应聘职位的可替代性大小在很大程度上决定了你讨价还价的资本有多少。职位可替代性越小的（一般来说都是偏于技术性、技能性等方面的工作），还价的资本就越高，你也就可以放心地提出自己的要求。如果是可替代性大，没了你谁都能干的那一种，则劝你还是少还价或是别还得太厉害为妙。另外，职位越高的工作，还价允许的幅度也就越大，反之，则越小。

工作经验和学历在不同的行业、公司里也有不同的分量。如果你要应聘的是管理方面的工作或是技术工种的工作，那么你拥有的工作经验将是非常重要的，这也会极大地影响你可能会得到的薪酬。至于学历，则要看你的工作对学历的要求度是多少。一般来说，在大公司里，高学历被认为代表着高素质，学历当然比较重要。而对于一些小公司来说，也许他们更情愿要一般的实干型人才。所以，自己的经验和学历值多少，在定

价的时候还得掂量掂量，做到心中有数。

薪酬定位明确以后，还要学会讨价还价。

涉及工资时，应坦然地与主考官交谈，说出自己的要求，只要工资要求合理，就不会改变自己在主考官心目中的印象。

在谈及薪酬时，不要以为面试官第一次所报出的数目就一定是他们决定付给你的最终价格，如果觉得不满意，不妨适当表达自己的意见。求职时关于薪酬的讨价还价不仅是对自身利益的捍卫，甚至可以反映求职者的智慧、才识以及对行业的熟悉程度。

一般情况下，招聘单位很少会给你超过你最初提出的薪水数目。因此，谈判时则应注意避免自己先主动亮出底牌，而应让面试官先报出他想给的薪酬，后发制人，才有回旋余地。如果对方报出一个合乎自己意愿的数字，也不要喜形于色，沉默一下，显得像是对这个数字不感兴趣的样子，然后在面试官报出的价格上提高15％～20％，并再次强调自己拥有的一些特殊资格。但如果你发现他们的第一次报价就是最终价，可以略为沉吟，再落落大方地表示可考虑先接受下来试试。

谈判过程中，如果用人单位坚持让你先开价，可以以一些该职位的通常薪资是怎样的为铺垫，再告诉其一个大致的薪酬范围。真正有诚意的用人单位都明白，只有提供了合理的薪金，才能调动员工的积极性，留得住人才。理想的薪酬数，应是用人单位和求职者双方都能接受的，而求职者应表现一定的灵活性。

总结起来，面试谈到薪酬问题有几个注意点：

（1）切勿盲目主动提出希望得到的薪酬数目。

（2）尽可能从言谈中了解，用人单位给你的薪酬是固定的还是有协商余地的。

（3）面试前设法了解该行业薪酬福利和职位空缺情况。

在协商过程中，如果用人单位要你开价，可告诉其一个薪酬幅度。如他一定要你说出个明确数目，可问他愿意付多少，再衡量一下自己能否接受。

工作谈判不能像其他谈判那样，一味设法提高对方开出的条件，而对方就只顾压低你的价钱。把原来和谐的气氛弄成敌对的局面，这对你实在没有好处。

谈判一旦出现僵局，不妨把话题转移到有关工作的事情上。例如，对方有心压低你的薪酬，就可将话题转移到你就职后有何计划，如何扩大市场占有率和如何降低产品成本等，那样原来紧张敌对的状态，很快便会变成同心协力的局面。

谈薪酬的时候，不一定只拘泥于薪资本身。不妨在谈的过程中强调薪水和你应聘职位的关系。让招聘官听到的不光是你说的那个数目，而且还对你的回答留下如下的印象：薪酬是重要的，但你更在乎的是职位的本身，你喜欢的是这份工作的内容和挑战；你所报出的数目是因为后顾无忧的待遇将更能让你在职业安全的条件下发挥自己，为公司带来更大的效益。

如果你是个有一定工作经历的人，则不妨提一下以前的工作薪水，这样很容易给面试公司一个比较明确的参考答案。当然，前提是你先让招聘官相信你所有的技能、经验契合这个职位并且值这么多钱。

如果受公司预算限制，甚至比你现有或以往的薪水还要少，只要你认定这是一份理想工作，不妨暂时不谈薪水。待对方认定你是最佳人选，再尝试以职位及工作为由，多要求些福利津贴。例如若想要求提高公务开销，你就应说以往工作顺利，全因频频与客户交际应酬，从而提出担心公务开销不够，雇主也会乐于增加这方面的津贴。

扬长避短地回答考官问题

对于别人当面评价你的缺点或短处时，你也可以淡化缺点，避而不谈，去转向其他的优点。

金无足赤，人无完人。当招聘方提到你的短处时，如果你想刻意掩饰，尤其是那些显而易见的短处，恐怕会招致反感。最好的办法就是“这壶不开赶紧提那壶”，扬长避短，不是完人但可以尽量向完人靠拢。

有面试经验的人通常坦然承认自己的缺点，但他们很有技巧，在谈起这些缺点时，模糊掉这些缺点所带来的弊端，将缺点过渡为优点。例如，当求职者的简历上有明显的留级记载，他可以这样提及这件事：

“你为什么留级过一年？”主考官这样问，求职者可以这样回答：“我也觉得留级一年很不应该，当时我担任社团的负责人，全身心投入到社团活动上，反而忽略了自己当学生的本分，等我察觉到这个错误时，我已经留级了。虽然我花在社团的心血，也带给我不少的收获，可是一想到自己因此而留级，就觉得很可耻，我一直都为此事耿耿于怀，更不愿重蹈覆辙。”

首先，他给主考官留下了一个主动承认错误、知错就改的形象；其次，主考官听了他的回答后会认为虽然留级一年，但造成这种结果的原因却是带有良性的，他会猜测该求职者的社交、组织能力很不错。由此，该求职者实现了缺点到优点之间的平稳过渡。

在某公司应聘部门经理的面谈中曾有这样一段对话：

问：“你不认为自己做这项工作年轻了些吗？”

答：“我已经23岁了，事实上，下个月我就23周岁了。尽管我没有相关的工作经历，但我却有整整两年的领导校学生会的工作经验。前年年初，我被推选为该年度的校学生会主席，之后又连任一年。你们可以想象，管理组织3000名学生，并非易事，没有一定的管理才能和领导艺术，是无法胜任的。所以，我认为，年龄固然能说明一定的问题，但个人的素质和能力更为重要。因为这正是一个部门经理所不可缺少的。”

这是一种典型的扬长避短式的回答。答者极力宣扬个人的长处，并把自己的长处同应聘的工作有机地结合起来，意在变不利为有利。

面试中经常会被问一个问题，那就是“你认为自己最大的弱点是什么？”

这是一个棘手的问题。如果照实回答，你可能会毁了工作；如果回答没有什么缺点又实在不能令人信服。招聘官试图使你处于不利的境地，观察你在类似的工作困境中将做出什么反应。

完满的回答便是用简洁正面的介绍抵消缺点本身带来的不良效果。请记住以下几个原则：一是不宜说自己没什么缺点。二是不要把那些明显的优点牵强地说成缺点。三是切勿不经思量地说出那些严重影响所应聘工作的缺点。四是不宜说出一些令人不放心、不舒服的缺点。五是可以说出一些对于所应聘工作表面上看是缺点，从工作的角度看却是优点的缺点。

巧妙地运用以上的说法，便能漂亮地解决这个棘手的问题。例如：

“朋友们都说我做事情过于追求完美，以至于有些吹毛求疵。记得学校校庆时我负责宣传板报的制作，返工了4次，被和我做搭档的同学埋怨了好久。”这样的回答，说的虽是自身的缺点，但却表现了正面的效果，体现了你对工作的认真和负责。

一个人有缺点并不可怕，可怕的是不敢承认它、改正它，反而强词夺理。从辩证的角度看，缺点与优点是相互转化的，前提是正确地认识缺点，实实在在地改正缺点。“横看成岭侧成峰”，对缺点本身来讲，有些“缺点”对某些工作来说恰恰是优点；对有缺点的人来说，无论是消除误会，还是坦然承认，都会使消极评价转化为积极的评价。

谨慎回答离开“老东家”的原因

对你的前任上司切不可妄加评论，要知道现在招聘你的考官可能就是你未来的上司，既然你可以在他面前说过去的上司不好，难保你今后不在上司面前对他说三道四。

“你为什么离开前职？”主考官心里有数，知道许多人是因为讨厌上司而辞职不干的，他们自己也可能因为同一原因换过几次工作。但是没有多少雇主喜欢听这种话。

惠普公司的副总裁麦克·李弗尔说：“我想不通为什么有些人希望我录用他，却又去谈他和上司有冲突。那等于拉起了警报。”

你为什么要换工作？对于这个问题，主考官希望听到的是审慎的自我分析。洛杉矶的招募员霍华德·尼奇克告诫说：“不要说：‘我想试一试另一份工作。’我听了会这么想：此人自己的方向都没搞清楚。”你应该说，以你的能力、个性和志向，做这新工作更适合，或者说，你想“添加”一些能助你取得更大成就的新经验。

例如：“在原公司销售科工作了两年后，我学到了许多有关营销方面的知识。现在，我想学点别的”，或者“现在，我想学点新东西，而贵公司则是我最中意的”。不过，要是你确实因与老板发生冲突而被解聘，那么，你最好主动把事情原委告诉他们，而不要让他们先问你。话要说得既明确又有艺术性。例如：“在管理形式方面，我和原公司的一位新金融主管存在着分歧。不过，我们双方对此表示理解。”

总之，有很多敏感原因不可以随便说，必须考虑周全。

关于领导层频频换人给你的工作带来了不便这样的原因，也不可直接脱口而出。工作时间，你只管做自己的事，领导层中的变动与你的工作应该是没有直接关系的。你对此过于敏感，也表现了你的不成熟和个人角色的不明确。

如果你是因为前单位薪水太低并如实相告，面试考官一定认为你是单纯地为了收入，而且太计较个人得失，并且会在心里说：“如果有更高收入的单位，你肯定会毫不犹豫地跳槽而去的。”这种理念一旦形成，考官就可能对你不理不睬。

刘翔原在一家效益较差的企业搞宣传工作，到现在的单位应聘时，考官便问他：“你是不是觉得原来收入太少，才跳槽过来的？”刘翔说：“在原单位我的工资还算高的，关键我学的是财会专业，又有会计师职称，来应聘会计职位是最适合不过的了。”

在回答这类问题的时候，求职者既要表明你对原单位的薪金不满，又要表明这并不是你离开原单位的主要原因。这样既有利于你在新单位获得更高的薪金，又让面试考官觉得你并非只是因为薪金问题才离职的。

“你能否描述一下你离开以前所供职单位的原因？”这类问题在面试时经常会被问及，面试官能从中获得很多关于你的信息。因此，你在回答这个问题时应该集中精力。

像上班路途太远、专业不对口、结婚、生病等人们都可以理解的因素，可以作为你回答的内容，这些因素跟你个人品质并无很大的关系，容易让主考官接受。

不要掉进考官的**陷阱**

面试极像一次相亲。应聘者希望找到一个能够了解自己优点的老板，用人单位则希望能找到优秀的合作伙伴。当陌生的双方相见后，都想在短短一席话中努力表现出自己的优点、说出聪明话或立即呈现出很棒的一面，以便给对方留下良好的印象。面试官为了不至于“选错郎”，也许会在面试中设置各种语言陷阱，以探测你的智慧、性格、应变能力及心理承受能力。求职者只有识破这些语言陷阱，才能小心巧妙地绕开它，不至于一头栽进去。

——能否告诉我你所遇到的你认为最好和最差的雇主？

这是一个别有用心的问题！表面上是在询问一个事实情况，实际上是在探查你所认为的好、坏雇主应是什么样的。当被问到你所遇到的最好雇主这个问题时，你的第一个反应也许是想对那个坐在你对面的招聘经理说：“那就是你！”并希望这一招能出奇制胜。但这可能会招致曲意逢迎之嫌。

因为大多数公司希望听到你将你最乐意为之工作的雇主描述成：他热心于帮助你的学习和成长，参与你的工作进程，当你出色地完成工作时，他会慷慨地给予你精神和物质的奖励。而你在面试阶段，怎么能说坐在你对面的那位就是你遇到的最好雇主呢？

如果在你的工作生涯中，你确实遇到过这样的雇主，那就再好不过了。但是如果你没遇到过，也可以发表自己对最好雇主的看法并表述你的希望。

那么对于最差的雇主，你应该说点什么呢？记住千万不要对这位最差的雇主进行恶意攻击，这将使面试考官怀疑你与他人相处的能力。

例如，你对那位你觉得最差的雇主施之以“他很偏心”的评价，那面试考官心里想的可能是：为什么他喜欢别人胜过喜欢你呢？又如你对他施之以“不交给工作任务”的指控，那面试考官心里想的可能是：其原因是否是你缺乏按时按质完成工作的能力呢？

再一次强调，要注意掩饰和消除言辞中的负面因素。你的绝大多数时间要花在正面地、积极地陈述你所取得的成就或优秀品质上。比如，你的“吝啬的老板从不传授经验”，那你强调的是你对知识的渴望。同样，你的“主管很少参与你们的工作进程”，那应强调的是你希望参与一个更有凝聚力的团队。在面试之前积极准备，不断地练习，你就能做到这一点。

——你的相关经验比较欠缺，你怎么看？

如果回答“不见得吧”“我看未必”或“完全不是这么回事”，那么也许你已经掉进陷阱了，因为对方希望听到的是你对这个问题的看法，而不是简单、生硬的反驳。

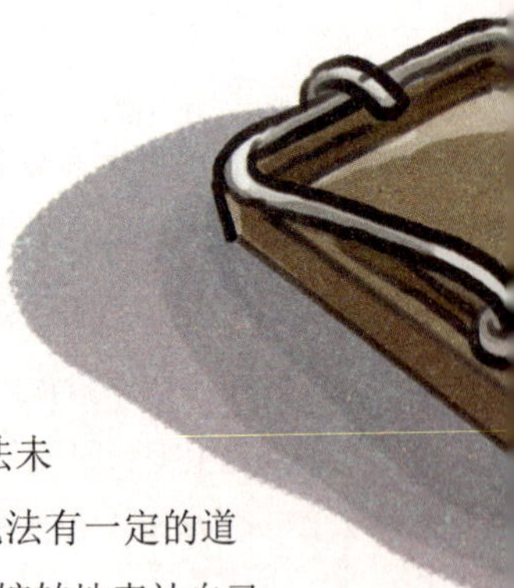

对于这样的问题，你可以用“这样的说法未必全对”“这样的看法值得探讨”“这样的说法有一定的道理，但我恐怕不能完全接受”为开场白，然后婉转地表达自己的不同意见。面试官有时还会提出让求职者尴尬的问题，如：

“你的学习成绩并不很优秀，这是怎么回事？”“从简历看，大学期间你没有担任学生干部的经历，这会不会影响你的工作能力？”等。

碰到这样的问题，有的求职者常常会不由自主地摆出防御姿态，甚至狠狠反击对方。这样做，只会误入过分自信的陷阱，招致“狂妄自大”的评价。而最好的回答方式应该是，既不要掩饰回避，也不要太直截了当，可用明谈缺点、实论优点的方式巧妙地绕过去。

在面试中屡战屡胜的麦克就有过一次这样的面试经历。麦克的学习成绩不算顶尖，面试咨询公司时，这便成了考官发起攻击的要害：“你的成绩好像不太出众哦，你怎么证明自己的学习能力呢？”麦克不慌不忙：“除了学习，我还有其他活动，不是只有成绩才能反映人的学习能力的。其实我的专业课都相当不错，如果你有疑问，可以当场测试我的专业知识。”麦克巧妙地绕开了令人尴尬的问题，将考官的注意力引导到他最拿手的专业知识上。

——你怎样消磨休闲时间？包括星期天、节假日、每天晚上，当你参加聚会时，你是喜欢独处，还是喜欢出风头？请谈一谈你最要好的朋友。你选择朋友时，一般考虑哪些因素？

诸如此类问题看似在问一些有关生活的轻松话题，实际在考察你的人际交往能力和与人相处的技巧。对于这类问题，你不必拘泥于自己的实际情况，可以适当加以夸大，因为主考官无法核实你所说的是否属实。一般来说，大多数人都愿意和开朗、热情大方、善解人意的人交朋友，而不愿意与那些过于清高、气量狭小、毫无生活情趣的人在一起。

对于一些太过刁钻，而且实在无法回答的问题，不妨反戈一击，反问对方，也能起到意想不到的效果。

民国时期，某主考见一位朱姓考生知识渊博，思维敏捷，各类问题对答如流，突发异想，抛开原定题目，出了一道偏题："《总理遗嘱》这篇文章，每次纪念周会上都要诵读，请你回答一共多少字？"这下可真把朱某考住了。他暗想，主考出此题目未免脱离常规，既然有意刁难，录取必然无望，就不管一切，大胆反问："主考官的尊姓大名，天天目睹手写，也已烂熟，请问共几笔？"主考官想不到应考者竟会如此反问，一时愣住。事后，主考官十分赏识朱某的才能和胆识，于是亲自录用为县长。

——经过这次面试，我们认为你不适合我们单位，决定不录用你，你认为自己会是什么原因造成的呢？

面对这个问题，李某回答如下：

"我认为面试向来是5分靠实力，5分靠运气的。我们不能指望一次面试就能对一个人的才能、品格有充分的了解和认识。通过这次面试，我学到了很多东西，也发现了自己的不足——既有临场经验的不足，也有知识储备的不足。希望以后能有机会向各位考官讨教。我会好好地总结经验，加强学习，弥补不足，避免在今后工作中再出现类似的问题。另外，希望考官能对我全面、客观地进行考察，我一定会努力，使自己尽量适应岗位的要求。”

其实，考官这是在考察你的应变能力，并非真的对你不满，如果他们认为你不合适的话，是不可能再会问你问题的。因此，要沉着应付，不要中了圈套而暴露自己的弱点，回答时可以虚一点，把重点放在弥补弱点上，这可以看出你积极进取的品质。另外，要诚恳地向考官讨教，以博取他们的好感。

——你认为金钱、名誉和事业哪个重要？

面对这种诱导式的陷阱问题，某应聘者这样回答道：

“我认为这三者之间并不矛盾。作为一名受过高等教育的大学生，追求事业成功当然是自己人生的主旋律。而社会对我们事业的肯定方式，有时表现为金钱，有时表现为名誉，有时两者均有。因此，我认为，我们应该在追求事业的过程中去获取金钱和名誉，三者对我们都很重要。”

这个问题，好像是一道单项选择题，它似乎蕴涵了一个逻辑前提，即“这三者是互相矛盾的，只能选其一”。实则不然，切不可中了对方的圈套，必须冷静分析，可以明确指出这种逻辑前提条件不存在，再解释三者的重要性及其统一性。对于这种诱导式问题，不能跟随考官的意图说下去，以讨好考官，这样做的结果只能给考官“此人无主见，缺乏创新精神”的感觉。

有些外企或国有大型企业，人力资源部在招聘职员时，对职位都要作充分的测评，以便在招聘过程中，做到有针对性、有目的性，并且有的公司已经为即将聘入职位的新职员做好了职业生涯规划。因此，在招聘中，会有意地设置一些陷阱问题，检测应聘者是否具有该职位所要求的独特的能力和素质。这时候，应聘者就需要有一颗洞察“问题”的慧心。

首先，要注意识破主考官的“声东击西”策略。当主考官觉察到你不太愿意回答问题而又想有所了解时，可采取声东击西的策略。例如，对于“政治问题”和其他一些敏感性的问题，许多人不愿真实表达自己的观点。主考官为了打消你的顾虑，可能会这样问：“你周围的人对这个问题有些什么看法？”面对这种情况，你不要疏忽大意，不能信口开河，不要以为说的不是自己的意见，说出来就不会暴露自己观点。因为主考官往往认为，你所说的大部分都是你自己的观点。另外，主考官可能采用投射法来测验你的真实想法。所谓投射法就是以己度人的思想方法。例如，主考官让你看一幅图画，然后让你根据图画编一个故事。这种方法一方面是检测你的想象力，一方面是测验你的深层的心理意识。这时，你尽可以放开思维，大胆构思，最好能有一些新奇的想法，表明你有创造力、想象力，但同时一定不要忘记这样一个原则，所编造的故事情节要健康、积极、向上，有建设意义。因为主考官认为你是在“以己度人”，故事情节中融入了你的真实心理。

其次，要分析判断主考官的提问是在评测你哪个方面的素质和能力，有针对性地进行回答。

把握好这两个步骤，就不容易踩进陷阱里了。

第二十五篇

职场交流有技巧

让上司心里舒坦的**捧场技巧**

上司与下属之间的关系是十分微妙的。他们既是一种管理与被管理的关系，又是友好合作的伙伴关系。必要的时候，运用幽默的捧场技巧让上司笑一笑，这样既可以赢得上司的好感，同时也有利于工作的顺利进行。

“伴君如伴虎”。在与上司相处时一定要保持合适的距离，距离太远了不好，距离太近了也可能会很糟。

怎样才能获得上司的好感呢？这是很多人都在思索的一个问题。很多人拼命工作，可是却得不到上司的赏识，这确实是有点冤枉的。那么，怎么才能脱颖而出呢？或许你可以试试在上司面前化严肃为幽默的交流方法。

上司不论身居什么样的要职，也是人而不是神，他一样会有普通人的喜怒好恶，也可能在个人喜怒好恶的支配下说出一些令人尴尬的话，做出一些有可能招致他人误解的举动。此时，下属应抓住人们对上司错误言行不解的心理，采取适当的举动顺水推舟，把上司无意说出的过于直白、犀利的话向幽默的方向引导，使人们认为上司在开玩笑，从而舒缓紧张的气氛。这就让上司觉得你是和他站在一边的，你自然也就获得了上司的赏识和信任。

把上司的想法“看”在眼里

适当的察言观色，适当的说话技巧能让你更有可能在职场里出类拔萃，一个善于察言观色的员工，一定是善解人意、机灵乖巧的。能了解上司在想什么、需要什么，什么事情都逃不过他的眼睛。这是一种沟通上的优势，有了这种优势，可以洞察先机，知道上司的想法，觉察上司心中的取向，在心里有所准备；也可以对上司的反应，妥善安排自己的进退应对，把话说在适当的时机；发现上司不悦，及时刹车，避免沟通恶化，随机应变，事情就不会搞砸了；随时留心上司的脸色，适可而止地指责，让对方有个台阶下。这样的沟通，一切都掌控在自己的手中，你在职场办公室中就会扬帆风顺，游刃有余了。

李续宾是曾国藩手下爱将，他善于揣测曾国藩的意图。一天，曾国藩召集众将开会，谈到当时的军事形势时说：“诸位都知道，洪秀全是从长江上游东下而占据江宁的，故江宁上游乃其气运之所在。现在湖北、江西均为我收复，仅存皖省，若皖省克复……”此时，李续宾早已明白曾国藩的意图，趁势插嘴道：“涤帅的意思，是要我们进兵安徽？”“对！”曾国藩以赞赏的目光看了李续宾一眼，“续宾说得很对，看来你平日对此已有思考。为将者，踏营攻寨计算路程尚在其次，重要的是要胸有全局，规划宏远，这才是大将之才。续宾在这点上，比诸位要略胜一筹。”

李续宾一句话赢得了这么高的赞扬，实在是高明之举。因此，适当的察言观色，适当的说话技巧能让你更有可能在职场里出类拔萃。以下的办公室常用句型，不但能帮你化危机为转机，更可以让你成为上司眼中的得力助手。

1.传递坏消息时

句型："我们似乎碰到一些状况……"

你刚刚才得知，一件非常重要的工作出了问题，此时，你应该以不带情绪起伏的声调，从容不迫地说出本句型，千万别慌慌张张，也别使用"问题"或"麻烦"等字眼，要让上司觉得事情并非无法解决。

2.被传唤时

句型："我马上处理。"

冷静、迅速地做出这样的回答，会令上司直觉地认为你是有效率、听话的好下属。

3.闪避你不知道的事时

句型："让我再认真地想一想，三点以前给你答复好吗？"

当领导问你某个与业务有关的问题，而你不知该如何回答

时，千万不可以说“不知道”，可利用本句型暂渡危机，不过事后应做足功课，按时交出你的答复。

获得领导**器重的秘诀**

领导始终是权威，拥有最终决策权，而你是下属，记住你的建议只能作为一种参考，好的情况被录用，不好的情况石沉大海，这都是有可能的。

把握发展的机会最好的办法就是做好老板的参谋。做好老板的参谋要从几方面着手：

1.尊重领导意见，合理提出自己的看法

尊重领导意见，保持对领导的尊重，处处替领导着想，切不可流露出对上司意见不屑一顾的态度，一定要把谈论工作同个人的能力或尊严区别开来，时刻留意，不能把对工作的看法误当作对人的看法；也不能让对方误解，认为自己对领导本人有看法。只要上级感到，你仍然维护他的权威，你的意见是针对工作而非是借工作之名进行人身攻击，他们多半会冷静下来，仔细研究你的看法，如果合理，甚至会采纳。

“打人不打脸，揭人不揭短。”在现代社会中“面子”是很重要的，有时为了“面子”可能导致关系破裂，更有甚者会闹出人命。在公司里，如果你不顾及领导的面子，总有一天会吃亏的。经验老道的员工从不轻易地在公共场合指出领导的错误，这样既能顾及领导的面子，又能使自己得到赏识，这种对双方有利的事情，何乐而不为。

要想在尊重上司的基础上，巧妙地提出可以让领导接受的建议，那你必须预先下一番功夫。

（1）请教有方，言语有度。

可别轻视这简单的请教，请教可以帮你看清你的领导，领会领导的真正意图。

向领导请示的问题必须是关键性的、有价值的，才能更好地使上司感受和体会到自己权力的有效性。而有一些人喜欢自作主张，无论大小事，只要是领导安排的，一切包揽下来，却往往在关键的地方、关键的时刻出现差错；还有一些人害怕向领导请示，害怕被领导认为没有能力，害怕被领导看不起。这些大可不必，都是多余的顾虑。

在日常工作中，要把握关键的“5W1H”，即Who（谁）、What（事情）、Where（地点）、When（时间）、Why（原因）、How（方式）进行请示，才能恰到好处地请示。

领会了上面的意图，如何让领导接受，那得努把力！

因此，在说明自己的想法时，要以一种能让领导更容易接受的方式，语气要温和，言辞要中肯，重要的是有分析、有根据，条理清晰，能够说服别人，不要选用那些过于肯定的词语或方式，而是要用建议的语气委婉地加以表达。用心去发现去搜集，你会随时听到：“是否可采用这样的方式？”“我觉得应该向您反映一些情况……”“我想这样是不是会更好些？也许这些看法会对您的计划有所补充。”

（2）“抱怨”的话要有所隐藏，切忌直言不讳。

在我们平常的工作中，难免要看领导的脸色办事，领导的赞美也好，批评也好，都要接受，这对于你的发展来说，不能说是无所谓而是大有所谓，尤其是在你接受批评的时候，如果掌握不适度，那你的前程将毁于一旦。但是过分地否定自己，那你也只能做个故步自封的老古董。那究竟如何面对老板的训斥，如何把“抱怨”的话说得天衣无缝呢？

在此，我们不是提倡个性，但是如果能够在领导面前坦诚地为自己争辩，不仅是胆量问题，也是技巧问题。有时候，以自我批评、直抒肺腑的方式出现，比有损领导面子的据理力争或者辩护的效果好得多。

（3）了解领导，省时又省力。

摸清了领导的脾气，办事的阻力就会减少80%，事事都尊重领导，还有什么领导不愿接受的，这不是既省时又省力嘛！作为下属，要想把自己的见解“移植”到领导头脑中，对领导的性格、喜好的了解是必不可少的。

在接受下属的意见时，有人喜欢白纸黑字的书面报告，有人则喜欢简短的口头报告；有些领导要求下属自己做出决定来完成任务，但有些却要求下属定时向他报告，凡事皆以他的意见为准。

多多了解你的领导，多多分析你的领导，只需动用一定的脑力就足够。

（4）时不再来，见机就要行事。

时不我待，要告诉你的是珍惜每一次成就你的机会，甚至是分秒，说不定就那么一瞬间你就获胜了。作为下属，应当把握自己进言的时机，尤其是当领导主动征询你的意见时，更应当表达出自己独特的见解与主张，这样才能给自己一个发挥的机会，同时在上下级之间形成交流与共鸣。

每个人都有自尊心，这是做人的资本，尤其是对你的领导，要想给自己在事业上留条后路，请记住：领导的尊严不容侵犯。当领导理亏时要给他留下台阶，当众纠正领导是万万不能的。领导的忌讳不能冲撞。消极地给领导保面子不如积极地给领导争面子。如果发现领导有某种错误或不妥之处，可以在一对一的情况下，或者下班后，以低调或不经意间婉转向他提出，但要特别注意不可过分强调，以免引起他的反感。在交谈中要时刻注意他的反应，如果他表现出满脸的不高兴，或找出各种理由极力为自己辩解、推脱责任，这时你就要立即停止，不可再三提示他的错误。如果听完你的提示，他承认自己所造成的错误或不足之处，并为此表示非常烦恼，你可以找出适当的借口为他开脱，使他得到心理上的安慰，这样他才会把你看作知心人。

2.手脚要勤快，头脑要灵活，随时随处帮领导分忧解难

任何工作都不可能是一次性完成的，都可能会遇到这样或那样的挫折。作为领导，统管全局，责任重大，压力也最大，某些工作可以凭借自己的能力或以往的经验就能办成功，而有些工作则需要群策群力才能解决。这时，如果下属除了干好本职工作外，还能及时伸出援助之手，帮领导出谋划策，共同渡过难关，对于领导来说犹如雪中送炭，他肯定会十分感动的。像这样的帮助，如当商品销路出现堵塞时，积极采取办法，联系销售渠道；当上级需要某一方面的人才时，帮助物色、推荐等，都会让领导倍感欣慰。

再者，若能帮助领导发挥其专业水准，对你必然有好处。例如，领导经常找不到需要的资料，你就替他将所有档案系统地整理一下；要是他对某客户处理不当，你可以得体地代他把关系缓和；如果他最讨厌做每月一次的市场报告，你不妨代劳。这样，领导觉得你是好帮手后，自然会重用你，你自己也可以多积累一些工作经验。

按理说，作为领导，不应该被日常事务困扰，而要把主要精力放在组织重大决策和进行战略思考上。但现实生活中，领导却常常成了公务的“集合一分散区”，一方面忙着传达上级的指示精神，反映下属的愿望要求；另一方面，又要把这些指示和要求化作各项工作任务落实下去。大小决策要拍板，大小会议要主持，大小责任要承担，因此一年到头有开不完的会，签不尽的文件，了不断的麻烦事。在这种情况下，有事业心、责任感的下属，不应袖手旁观，而要努力做到“该出手时就出手”，帮助领导解围。

除了在工作上帮领导解围外，对于领导周围的怨气，作为下属也应该进行一下恰当合理地疏导。

3.勇于承担重任，不给领导增添麻烦

领导作为把握大局的舵手，不可能对任何事情都事必躬亲，他的精力也不允许他对每件事情都操心过多，更何况有些领导不便于出面，也没有必要出面，作为下属就应该自告奋勇，替领导解决一些棘手的问题。

4.做好领导的“信息收集站”

为领导提供综合性的信息，这是身为下属义不容辞的责任。由于领导主要关心的是决策问题，那么大量信息的收集、整理、筛选与剔除就要交给下属去承担。那些善于观察体会，能够正确理解领导的意图，为其提供所需的独特的信息的下属，才会“搔痒搔到正痒处”，为领导解决关键性问题，获得领导的赏识。无疑，这会大大促进领导与下属的情感，缩短距离，建立一种和谐、默契的上下级关系。

收集信息的工作，不仅要强调综合性，还要注重独特性；不仅要实干，还要巧干，这样才能抓住要点，突出重点，解决难点，真正做好工作，赢得领导的好感。

如果遇到领导没有明确指派问题，你就应发挥主观能动性，变被动工作为主动工作，去发现它，并提供相关的资料。

只要你心思细腻，善于观察与领会，是不难发现领导正在关注的问题的。你可以通过下面几个方面加以延伸，这些方面有：领导在正式场合中的讲话，对哪些问题做出了强调，领导在私下谈话里对哪些问题发表过看法，褒贬如何；领导在文件批文中做过哪些删节、改动和指示；领导最近喜欢阅读哪方面的书籍报刊，对哪些部门的活动比较留意……这些问题有时还是尚处端倪，没有形成系统的思路和观点，你有必要加以延伸，使之成为有根有据、符合实情的东西。下属在给领导提供信息的时候还应注意本着实事求是、有利工作的原则，既给上司讲“好消息”，也给上司说“坏情况”，才便于领导全面掌握情况，正确决策。聪明的领导是会领会到部属的这种良苦用心，从正反两方面的意见中总结出正确的结论的。

5.对领导一定要多加肯定

适当宣扬上级的优点就是对领导最好的肯定。这里的宣扬长处则是以客观存在为标准的，实事求是。对绝大多数上级领导来说，能够走上领导岗位，一定是有他可以凭借的资本，否则他的上级就不会信任他，提携他，群众也不会投他一票。善于发现领导的长处，不仅有利于自己的进步，而且可以促进下属与领导关系的协调。如果大家都对自己的领导的优点了如指掌，那就会更加尊重他，努力配合他的工作。而领导如果有这样的一些下属，也就不会摆架子，会多为下属着想，关心他们的生活，那这个团体还会不上进吗？当然，无论上下都不会忽视你这个桥梁的，尤其是你的领导，会对你更加重视。

说别人爱听的话，让别人打心眼里高兴

说别人爱听的话，让别人打心眼里高兴，才能达到捧场的目的。

很多人对赞美话不屑一顾，认为没有必要或者很庸俗。但是我们不要忘记，赞美从另一个角度上是对人的肯定，是对人的信心的培养和尊重的表达。

卡耐基曾经说："我们滋养我们的子女、朋友和员工的身体，却很少滋养他们的自尊心。我们供给他们牛肉和土豆，培养精力，但我们却忘了给他们可以在记忆中回想好多年像晨星之音的称赞。"要得到对方的倾心，最有用的方法是通过自己

的语言或行为使对方高兴。

说话一定要看对象，要根据说话对象的不同情况来确定自己的说话方式。如果对方是一个豪爽的人，那你说话就应该豪爽一点；如果对方是一个内秀的人，你说话就应该文明一点。

每一个人都有自己的爱好、自己的风格，如果我们在说话的时候能够抓住对方的喜好，说别人愿意听的话，就能够起到很好的交流效果。所以，首先要了解对方的为人和爱好，在张口说话前一定要注意观察，循序渐进地进行交流。

说赞美话还要看当时的情况。赞美话一定要选好合适的词语，掌握“度”永远是最重要的。只要赞美话让人家受用，自己的目的才能达到。

赞美话不要忘记倾听，听别人谈话本身也会使对方高兴。在听对方说话的时候应该适当地点头，表示出你对对方的谈话饶有兴致，而且还要适时地夸奖对方。

与上司说话的禁忌

与上司说话应有一定的分寸、尺度，有些禁忌是必须铭记于心的。否则，将会给你带来许多不利的后果，影响当前乃至今后的事业发展。

1.切忌问及老板的经济收入

不少员工在和老板交谈时，常常会无意地问及老板的月收入或年收入。尽管老板的收入状况不具有很强的商业机密性，但老板还是不希望员工过多问及。

“女人不问年龄，男人不问钱财。”古训早已有之，其中的道理很浅显，因为，这种询问往往有“瓜田李下”之嫌。事实上，正像越是漂亮的女人，越不喜欢陌生人问她的年龄一样，越是富有的老板，越不希望陌生的员工问及自己的收入状况。

问及老板的收入状况必定会引起老板的反感，特别是对于那些刚刚到企业工作，与老板比较陌生的员工来说，就更是如此。

2.切忌问及老板的财产

一般来说，那些合法经营的老板，无论其当前拥有多大的家产，都是他们一滴血、一滴汗，辛辛苦苦经营积攒起来的，没有什么见不得人的地方。

但是，老板并非行政官员，国家未作要求，也不必进行个人资产申报。资产申报是国家约束政府官员清正廉洁的必要措施，而老板拥有资产的多寡，往往代表着其经济实力和商业竞争能力。

不言而喻，商战中经济实力的保密是关系企业生存、老板发展的关键因素之一。

因此，一名员工在一位老板手下工作，对于老板、企业的经济实力和财产来源，切忌过多询问和议论，或者故意无中生有地乱宣传。假如你违反了这些商业竞争的禁忌，比如多次问老板或向他人问及老板的经济实力和财产来源、财产去向等有关此类的企业商情时，一旦被老板察觉，他怕你图谋不轨，你就极有可能被“炒鱿鱼”。

所以，作为一个员工应切忌询问老板的财产。

3.切忌议论老板的身体相貌

人的身体相貌，一般来说是先天决定的。任何人的身体相貌都不可能是完美无缺的。

员工在和老板交谈时，尤其要注意这个问题，切忌对老板的身体相貌品头论足，特别是不要谈论老板的身体缺陷。

比如，不要涉及老板及其配偶的健美情况、身体的高矮胖瘦；对于女老板，则不能谈论其着装的款式和化妆的效果。对此，作为一名员工，你最好的做法是：熟视无睹。因为，你议论他的长处、赞扬他的健美，则有可能被怀疑图谋不轨或阿谀奉承；而议论其不够健美的地方，则又会被视为故意诋毁或为人放肆。

因此，当与老板打交道之时，不谈论老板及其配偶的身体相貌，往往是明智之举。

4.切忌询问老板的婚姻状况

一位法官曾经感叹道，婚姻案件是最难说得清楚的案件之一。不少人的婚姻状况往往看起来良好，实际上却存在很多问题。幸福的、甜蜜的婚姻是人们的一种追求。任何人的婚姻都有不幸福、不甜蜜的一面。但是，任何理智的人又都倾向于把自己婚姻不幸福的一面隐蔽起来，秘而不宣，这也就是人们常说的“家丑不可外扬”。

基于以上认识，任何主动询问他人婚姻状况的人，将会被对方视为不明智的人。

老板自然也不能脱离现实，他们的婚姻状况也不可能完美无瑕。事实证明，不少有作为的人，其婚姻状况往往较常人更为复杂，更难说得清楚。没有哪一位老板会主动把自己婚姻的不幸方面主动宣扬一番。因为，在世俗观念中，在竞争的环境里，有那么一些品质不好、层次较低的人，往往像苍蝇那样专门喜爱追逐他人，特别是对手的所谓“桃色新闻”和婚姻逸事，以期吊起舆论界的胃口，以将对方搞“臭”。

诚然，作为一个品德高尚的人，是绝不会拿对手的婚姻缺憾和所谓的“桃色事件”去攻击对手的。但是，老板是在商业竞争的海洋里拼命挣扎、搏击的“弄潮儿”，换句话说，任何老板都有自己公开的和潜在的商业对手。因此，为了不给对手以攻击的口实和把柄，他们又往往刻意掩饰自己的缺憾。

所以，作为下属，其禁忌之一是，切不可主动询问老板的婚姻状况及其他私生活方面的情况。比如，不可问及老板爱人的性情、爱好，不要问及老板的婚姻是否幸福。有时，老板可能会有意无意地谈起自己的婚姻状态，在这种情况下，你最好是“洗耳恭听”，不要随便插嘴询问，更不要向外传播。假如，你到老板家中或在其他场合遇到老板夫妇双方正在发生争执，你绝不要出于善良的意愿，帮人家调解。正确的做法是：迅速避开。否则，可能给你造成不利。

取得领导信任的技巧：经常保持接触

与上司之间若缺乏联系，会使双方愈来愈不信任和不尊重，更重要的是会严重地影响到你升迁的机会。

即便你与上司互不欣赏，但处处表示你对上司的支持，多少可以赢得上司对你的尊重。多考虑以下的问题：上司最需要什么资料？怎样可以帮助他？你以往犯过什么错，将来可以避免吗？对你定有裨益。

与上司经常保持接触，保持良好的沟通是得以升迁的必不可少的工作。这种技巧十分微妙，给上司简洁、有力的报告，切莫让浅显和琐碎的问题烦扰他或浪费他的时间，但重要的事必须请示他。

有些时候，领导做出的决定与你的想法大相径庭，有时你可能会想不通，但是，虽然有太多的疑虑，你也必须首先去执行领导的决定，因为领导的一切决策都有待于下属的拥护和支持。你可以私下里找领导交流思想，了解领导究竟是出于何种考虑、何种目的，才做出让你如此出乎意料的决定。

许多场合、许多情况都是你了解公司意图和想法的途径。如果你对此熟视无睹，那么领导想的到底是什么，你也就无从知晓。这样一来，你就无法配合领导协调工作，也就无法完成工作任务，实现工作目标。

与领导经常保持接触，绝不是让你去奴颜婢膝地讨好他、奉承他，对他阿谀巴结，如果那样，往往不会给领导留下好印象。

为彼此的关系**抹上甜美的蜂蜜**

潘敏在某家塑料制品企业经营部任职。一天，经理心急火燎地过来问："杨丽呢，她的那份合同做好了没有？"恰巧杨丽出去办私事，临走时对潘敏说了一下。潘敏当时说："杨丽刚刚出去，可能上厕所了吧，您需要哪份合同？""就是与宏达塑钢窗厂签订的那份合同，越在节骨眼儿上越找不着人！"经理答道。"杨丽一会儿就回来，我先找一下。"经理走后，潘敏马上给杨丽打电话，找到了那份合同，及时给经理送了过去。关键时刻潘敏解决了难题，杨丽非常感动。此后两个人的关系非常密切，成为知己。

在工作中，一个人肯定会遇到各种各样的困难，在同事遇到困难时帮他一把，不仅得到同事的感谢，还为彼此的关系抹上蜂蜜，融洽而甜美。况且，帮助别人搬开脚下的绊脚石，有时恰恰也是为自己铺路——帮助同事即是帮助自己。在帮助别人时，任何一种努力都不会白费。帮助同事，既赢得了同事的尊重，也容易得到老板的器重，因为你在帮助同事的同时，也向老板展示了自己的能力。

在同事有困难的时候帮助他，是我们分内的事情，切不可以此作为人情记在心头，不要沾沾自喜，自鸣得意，时常将对别人的帮助挂在嘴边，这样的人，人们也不愿意接受他的帮助。也不要期望对方给你回报，否则不但加深不了感情，反而落得个“势利”的帽子。

晓庄在设计单位计算机机房工作，对计算机比较精通，其他科室的人家里的计算机出了毛病后喜欢找他帮忙。晓庄经常对那些他曾经帮助过的人说，“×××，你还不请我吃一顿，你少花了好几十块钱呢。”有时没有饭局就直接找到他人家里，弄得他人特别反感。后来，很少有人请他去帮忙了。

同事间的相互帮助并不一定表现在工作上，有时生活中的小事也会给人留下极深刻的印象，从而改变在工作中对人的看法。

第二十六篇

爱意无限，让恋爱不再复杂的甜言蜜语

情真意切是爱情的灵魂

孙犁的名作《荷花淀》，如一幅富有诗意的爱情风俗画。水生夫妻的对话仿佛是一首回味无穷的爱情诗篇，其中洋溢着深厚的真诚和关切之情。

月亮升起来了，院子里凉爽得很，干净得很！水生嫂手指上缠绞着柔润修长的苇眉子，坐在院子里，等候着丈夫。身边是一片洁白，淀里是一片洁白，透明的雾，柔和的风，荷叶荷花香飘了过来。在这朴素干净的农家院中，一片安宁，一片温馨，一片思念牵挂的温情。辛劳了一天的公公熟睡了，玩耍了一天的儿子也进入了梦乡。水生嫂在月光下，一天的担心，一天的思念，不正是可以在这种静寂的夜景中，轻柔地同丈夫叙说吗？宁静之夜是夫妻对话的一个充满诗意的极好环境，美妙的夜会给爱情增添甜蜜温柔。

水生嫂以温柔体贴的话语表达出了对丈夫的深情，她了解丈夫——朴实勤劳，积极能干，小苇庄的游击组长，党支书记，她怎能不爱他呢？所以，当水生从区上回来时，她首先要问的便是："今天怎么回来得这么晚？"语气温柔，充满了体贴关切的感情。轻轻的一句话，却包含了这样的意思：今天你在外面怎么样？这么晚怎不叫人心急？你吃饭了吗？有的只是宽厚贤淑和温柔之情。这柔柔的一声仿佛是荷花淀飘来的温馨

的荷香，让水生顿觉轻松，一天的疲劳也消失了。当水生询问儿子的情况时，她又轻言细语地说：“和爷爷收了半天虾篓，早就睡了。”言语不多，却有许多信息。她讲了儿子和公公的一天活动，她以“儿子早睡了”含蓄地露出了那种嗔怪丈夫回来太晚的心境，但这种嗔怪却是一种关心，一种疼爱。

水生和水生嫂这样一对仅仅是粗通文墨的青年农民夫妻的对话里面，没有丝毫语言修辞的炫弄。这里有的只是夫妻间倾心交谈的平常话语，有的只是夫妻间倾注了深厚情爱的言辞。正因如此，这里的语言才显得像他们的感情一样朴实无华，简洁明了。

水生和水生嫂的感情是令人羡慕的，他们之间没有丝毫掩饰和造作，用简单的语言诉说各自最真的情感，夫妻间的融洽也就是在平淡如水的话语中不知不觉地增强了。

耍“小性子”可以说是女孩子的天性，恋爱中的女孩子更是如此。她们常为男友的言行不符合自己的心意而耍性子赌气，挤眼抹泪。其实，她心里并不是真的生男友的气，而是故意生气，看男友是不是会过来哄她，这时候男士就应该抓住机会表达真情实爱。

一天傍晚，李云与张亮两人为一件小事闹了点别扭。分手时，张亮本想按惯例送李云回家，可李云却执意不肯。张亮拗不过李云，只好答应，但又担心李云的安全，只好在后面远远地跟着，看李云进了家门。晚上10点多钟，李云回到家，刚一推门，电话声就响了。她抓起电话，听筒里传来张亮的声音：“云，我是亮。”李云听说是张亮，正要放下电话，又听张亮说：“云，看见你到了家，我也就放心了，晚上好好休息，我也回家了。”听了张亮的一番话，李云跑到窗边，看到张亮离去的背影，泪水夺眶而出，此时的她，心里只有感动，哪还顾得上生气啊！

张亮不失时机的一番关爱之语，向恋人传送了自己的关心与牵挂。语虽短，意却浓；话虽简，情却真，令对方不由得怦然心动，怨气全消。

当恋爱中的人真情流露时，都会让对方感动至深，情真意切是爱的灵魂，没有真心实意，恋爱就是空洞或虚假的，只有对对方表露诚意，对方才会做出同样的回应。

恋人间斗嘴的技巧

有过玩碰碰车经验的人都知道，这其中的乐趣全在于东碰西撞、你攻我守，这种游戏的新鲜与刺激绝非四平八稳的行车能比的。在许多青年恋人中，有一种十分独特、有趣的语言游戏，很像这种碰碰车游戏，那就是“斗嘴”。斗嘴，不是吵嘴，不是口角。天真无邪的斗嘴是“爱的养料”。

恋人之间斗嘴具有哪些特点呢？

（1）目的模糊。恋人之间斗嘴一般并不是要解决什么实质性的问题，做出什么重要的决定，而仅仅是借助语言外壳的碰撞来激发心灵的碰撞，从而达到两颗心的相知与相通。因而恋人们常为一句无关紧要的话，一件微不足道的事“斗”得不可开交，局外人很难领会到其中的奥妙与乐趣。

（2）形式尖锐泼辣。恋人间的斗嘴从形式上看和吵嘴很相似。你有来言我有去语，你奚落我，我挖苦你，毫不相让，锱铢必较。但与吵嘴不同的是：斗嘴时双方都是以轻松、欢快的态度说出那些尖刻的言辞。有了这层感情的保护膜，斗嘴就成了一种只有刺激性、愉悦性却无危险性的“软摩擦”，成了表现亲密与娇嗔的最好方式。

正因为斗嘴具有形式上尖锐而实质上柔和的特点，它就比直抒胸臆式的甜言蜜语有了更大的展示情侣间真实感情与丰富个性的空间。所以，沐浴爱河的许多青年男女都喜欢进行这种语言游戏，在这种轻松浪漫的游戏中，加深彼此的了解，增进相互的感情，同时也调剂爱情生活，使恋爱季节更加多姿多彩。

斗嘴，既然是一种游戏，就有它的规则。千万不可因为刻意追求效果而不顾一切。

1.要顾及对方的心境

斗嘴虽然是唇枪舌剑的交锋，但也需要有一个宽松的环境，才能享受它的快乐，因此斗嘴时要特别注意恋人当时的心境。大家都有这样的体验，心情愉快时，可以随便耍嘴皮、开玩笑。可如果你的恋人正在为工作调动没有结果而一筹莫展时，你却来一句：“你怎么啦？满脸旧社会，像谁欠你八百吊钱似的。”

她准会埋怨你："人家烦都烦死了，你还有心取笑，我看你是没心没肺了。"

这样斗嘴的味道就变了。

2.要把握好感情的深浅

谈话有一个总的原则"浅交不可深言"，这话同样适用于恋爱。如果双方还处在相互试探、感情朦胧的阶段，最好不要选择斗嘴的方式来加深了解。因为毕竟你对对方的个性还不是很了解，容易产生不必要的误会，而且很容易将斗嘴演化成辩论，那就更大可不必了。要想以斗嘴来加深了解，可以选择一些不涉及双方感情或个人色彩的一般话题，如争一争是住在大城市好还是隐居山林好，斗一斗是"左撇子"聪明还是"右撇子"聪明等，这样双方可以不受拘束，"安全系数"也高。如果已是情深意笃，彼此对对方的性格特点都比较了解，那斗嘴就可以嬉笑怒骂、百无禁忌了。

3.不要伤及对方的自尊

恋人间斗嘴，最爱用戏谑的话语来揶揄对方，往往免不了夸张与丑化。但是这种夸张与丑化，也要顾及对方的自尊，最好不要涉及对方很在乎的生理缺陷或挖苦对方很敬重的人，更不可攻击他（她）很敬重的父母或对方的偶像，也不要挖苦对方认为神圣的人和事，否则就有可能自讨没趣，弄得不欢而散。

善意的谎言

夫妻之间如果什么事情都实话实说，只会给自己制造出一些不必要的麻烦，甚至会将夫妻关系搞僵。

一天晚饭后，王永夫妻二人靠在沙发上欣赏正在热播的青春偶像剧，影片里男女主角正爱得如火如荼，女主角深情地问对方："你到底爱不爱我？"男主角随即说道："我当然爱你，因为你是我身体的一部分。"王永听了这句话后，自言自语道："好！这是个精妙绝伦的回答，简直堪称经典。"王永的妻子听他这么一说，将他仔细打量一番，便开始不停地质问王永："你是不是也把我当成你身体的一部分呢？"王永被问烦了，只好敷衍回答说："你当然是我身体的一部分了。"王永以为这样回答就可以交差了，谁料他的妻子听完之后却并不满足，而是继续质问他："那么，我到底是你身体的哪一个部分？"妻子本来是想听几句甜言蜜语的，可是，王永却无奈地笑了笑，想尽量回避这个问题，妻子步步逼近，再三追问，无奈之中只好将答案脱口而出，他笑嘻嘻地对妻子说道："你是我的盲肠！"妻子听了他这句话，失望至极，气呼呼地提出要和他解除婚姻关系。

一句不经意随口而出的玩笑话给王永带来了偌大的麻烦，这就是直言直语惹的祸。其实，当你面对妻子打破砂锅问到底的时候，千万别在情急之中，就将心中那个“正确的答案”脱口而出，因为这个“正确答案”可能会让你吃足苦头。

生活里没有绝对的真实，世间万物本来就不是完美的。你又何必老老实实地把自己完全地暴露在别人面前呢？

有些秘密该保留的就要让它留在心中。

不管对于恋人信任到多么可靠的程度，有好些事情，如果没有说的必要，在开口之前，最好还是考虑一下为好，这当然是为着彼此和谐的目的。

在这一原则下，唯一告诫的是千万不要把你过去的恋情告诉她！这容易在她的心中留下阴影。

如果你的目的是在说明旧恋人不好，那根本就没有说的必要。如果你在说旧恋人比她好，则她的心理反应是：“为什么你又爱我？”同时，在这种心理发展之下，你将会碰到许多的麻烦，日后你也不会安宁。

过去的恋情既然不应该告诉你的恋人，那么，属于过去恋情的痕迹也不应该出现于恋人的眼前。

有些太痴情的男子，对于曾经的恋人念念不忘，往往保存着曾经的恋人的照片或别的东西作为纪念，这种行为是新恋人所不能接受的。

为了爱情而定制的谎言，往往会收到很好的效果，这也是男性的魅力之一，是与女人会话绝对需要的技巧。尤其是恋爱中的男女之间，谎言的作用好像润滑油一样。

有效的谎言有很多种：“上次跟你见面回去后，我又独自在公园里徘徊，虽然时间已经很晚了，可是我却没有一点儿倦意。我觉得那天的夜色，好美，好静！”这种谎言，是属于那种略带神秘性的谎言。

“每次和你约会时，总是在衣柜里翻半天，老觉得每件衣服都不好看，真觉得自己有点发神经了……”这种谎言，是一种俏皮、可爱的谎言，更深远的意思，已经在无言中流露出来了，对方必定会为你所动。

有的女性很会为自己的男友着想，担心对方的经济能力不够，因此，在约会的时候说：

“不知道怎么回事，我对出租车有畏惧感”或“每次坐在高级餐厅或咖啡厅时，我总觉得浑身不自在，似乎那种地方太过于庄严，不适合我这个土包子。说起来，我还是喜欢坐在阳台上欣赏夜色。吃自己煮的面，这样比较没有拘束感。”若对方真的没有很充裕的经济能力时，听到这些话，一定会为女方的温存体贴而感动。

例如，约会那天，刚好跟公司的同事发生了一些不愉快的事情，心情非常不好。不过，在见到男朋友的时候，应该马上改变态度，含笑说：“我今天过得很愉快，你呢？”说也奇怪，当你这样讲了之后，原本非常懊恼、郁闷的心情，会立刻一扫而空。这种谎言，不但令对方快乐，同时也暗示自己追求快乐，何乐而不为?

谎言还有避免争吵、化解危机的功效。

一次，小吴与单位几位同事去北京旅游，观名胜，赏古迹，寻奇涉险，尽情而游，竟把当初答应妻子给她在长安街上购物的事忘得干干净净。直到乘车返回家时，才猛地想起。不得已，他只有在本市的一家商场里买了一套裙子。回家以后，对妻子不敢如实相告，而以谎言哄之：

“平日里，你提篮买菜，洗碗刷锅，相夫教子，毫无怨言，真得好好感谢你。这次去北京，为了买这身裙子，我几乎跑遍了各大商场，才选中了它，也不知道你喜欢不喜欢？来，试试看！”

妻子笑逐颜开，欣然试装。试想，如果小吴如实相告，岂不大煞风景，甚至可能会引起一场小小的“内战”。夫妻间理应真诚相待，来不得虚伪和欺骗，但如果每件事都得实言相告，每一句话都不得掺半点假，则不仅不能为家庭增添欢乐，反而还会使原本和睦温馨的家庭出现裂痕。因而，在不涉及大局，无关“宏旨”的家庭琐事上，有时不妨以“谎言”来润润色，营造一种温情脉脉的氛围。

让对方不失体面地收回“爱”

爱情是一件美好的事，如果爱你的人正是你所爱的人，那么被爱是一种幸福。但是，假如爱你的人并不是你的意中人，那么被爱就不是一种幸福了，可能会是反感甚至是痛苦。别人向你求爱，他（她）没有错；你拒绝他（她）的爱，你也没错。最关键的是怎样拒绝，如果拒绝得恰到好处，对双方都是一种解脱。如果你不讲方式，不但伤害了他人，说不定还会伤害自己。

初次交朋友，你也许有过这样的难题，由于对方是你上司介绍的，或者是上司的子女，让你在拒绝上产生了犹豫，虽然每次见面都会使你感到不舒服，但一想到对方的身份、上司的威严，总是很难开口说出那个“不”字。你被这份“多余”的爱折磨得痛苦不堪，不知该如何去做。

很多人遇到不喜欢的人的示爱不知道该怎样拒绝，由于处理得不当，导致了“害人害己”的后果。可见，掌握一定的拒绝方法是相当重要的。

（1）若已有意中人，又遇到求爱者，那么就直接明确地告诉对方，你已心有所属，请他另选别人。但切忌向求爱者炫耀自己恋人的优点、长处，以免伤害对方的自尊心。

（2）倘若你认为自己年龄尚小，或是有学业上的压力或事业上的追求，暂时不想考虑恋爱问题，那就讲明情况，好言劝解对方。

（3）不要直接指出或攻击对方的缺点或弱点，也不能以一种“对方不如自己”的优越感来拒绝对方。

（4）如果不喜欢求爱者，可以在尊重对方的基础上，婉言谢绝。但是，态度一定要真诚，言辞也要十分小心。

争吵有度，和好有理

俗话说："谁家的烟囱都冒烟。"即使最恩爱的夫妻，也难免发生争吵。一般吵过之后也就完了；但是，如果争吵起来不加控制就可能激化矛盾，引发意想不到的坏结果。所以，夫妻争吵有必要控制好"度"。

有的夫妻争吵时，喜欢把过去的事情扯出来，翻旧账，历数对方的"不是"和"罪过"。这种方式是很不理智的。夫妻之间的旧账很难说得清。如果大家都翻对自己有利的那一页，不但无助于解决眼前的矛盾，而且还容易把问题复杂化，让新账旧账纠缠在一起，加深怨恨。夫妻争吵最好"打破盆说盆，打破罐说罐"，就事论事，不前挂后连，这样处理问题，才容易化解眼前的矛盾。

有的夫妻争吵时，不仅彼此指责，而且可能把对方的父母、亲属也扯进来，如说："你和你爸一样不讲理！""你和你妈一样唠叨！"如此把争吵的矛头指向长辈是错误的，也是对方最不能容忍的。

一般来说，夫妻双方十分清楚对方的毛病和短处。比如，对方存在生理缺陷，如个子矮等。在平时，彼此顾及对方的面子而不轻易指出。可是一旦发生争吵，当自己理屈词穷、处于不利态势时，就可能把矛头对准对方的短处，挖苦揭短，以期制服对方。有道是“打人莫打脸，骂人不揭短”，任何人都最讨厌别人恶意揭短，这样做只会激怒对方，扩大矛盾，伤及夫妻感情。

有的夫妻争吵时，总爱拿别人家的丈夫、妻子作比较，来贬低自己的丈夫或妻子，“你看看人家老王，有手木匠活多好，光是每月给别人做几个大柜，就几百块了。”俗话说：“人比人，气死人。”要是对方接受数落，咽下这口气倒也罢了，就怕对方敬你一句：“你觉得他（她）好，怎么不跟他（她）过呀！”长此下去，夫妻关系必然产生裂痕。

总之，夫妻争吵只有把握好了度，才能为和好时留下余地，才能“雨过天晴”，和好如初。

倒追怎么开口最好

在中国古代社会中，女孩都是矜持的，从不主动开口说“爱”，倒追男孩的女孩肯定是为世俗所不容的。但现在的女孩子在接受开放思想的熏陶以后，大多数都不会再羞答答地等待男孩表白了，当她们有了心仪的对象时，都会主动创造机会与男孩相处。

积极主动、会沟通的女孩，追到自己喜欢的男孩的概率比不主动、不会沟通的女孩要高很多。那么，女孩要如何打动男孩子的心呢？

倒追男孩，聪明的女孩会主动创造机会，而不是等待机会。她们享受追求的整个过程，这个过程浸透了她的耐心和技巧。

有一个女孩住在一家医院附近，她喜欢上了一个医生，苦于没机会接近他，于是想到一个方法。有一天，女孩双手抱满东西，和迎面匆匆而来的一个人撞了个满怀，东西散落一地。这个人当然就是那个医生，他为自己的不小心连声道歉，同时帮她捡起散落的物品。女孩一脸害羞又通情达理地说："没关系，你也是太忙碌了，才弄成这样嘛！"

初次的计划成功后，女孩每天在医院的下班时间牵着小狗在附近徘徊。几天后，她又遇到了那个年轻医生，两个人攀谈起来，不久之后成为了恋人。

还有一个女孩追一个男孩，她发现这个男孩早晨有跑步的习惯，于是她也开始跑步。

一次跑到男孩面前时，她友好地和他打招呼，脚下却失去平衡摔倒在地，她碰破了膝盖，男孩把她带去医院。这样，她虽然跌伤了，却得到了和男孩接近的机会。

适当地使用一些小计谋，往往都是你成功倒追的开始。

还有一些女孩总是很烦恼，因为她们在和自己心仪的男孩相处时，会感到十分紧张，也找不到合适的话题。

如果你因赴约而紧张，有一个秘诀就是：把紧张诠释成兴奋。聪明的女孩会把和男孩约会、谈话当成一种乐趣。她会细心地去了解男孩对她说的每句话的真正含意。因为一句玩笑，一句对工作的怨言，都可以泄露男孩内心的问题和麻烦。而只有真正了解了对方的想法，聊天才不会流于表面，而是可以更深入地接触到对方的内心。

第二十七篇

美化言辞，念好家家难念的经

说服父母有妙招

在现代社会中，许多子女都说与父母有代沟。的确，父母与孩子之间常常因为各种原因而产生摩擦。家庭中父母与子女之间的摩擦，许多是因为两代人之间存在思想分歧，解决起来不太容易。而偏偏长辈大多固执，后辈又很执拗，所以矛盾时有发生。

在这种情况下，作为子女，要说服父母，就需要一定的技巧。

父母对子女的未来寄予厚望，望子成龙、望女成凤是他们梦寐以求的。而且，在日常生活中，他们也常常教导子女要敢闯敢干，将来要做一个有作为、有成就的人。因此，在说服父母时，如果你提出的意见与他们的目标一致，成功的概率就很大了。

有一位刚毕业的年轻人在一家公司找到了工作，而父亲不同意儿子的选择，并托人给他联系某国家机关。这个年轻人说："这家公司我了解过了，很有前途，生产的是高科技产品，和我学的专业很对口。再说，国家机关好是好，可是人才济济，我到那里要想干出一番事业，恐怕机会不多。可是，在这家公司就不同了，我去那里，总经理要我马上把技术工作抓起来，这是多好的机会。是该独立思考的时候了，我想您一定会支持我的。"

如果用这样的方式与父亲沟通，即使他心里可能仍然存有疑虑，但会认真考虑，并最终接受儿子的看法，因为儿子考虑事情的角度和自己是一致的。

一般来说，父母很注意自身的尊严，对说过的话不会轻易失信，而且会及时兑现。所以，在说服他们时，就可以适当利用这种心理，用他们的话作为自己的旗帜，就很容易成功了。

有时候，虽然父母和我们的想法会有些不同，可做儿女的还是应该真心实意地爱他们，关心他们的冷暖和健康，为他们分忧解愁。这样，你就会有许多机会来说服你的父母，有了诚恳、礼貌、亲切的态度，话自然而然就会说得顺耳，讲得动听了。

人与人之间应该互相尊重，子女对父母更应该如此。而这种尊重，很重要的一个方面就是经常向老人请教和商量问题。许多事情，应该经常及时地与父母商量，听听他们的意见，这无疑是有好处的。

温柔的谎言能加固爱情的堡垒

我们可以对陌生人说些言不由衷的“谎话”，那么，为什么不肯把它也送给自己心爱的人呢？有时候男女双方感情的呵护，也不得不靠一些温柔而善意的谎言。

一位心理医生给几位男青年做了一个有趣的试验：如果妻子过生日，你突然有事，不能按时赶到，事后你们怎样向妻子解释才能获得最佳效果？

大部分小伙子说，向妻子说明真相，使她相信自己被一件重要的事情耽误了，以求得她的理解和谅解。

只有一个人说："我绝不能向妻子讲真情，我无论怎样解释，那欢乐的气氛和失望的心情是无法弥补的。我会告诉妻子：下班前我收到一张稿费汇单，于是我想把稿费取出，买一件妻子喜欢的礼物。可是不巧邮局那天特别忙，我一直排到邮局关门才取到了钱。这时商店也都关门了，礼物也没买成。那么我把稿费交给妻子，让她第二天自己去买。这样，妻子一定会很高兴，她会说我的心意就是最好的礼物。其实那笔钱不是什么稿费，而是从我的'小金库'中调出的。"

纽约的精神病学家亚历山德拉·西塞蒙兹博士说："撒谎有时候是善意的，比如说'你还和以前一样漂亮'，实际上就是向对方表明了自己的爱与忠实。"

有时候说一点谎话可以避免一场无谓的争吵。在印第安纳州房地产部门工作的凯蒂·瑞恩说："我也许不想看网球赛实况转播，但如果他想看，我就说自己也喜欢。让他高兴对我来说很重要。"所以，要想让爱情更加甜蜜就要懂得适时来点温柔的谎言。

搞好妯娌关系

“妯娌关系”这个词在现代人看来是很陌生的，20世纪80年代以后独生子女偏多。不像婆媳关系永远是个热门话题，妯娌关系已逐渐淡去。但是淡去，不代表就不存在。妯娌们从不同的家庭走出来，又走进了另一个完全陌生的家庭，要共同生活在一起，彼此间没有什么了解，再加上不同的生活习惯和感情差别，在新的环境里，难免会发生一些冲突。如果出现了矛盾，处理得好，当然可以保证家庭的和谐与幸福，若处理得不好，则会闹得家里不得安宁。

那么，怎样才能处理好妯娌之间的关系呢？

（1）妯娌之间要互相尊重和理解。

如果能够站在自己丈夫的立场上，多替他的兄弟想一想，给予彼此的理解和尊重，好的家庭关系是很容易建立起来的。

（2）平时多加强交流和沟通。

发生了什么事情，大家要坐在一起，商量解决的办法，这样才是最好的相处方式。

（3）要真诚相待。

如果产生了矛盾，要能敞开胸怀，谅解对方，以求和解。不能为了一点小事，就到处搬弄是非，或是去找自己的亲人朋友帮忙。

（4）切忌自作主张、自以为是，也不要过分地猜疑、计较。

融洽婆媳关系

婆媳关系是一个既古老而又复杂的问题，婆媳关系是家庭中最难处理的关系，婆媳矛盾则是一个令清官也为之发愁的难题。因为婆媳之间，既无血缘的纽带，又无感情的保障，在相近的家务中摩擦也较多，一旦产生矛盾，往往呈现出激化的趋势。

婆媳之间经常发生矛盾的原因很多。一般情况下，最常见的有以下几种。

一是争同一个男人的“宠爱”。许多男孩都是独生子，结了婚以后，往往把更多的注意力放在了妻子身上，有些母亲就会觉得心理不平衡。更不用说有些母亲因为离婚或丧偶，将一生的精力几乎都花在了儿子身上，把一切希望都寄托在儿子身上。一旦看见儿子跟妻子甜甜蜜蜜，母亲就会觉得媳妇抢走了儿子，往往会用语言和行动来表达对儿媳妇的不满。而儿媳妇面对婆婆的“挑战”，当然也会怒火中烧，慢慢地两人就会结下难解的怨恨。

二是代沟。婆媳是两代人，年龄相差比较大，受教

育程度的差别很大，生活阅历也不同，因此两人的人生观、价值观大相径庭。有的婆婆文化程度比较高，保持年轻的心态，还相对较好；然而，有的婆婆思想保守，一个受过现代高等教育的儿媳妇进了家门以后，婆媳两人对待生活的态度必然不同，矛盾也就产生了。

三是性格、习惯相差太大。婆媳在吃、睡、穿、养育小宝宝方面的意见往往都会不一致。有些婆媳来自不同的地区，她们有各自的习惯，对对方的习惯也看不顺眼；有些婆媳性格也不一样，一个喜静，一个喜闹，也会产生摩擦。所谓“清官难断家务事”，像这样小小的家庭矛盾也可能酿成大问题。

尽管婆媳矛盾是一个古今中外令许多家庭头痛的难题，但只要当事者本着互相信任、尊重、爱护、关心、宽容忍让的态度，加上家庭其他成员齐心协力促使其向良性方面的转化，婆婆与媳妇之间也是能够和睦相处的。

巧妙化解与孩子的**代沟冲突**

随着社会的发展，人们的价值观、世界观发生了巨大的变化，父母与孩子之间由于生活在不同的时代而产生了基本价值观的差异。比如，孩子嫌父母古板、循规蹈矩，父母抱怨儿女不踏实、太新潮……

孩子与父母之间的这种冲突是孩子成长过程中必经的关口。冲突本身并不可怕，关键在于如何正视冲突，并合理地处理和化解冲突。

有时候，林女士会羡慕别的家庭，他们的孩子怎么就能和父母无话不谈？甚至恋爱的秘密也一起分享。但她女儿灿灿最爱说的就是："妈妈你别管了，我自己会处理。"

林女士第一次发现灿灿持有主见还是在中考时。

那时，灿灿已经被通知保送，直升本校重点高中。灿灿学习成绩一直很好，能保送就算是进了保险箱。但在此前，灿灿一直在考虑报考一所更好的学校。到底该如何选择？要知道，被保送已经是许多孩子梦寐以求的了。

那个月，这个话题一直在林女士家的饭桌上讨论不休。如果放弃保送，万一考不上，对灿灿会不会是个沉重的打击？而且，即便那时再考上本校，还要多交一大笔学费。而且，本校会不会不愿意接收呢……他们尽可能倾听灿灿对学校的感受，和灿灿商讨各种可能性，并介绍自己在工作生活中的教训……其实，林女士和她丈夫心中早有定数：希望她还是接受保送。"但我们能替孩子作决定吗？谁又能保证她执行的效果？"于是他们告诉灿灿："这件事由你自己决定。"

其实，女儿非常认真地听取了他们的意见。林女士心里也在打鼓："我和丈夫应该支持孩子在事关前途的问题上冒险吗？"

终于有一天，女儿回家后淡淡地说："爸，妈，我今天对老师说，我放弃保送名额了。"

一瞬间的震惊。林女士和丈夫迅速对视一眼，马上表示："那就这样吧！"再没多说什么。可是回到卧室，她和丈夫谈

到深夜，心中不知是惊喜还是担忧。没想到孩子这么小就有了决断力和对自己负责的态度，她既然愿意逼自己一下，不管结果如何他们都接受。

几个月过去了，孩子还是以几分之差落回了本校。之后半年多的时间，孩子经历了期望值的失落、对学校的不满意和与其他同学比较后的失衡。看着她烦躁的神情，林女士的担心真是难以形容。

就在那时候，林女士常常用自己的经历来给女儿“打气”。她给灿灿讲述她18岁时，单纯、胆怯、对社会一无所知，十多年来，面对艰难困苦的生活，她和丈夫是如何熬过来的，如何靠着自己的奋斗走出困境。她对灿灿说：“我跟爸爸现在拥有大部分好的经验、能力也都是在不断的失败中得来的，经历点挫折也不是坏事，这是成长中一次重要的心理考验，别人无法替代。只有依靠自己不断地打拼、锻炼才能取得成功。”林女士丈夫一直都在灿灿的身边默默地支持她。后来，灿灿逐渐从失败的阴影中走出来，并考上了北京著名的高等学府。

其实，独立是孩子成长的需要，处于青春期的个体具有明显的独立性和成人感心理。若父母对这些“准大人”仍采取强权态度，喜欢命令孩子，不但没有效果，反而会增加孩子的抵触情绪，加大父母与孩子之间的代沟。假如父母能认识到这是孩子个性的表现，抱着理解、尊重和正确引导的态度去面对，那么两代人之间的代沟自然容易消除。

解救沉迷在网络中的孩子

今天，互联网已渗透到人们生活的每一个角落，在人们能够想象的领域中，它几乎无所不在。通过它，人们可以和朋友保持联系、浏览信息、听音乐，生活无疑方便了很多。但同时，它也带来了一些负面的影响，最突出的问题就是青少年的网络成瘾。

当一部分父母为孩子沉溺于游戏机室不能自拔而痛心疾首的时候，另一部分家长却为孩子坐在电脑前的时间越来越长而怨声载道。网络时代的到来，令许多孩子沉溺网海，与家人相处的时间越来越少，亲子关系也日渐疏远。据有关专家预测，随着时代的发展，因网络而形成的家庭问题将会增加，并且将成为家长及孩子之间矛盾的焦点之一。

那么作为家长，要采取怎样的方法才能解救沉迷于网络的孩子呢？

邹女士的儿子小盼今年14岁，天资聪颖，就读于一所重点中学，一直都是老师、家长眼里的好学生。但今年3月，当同学们正埋头复习时，小盼竟然去一家网吧打游戏，从此对网游的痴迷一发不可收拾。小盼经常泡在网吧，把学习都抛之脑后，成绩也一落千丈。

一家人原本幸福的生活从此笼罩上了乌云。邹女士和丈夫不论是规劝还是打骂，都没有用。他们甚至还买来一些电脑方面的书籍，想培养儿子从事相关工作，但小盼却因为看不懂而放弃。

子不教，父母之过也。于是，邹女士开始反思，采用这种“棍棒”加说教的方式来管教孩子，只会激发孩子强烈的抵触情绪，反而使他更加沉迷于网络游戏。

现在她真正要做的，不是如何限制小盼上网，而是如何转移小盼对上网的注意力。所以，邹女士就慢慢地改变了做法，不再坚持要小盼和网络游戏“划清界限”，甚至为了满足小盼的需求，购买了新电脑，还在奶奶家也装上了宽带；也不再对孩子严加看管，甚至不再要求孩子考上名校。小盼对父母的逆反心理也慢慢地消失了，明白了父母对自己的关爱和望子成龙的期盼。他于是暂停了打网络游戏，全心地投入学习中。虽然，现在的分数离最好的市重点高中还有一定差距，但他头一次清醒地认识到，自己要读书，自己要成才。

其实，对待那些沉迷于网络的孩子，说教打骂并不是解决之道，反而只会让他们对父母产生一种逆反的心理，要让孩子不再沉迷于网络，最重要的是要让孩子树立自己的理想和培养新的兴趣。